合同
法律适用
理论精要与实务指引

曹后军 / 著

中国法治出版社
CHINA LEGAL PUBLISHING HOUSE

序
Preface

众所周知，合同制度是市场经济的基本法律制度。在现代市场经济中，经济活动离不开合同。合同是市场主体在合法、公平、求同存异的基础上，求取经济利益一致或者互补的产物，是经济活动的核心，事关经济活动目标能否最终实现。

屈指算来，笔者为企业提供合同专项法律服务已有12个年头，但客观地讲，合同专项法律工作仍存在许多问题：管理者重视不足、执行者技能欠缺，管理制度不完善、体系流程不规范……凡此种种，都指向一个问题：合同法律适用之道任重而远。随着中国人自己的"社会生活百科全书"——《民法典》颁布实施，其中与合同有关的法条占据近半壁江山：创新条文70个，实质性修改条文112个，非实质性修改条文224个……[①]对于新时代的法律人来说，合同法律适用之道漫漫修远兮，吾辈当上下而求索。因此，笔者写作本书，希望能对合同法律适用问题做些有益的探索，亦践行一名法律人的初心。

本书分为两部分，上编为合同通则法律适用理论精要与实务指引，包括合同概述、订立、效力、履行、保全、变更和转让、权利义务终止、违约责任，共8章；下编为常用典型合同法律适用理论精要与实务指引，包括买卖、赠与、借款、保证、租赁、融资租赁、承揽、建设工程、运输、技术、保管、委托、物业服务等典型合同，共13章。每一章节结构安排为："理论精要"选择合同法律理论体系之精要予以阐释；"实务精解"针对实践中的热点问题依据法律规定进行细致的解释，对于现行法

[①] 龙卫球主编：《中华人民共和国民法典合同编释义》，中国法制出版社2020年版，前言。

律没有作出明确规定的部分问题，亦求做些积极的探索；"典型案例"选择疑难复杂典型性案例，用实例解答司法实践中的法律适用难点问题；"法条索引"列出与章节内容相关的法律、法规、司法解释等具体条文编号，以方便读者查询。全书理论联系实际，理论性突出，实践性并重，释解透彻，实务可行，期冀能够为合同法律适用提供有益的支持，以有效防范合同风险，实现交易目的，促进经济发展。

　　囿于水平有限，文中观点或有不当、语句或有疏漏，敬请读者朋友批评指正。

曹后军

2025 年 6 月

凡例

一、法律法规、规章和规范性文件名称中的"中华人民共和国"省略，如《中华人民共和国民法典》，简称《民法典》。

二、全文引用法律条文时，一个条文的各个款、项之间不分段、不分行。

三、对于本书当中出现较多的以下司法解释、司法文件及其他文件，使用缩略语：

1.《最高人民法院关于适用〈中华人民共和国民法典〉合同编通则若干问题的解释》（2023年12月4日，法释〔2023〕13号），简称《民法典合同编通则解释》。

2.《最高人民法院关于适用〈中华人民共和国民法典〉有关担保制度的解释》（2020年12月31日，法释〔2020〕28号），简称《民法典担保制度解释》；

3.《最高人民法院关于适用〈中华人民共和国民法典〉婚姻家庭编的解释（一）》（2020年12月29日，法释〔2020〕22号），简称《民法典婚姻家庭编解释（一）》；

4.《最高人民法院关于适用〈中华人民共和国民法典〉婚姻家庭编的解释（二）》（2025年1月15日，法释〔2025〕1号），简称《民法典婚姻家庭编解释（二）》；

5.《最高人民法院关于审理买卖合同纠纷案件适用法律问题的解释》（2012年5月10日，法释〔2012〕8号，2020年12月23日修正），简称《买卖合同司法解释》；

6.《最高人民法院关于审理商品房买卖合同纠纷案件适用法律若干问题的解释》（2003年4月28日，法释〔2003〕7号，2020年12月23

日修正），简称《商品房买卖合同司法解释》；

7.《最高人民法院关于审理民间借贷案件适用法律若干问题的规定》（2015年8月6日，法释〔2015〕18号，2020年12月23日修正），简称《民间借贷司法解释》；

8.《最高人民法院关于审理城镇房屋租赁合同纠纷案件具体应用法律若干问题的解释》（2009年7月30日，法释〔2009〕11号，2020年12月23日修正），简称《城镇房屋租赁合同司法解释》；

9.《最高人民法院关于审理融资租赁合同纠纷案件适用法律问题的解释》（2014年2月24日，法释〔2014〕3号，2020年12月23日修正），简称《融资租赁合同司法解释》；

10.《最高人民法院关于审理建设工程施工合同纠纷案件适用法律问题的解释（一）》（2020年12月29日，法释〔2020〕25号），简称《建设工程施工合同司法解释（一）》；

11.《最高人民法院关于审理技术合同纠纷案件适用法律若干问题的解释》（2004年12月16日，法释〔2004〕20号，2020年12月23日修正），简称《技术合同司法解释》；

12.《最高人民法院关于适用〈中华人民共和国民事诉讼法〉的解释》（2015年1月30日，法释〔2015〕5号，2022年3月22日修正），简称《民事诉讼法司法解释》；

13.《关于当前形势下审理民商事合同纠纷案件若干问题的指导意见》（2009年7月7日，法发〔2009〕40号），简称《审理民商事合同纠纷案件指导意见》；

14.《最高人民法院关于适用〈中华人民共和国合同法〉若干问题的解释（一）》（1999年12月19日，法释〔1999〕19号，2020年12月29日废止），简称《合同法司法解释（一）》；

15.《最高人民法院关于适用〈中华人民共和国合同法〉若干问题的解释（二）》（2009年4月24日，法释〔2009〕5号，2020年12月29日废止），简称《合同法司法解释（二）》；

16.《最高人民法院关于适用〈中华人民共和国担保法〉若干问题的解释》(2000年12月8日,法释〔2000〕44号,2020年12月29日废止),简称《担保法司法解释》。

目录
Contents

上编　合同通则法律适用理论精要与实务指引

第一章　合同概述 / 003

理论精要 / 003

一、合同的涵义 / 003

二、合同关系 / 004

实务精解 / 006

如何理解"合同是平等主体之间设立、变更、终止民事法律关系的协议"？/ 006

典型案例 / 007

只有在有明确规定作为依据的情形下，方能审慎突破合同相对性 / 007

法条索引 / 009

第二章　合同的订立 / 010

理论精要 / 010

一、合同经济活动决策 / 010

二、要约与承诺 / 010

三、合同主要条款 / 013

四、合同审查 / 017

实务精解 / 017

1. 如何选择合同对方当事人？/ 017
2. 建设工程项目部能否直接对外签订合同？/ 021
3. 要约邀请与要约有何区别？/ 023

4. 如何选择合同文本？/ 024

5. 如何有效采用格式条款来规定合同权利和义务？/ 026

6. 如何审查合同条款？/ 028

典型案例 / 034

1. 低于成本报价投标的，应当否决其投标 / 034

2. 招标公告为要约邀请，要约邀请人撤回邀请不用承担合同上的法律责任 / 036

3. 适用特定对象，并经协商确定的合同条款不符合格式条款的基本特征 / 038

法条索引 / 039

第三章 合同的效力 / 041

理论精要 / 041

一、合同的生效 / 041

二、合同的无效 / 043

三、合同的撤销 / 048

四、合同效力待定 / 051

实务精解 / 053

1. 如何识别效力性强制性规定？/ 053

2. 特定条件下，违反管理性强制性规定亦可能导致合同无效？/ 054

3. 可撤销合同与无效合同有何区别？/ 055

4. 如何判断行为人民事法律行为是否构成表见代理？/ 056

5. 如何认定无权处分人订立合同的效力？/ 058

典型案例 / 060

1. 抵押人违背诚信原则拒绝办理抵押登记致使债权人受到损失的，抵押人应当在抵押财产现有价值的范围内承担赔偿责任 / 060

2. 是否构成显失公平，应以"订立合同时"为判断时点 / 062

3. 违反法律强制性规定的合同自始无效而非效力待定 / 064

法条索引 / 065

第四章 合同的履行 / 067

理论精要 / 067

一、概述 / 067

二、双务合同履行抗辩权 / 071

实务精解 / 074

1. 附随义务与从给付义务有何区别？/ 074
2. 担保人作为第三人代为履行债务取得债权后，能否向其他担保人追偿？/ 075
3. 不安抗辩权与预期违约有何区别？/ 076
4. 如何适用情势变更规则变更或解除合同？/ 077

典型案例 / 080

1. 以合同相对方没有履行附随义务为由拒绝履行合同主义务的，没有法律依据 / 080
2. 当后履行抗辩权与不安抗辩权发生在同一案件中形成对抗时，应先审查不安抗辩权是否成立，以此判断后履行抗辩权的法律效力 / 082

法条索引 / 084

第五章 合同的保全 / 085

理论精要 / 085

一、债权人代位权 / 085

二、债权人撤销权 / 090

实务精解 / 092

1. 债权人代位权成立应当满足哪些具体条件？/ 092
2. 债权人撤销权成立应当满足哪些具体条件？/ 095
3. 债权人撤销权的适用情形有哪些？/ 096
4. 相对人能否以其与债务人之间的仲裁条款对债权人提起的代位权诉讼提出管辖权异议？/ 099
5. 债权人在债权到期前能否行使代位权？/ 100
6. 竞合情形下，债权人撤销权之诉与确认合同无效之诉如何选择？/ 101

典型案例 / 102

1. 债务人对相对人存在合法有效的到期债权，是债权人代位权成立的必要条件 / 102
2. 债务人无偿处分财产但未影响债权人债权实现的，债权人不得行使撤销权 / 104

法条索引 / 106

第六章　合同的变更和转让 / 107

理论精要 / 107

一、合同变更 / 107

二、合同转让 / 108

实务精解 / 111

1. 如何区分债务转移和第三人代为履行？/ 111
2. 如何区分债务加入和第三人代为履行？/ 112
3. 债权人能否直接与第三人订立债务转移合同？/ 113

典型案例 / 114

债务加入关系中，债权人有权请求第三人在其愿意承担的债务范围内和债务人承担连带责任 / 114

法条索引 / 115

第七章　合同的权利义务终止 / 116

理论精要 / 116

一、合同解除 / 116

二、合同债权债务终止 / 119

实务精解 / 124

1. 合同约定解除与附条件解除有何区别？/ 124
2. 违约方能否单方主动解除合同？/ 124
3. 债务人提存标的物能否终局性消灭债务？/ 126

典型案例 / 127

1. 不符合法定条件的，违约方不享有单方解除合同的权利 / 127

2. 当事人互负有效债务、互享有效债权为法定抵销的首要条件 / 129

法条索引 / 131

第八章　合同违约责任 / 132

理论精要 / 132

一、概述 / 132

二、违约责任形式 / 133

三、违约责任与侵权责任竞合 / 141

四、合同违约法律救济 / 142

实务精解 / 144

1. 默示预期违约是否需要履行中止履行、要求担保等程序才能解除合同？/ 144
2. 赔偿损失与定金条款能否并用？/ 145
3. 赔偿损失与违约金责任能否同时适用？/ 145
4. 如何衡量约定的违约金是否过分高于造成的损失？/ 146
5. 违约责任与侵权责任竞合的情形下，提起合同违约责任之诉能否主张精神损害赔偿？/ 148
6. 合同当事人寻求仲裁救济时如何申请证据保全和财产保全？/ 149

典型案例 / 151

1. 合同非违约方维权诉讼请求应当具有法律依据 / 151
2. 违约责任与侵权责任竞合情况下，受损害方有权选择提起侵权之诉或合同之诉 / 153
3. 如何有效识别"或裁或审"条款中仲裁约定的效力 / 155

法条索引 / 157

下编　常用典型合同法律适用理论精要与实务指引

第九章　买卖合同 / 161

理论精要 / 161

一、概述 / 161

二、买卖合同的效力 / 161

三、标的物毁损、灭失风险的负担 / 165

四、买卖合同的解除 / 168

五、买卖合同中标的物所有权保留 / 169

实务精解 / 171

在商品房买卖合同中能否适用标的物所有权保留规则？/ 171

典型案例 / 173

1. 所有权保留买卖中，在一定条件下，出卖人可以选择行使标的物取回权或者合同解除权 / 173
2. 当事人约定的过短检验期限视为外观瑕疵检验期限，买受人在质量保证期内提出隐蔽质量瑕疵，属于在合理期限内提出异议通知 / 175

法条索引 / 178

第十章　赠与合同 / 179

理论精要 / 179

一、概述 / 179

二、赠与合同的效力 / 179

三、赠与撤销与履行抗辩 / 180

实务精解 / 182

离婚协议中将夫妻共同所有的房产赠与子女的约定可以撤销吗？/ 182

典型案例 / 183

合法婚姻当事人能否要求第三者返还配偶赠送的房产 / 183

法条索引 / 185

第十一章　借款合同 / 186

理论精要 / 186

一、概述 / 186

二、借款合同的效力 / 186

实务精解 / 189

1. 民间借贷合同关系中，出借人预先在本金中扣除借款利息的行为如何认定？/ 189
2. 民间借贷合同中同时约定了逾期利息和违约金，出借人应当如何主张？/ 190
3. 民间借贷合同中的复利条款是否具有法律效力？/ 192

典型案例 / 193

借款合同中没有清晰约定利息的，如何明确 / 193

法条索引 / 195

第十二章 保证合同 / 196

理论精要 / 196

一、概述 / 196

二、保证方式 / 197

三、保证责任 / 198

实务精解 / 203

1. 同一债权既有保证又有物的担保的，保证责任如何承担？/ 203
2. 如何认定法定代表人代表公司签订的对外保证合同的效力？/ 204

典型案例 / 206

主债权债务合同无效的，保证合同无效，但是法律另有规定的除外 / 206

法条索引 / 208

第十三章 租赁合同 / 209

理论精要 / 209

一、概述 / 209

二、租赁合同的效力 / 210

三、租赁合同的解除 / 214

实务精解 / 214

1. 如何理解"买卖不破租赁"原则？/ 214
2. 房屋租赁合同当事人能否书面协议选择管辖法院？/ 217

3. 未经出租人同意的房屋转租合同是否有效？/ 217
4. 经出租人同意装饰装修的，合同解除时，承租人能否要求予以补偿？/ 219

典型案例 / 221

出租人将房屋转让给近亲属的，承租人不得主张优先购买权 / 221

法条索引 / 223

第十四章　融资租赁合同 / 224

理论精要 / 224

一、概述 / 224
二、融资租赁合同的效力 / 224
三、融资租赁合同的解除 / 228

实务精解 / 229

1. 承租人未经出租人同意将租赁物转租的，出租人能否请求解除融资租赁合同？/ 229
2. 融资租赁期限届满租赁物的归属如何确定？/ 230

典型案例 / 231

融资租赁承租人未按照约定支付租金，经催告后仍未支付的，出租人有权请求支付全部租金 / 231

法条索引 / 232

第十五章　承揽合同 / 233

理论精要 / 233

一、概述 / 233
二、承揽合同的效力 / 233

实务精解 / 236

定作人未按照合同约定支付报酬，承揽人能够就留置的工作成果直接请求拍卖并优先受偿吗？/ 236

典型案例 / 238

留置权是法定担保物权，只要具备法定发生原因即告成立，但在实现留置权时，应当依法确定债务履行期间 / 238

法条索引 / 240

第十六章　建设工程合同 / 241

理论精要 / 241

一、概述 / 241

二、建设工程合同的效力 / 242

三、建设工程合同的解除 / 244

实务精解 / 245

1. 发包人未取得施工许可证即订立的建设工程施工合同是否具有法律效力？/ 245

2. 建设工程施工合同无效的情形有哪些？后果如何？/ 245

3. 建设工程合同纠纷是否均适用不动产专属管辖的规定？/ 250

4. 承包人要求按照竣工结算文件结算工程价款应当如何处理？/ 252

5. 如何认定招标人和中标人另行签订的建设工程施工合同约定已背离中标合同实质性内容？/ 254

典型案例 / 255

1. 建设工程价款优先受偿权的享有和行使应当具有明确的法律依据并严格加以控制 / 255

2. 承包人放弃建设工程价款优先受偿权不损害建筑工人利益的，行为有效 / 261

法条索引 / 265

第十七章　运输合同 / 266

理论精要 / 266

一、概述 / 266

二、客运合同 / 266

三、货运合同 / 270

四、多式联运合同 / 273

实务精解 / 274

无偿搭车发生交通事故，搭乘者能否要求机动车驾驶人承担违约赔偿责任？/ 274

典型案例 / 275

旅客对伤害结果是一般过失的,承运人仍然应当承担赔偿责任 / 275

法条索引 / 276

第十八章 技术合同 / 277

理论精要 / 277

一、概述 / 277

二、技术开发合同 / 279

三、技术转让合同和技术许可合同 / 282

四、技术咨询合同和技术服务合同 / 284

实务精解 / 286

职务技术成果如何判断确认? / 286

典型案例 / 288

法人或者非法人组织应当按照约定或者法律规定给予职务技术成果完成人相应奖励和报酬 / 288

法条索引 / 290

第十九章 保管合同 / 291

理论精要 / 291

一、概述 / 291

二、保管合同的效力 / 292

实务精解 / 294

消费保管合同和一般保管合同有何区别? / 294

典型案例 / 295

保管合同的成立需要当事人达成保管的合意并交付保管物 / 295

法条索引 / 296

第二十章 委托合同 / 297

理论精要 / 297

一、概述 / 297

二、委托合同的效力 / 297

三、隐名代理和间接代理 / 300

四、委托合同的终止 / 301

实务精解 / 302

委托与代理有何区别？/ 302

典型案例 / 303

在委托事务未完成的情况下，委托人有权要求受托人返还预付费用 / 303

法条索引 / 303

第二十一章　物业服务合同 / 304

理论精要 / 304

一、概述 / 304

二、物业服务合同的效力 / 305

三、物业服务合同的解除 / 307

实务精解 / 308

1. 业主能否以物业服务存在瑕疵为由拒绝交纳物业费？/ 308

2. 因第三人侵权造成损害，业主能否要求物业服务人承担赔偿责任？/ 309

典型案例 / 310

建设单位依法与物业服务人订立的前期物业服务合同对全体业主具有
　法律约束力 / 310

法条索引 / 312

参考文献 / 313

上 编

合同通则法律适用理论精要与实务指引

第一章　合同概述

📖 **理论精要**

一、合同的涵义

作为法律用语的"合同",有劳动法上的合同、行政法上的合同、民法上的合同与国际法上的国家合同之分。民法上的合同概念也有广义与狭义之分。广义的合同泛指一切以发生私法上效果为目的的合意,包括以发生债权、债务为目的的债权合同,以物权设立、变动为目的的物权合同和以身份关系的成立或变动为目的的身份合同。狭义的合同,专指以发生债权、债务关系为目的的合意。[①]

我国 1999 年《合同法》所规范的是狭义上的合同,即债权合同,其第 2 条规定,本法所称合同是平等主体的自然人、法人、其他组织之间设立、变更、终止民事权利义务关系的协议。婚姻、收养、监护等有关身份关系的协议,适用其他法律的规定。《民法典》第 464 条则规定,合同是民事主体之间设立、变更、终止民事法律关系的协议。婚姻、收养、监护等有关身份关系的协议,适用有关该身份关系的法律规定;没有规定的,可以根据其性质参照适用本编规定。可以看出,《民法典》对于合同的概念和适用承继于《合同法》并有所修改。对于合同的定义,《民法典》将"平等主体的自然人、法人、其他组织"修改为"民事主体",此系与总则编民事主体的规定相衔接;将"民事权利义务关系"修改为

[①] 李少伟、张晓飞:《合同法理论与实务》,法律出版社 2019 年版,第 1 页。

"民事法律关系",此系与总则编第 5 条 "民事主体从事民事活动,应当遵循自愿原则,按照自己的意思设立、变更、终止民事法律关系"的表述相一致。对于身份协议的法律适用,《合同法》的观点是基于身份关系的非财产性、专属性和伦理性,不宜适用合同规则,而应当"适用其他法律的规定";《民法典》则将合同法律适用规则有条件地引入身份协议,即身份协议原则上优先适用有关该身份关系的法律规定,在相关法律没有规定的情况下,可以根据身份协议的性质,参照适用合同编相关规定。

二、合同关系

合同关系的主体、客体与内容均是特定的。

合同关系的主体,即参与合同关系的当事人,包括债权人与债务人。根据《民法典》的规定,具有相应的民事权利能力和民事行为能力的自然人、法人和非法人组织均可成为合同关系的主体。

合同关系的客体,是指合同当事人享有的权利和承担的义务所指向的对象。债务人的特定行为即为合同关系的客体,这种特定行为在民法学上又称为"给付"。

合同关系的内容,是指合同关系有效成立后,合同当事人依据法律规定或者合同约定享有的合同权利和承担的合同义务。合同债权具有给付请求权和受领权、债权保护请求权和债权处分权等权能;合同债务具有内容特定性、期限限制性和履行强制性等特征。

合同关系区别于其他法律关系的特质为合同关系的相对性。所谓合同关系的相对性是指合同关系和合同的拘束力主要发生在特定的合同当事人之间,原则上只有合同当事人一方能基于合同向对方提出请求或提起诉讼,合同当事人不能向与其无合同关系的第三人提出合同上的请求,也不能擅自为第三人设定合同上的义务。[1]

---

[1] 邱鹭风、叶金强、龚鹏程:《合同法学教程》,南京大学出版社 2000 年版,第 8 页。

合同关系的相对性规则反映了市场交易的对等要求和安全要求，是合同制度赖以建立的奠基石，是合同法律中一条根本性规则，具有重要的法律地位。合同关系的相对性规则具体包括：

合同主体的相对性，即合同关系只能发生在特定的主体之间，只有合同当事人才受合同约束，才能基于合同向对方提出请求和提起诉讼，而不能向与合同无关的第三人提出请求或提起诉讼；第三人也无权依据合同向合同当事人提出请求或提起诉讼，法律另有规定的除外。

合同内容的相对性，是指合同内容只对合同当事人有效，对第三人没有约束力，除法律另有规定或者当事人另有约定外。只有合同当事人才对合同内容负责，才能享受合同权利和承担合同义务，任何第三人均不能主张合同上的权利，合同当事人也不能为第三人设定合同上的义务。在双务合同中，合同内容的相对性还表现在一方当事人的权利就是相对方当事人的义务，权利义务是相互对应的。由于合同内容及于当事人，因此权利人的权利须依赖于义务人履行义务的行为才能实现。

合同责任的相对性，即合同的违约责任只能在特定的合同关系的当事人之间发生，合同关系以外的人不承担违约责任，合同当事人也不对合同关系以外的人承担违约责任。

现代市场经济条件下，市场交易呈多样化、复杂化发展，为促进交易行为的进行，充分保护合同当事人以及第三人的合法权益，合同关系的相对性有所突破，主要体现在以下几个方面：

一是合同债权保全制度赋予债权人在特定的情形下以自己的名义直接对抗特定的第三人的权利，包括代位权和撤销权，此系对合同相对性规则的突破。当债务人享有对第三人的债权而又不积极行使，致使其财产本应增加却没有增加，从而给债权人的债权带来危害的时候，债权人可以自己的名义去行使债务人的权利，此即债权人代位权规则；债务人实施危害债权的处分行为的，债权人得请求人民法院予以撤销从而维持债务人责任财产，保障债权实现，此即债权人撤销权规则。

二是租赁权对抗第三人的物权效力，即民法上的"买卖不破租赁"

原则。《民法典》第725条规定，租赁物在承租人按照租赁合同占有期限内发生所有权变动的，不影响租赁合同的效力。也就是说，在租赁期间，租赁物所有权发生变动时租赁合同的相对性被突破，承租人占有使用租赁物的权利，得以对抗买受人（第三人）要求收回租赁物占有使用权的请求。

三是为第三人利益的合同赋予第三人在特定条件下向合同当事人主张非当事人不可主张的权利，亦是对合同相对性规则的突破。如以第三人为受益人的保险合同，受益人虽非合同当事人，但根据法律规定直接享有合同权利，有权以自己的名义请求保险公司给付保险金。

四是附保护第三人作用的合同突破合同相对性规则赋予第三人以损害赔偿请求权，如《消费者权益保护法》规定，消费者或者其他受害人因商品缺陷造成人身、财产损害的，既可以向销售者要求赔偿，也可以向生产者要求赔偿。

实务精解

如何理解"合同是平等主体之间设立、变更、终止民事法律关系的协议"？

首先，合同是一种典型的民事法律行为。所谓民事法律行为，是指民事主体通过意思表示设立、变更、终止民事法律关系的行为。由此，民法关于民事法律行为有效、无效、撤销等规范，可以直接用于调整合同行为。

其次，合同是平等民事主体的合意。在合同关系中，合同主体的法律地位是平等的，其系遵循自愿原则，按照自己的意思缔结合同；合同是民事主体各方遵循公平原则，经自由协商达成合意，即意思表示一致的产物。

最后，作为一种典型的民事法律行为，民事主体合同行为的目的是设立、变更、终止民事法律关系，以实现预期的法律效果。

典型案例

只有在有明确规定作为依据的情形下，方能审慎突破合同相对性[1]

◎ 基本案情

某房地产公司与某食品超市公司、张某于 2012 年 5 月签订《房屋租赁转租合同》，某房地产公司与张某随后签订《房屋租赁合同超市部分续租补充合同书》，对张某租赁某房地产公司房屋的相关事宜进行了约定。前述合同签订后，某房地产公司按约交付房屋，张某将租赁房屋装修后开设了金某歌城。金某公司成立于 2014 年 10 月。张某租赁涉案房屋并非其个人使用，而是交付给金某公司作为金某歌城使用。因张某未按照约定时间支付租金，某房地产公司以金某公司和张某为被告提起诉讼，请求判令二被告连带支付房屋租金、违约金和资金占用费。一审法院判决张某于法定期限内支付依法确认的拖欠租金及违约金，但认为金某公司非合同当事人，根据合同相对性原则，驳回某房地产公司要求其承担连带支付责任的请求。某房地产公司提起上诉，请求改判解除房屋租赁合同。二审法院判决驳回上诉，维持原判。某房地产公司申请再审，认为本案法院应突破合同相对性原则判令金某公司承担责任。

◎ 法院裁判要旨

再审法院经审查认为，针对某房地产公司的再审申请理由，本案再审审查的争议焦点是，金某公司是否应当向某房地产公司承担合同责任，即法院是否可以在本案中突破合同相对性原则判令金某公司承担责任。

合同相对性原则，是指合同只对缔约当事人具有法律约束力，对合同关系以外的第三人不产生法律约束力；除合同当事人外，任何其他人

---

[1] 本案例材料来源：重庆市高级人民法院（2018）渝民申 1599 号民事裁定。本书参考的裁判文书，除另有说明外，均来源于中国裁判文书网，最后访问日期：2025 年 2 月 28 日。案例中"法院裁判要旨"部分引用的为当时有效法律，若有修改、废止的，读者需要自行对照现行法律予以理解。

不得请求享有合同上的权利；除合同当事人外，任何其他人不必承担合同上的责任。《合同法》第8条第1款规定："依法成立的合同，对当事人具有法律约束力。当事人应当按照约定履行自己的义务，不得擅自变更或者解除合同。"该条也确立了我国的合同相对性原则在合同法上的地位。但基于市场经济的广泛性和复杂性，严格的合同相对性原则已经不能满足社会利益、实现司法公正的需要。合同相对性原则存在一些例外规定，以体现对合同自由的尊重、对第三人信赖利益的保护和对公平正义的追求，即突破合同相对性。但突破合同相对性，仅是对合同相对性原则的修正和补充，并非对合同相对性原则的否定，故对突破合同相对性应持十分慎重的态度。人民法院审理民事案件，在合同相对性问题上，应秉持谦抑的态度，只有在有明确规定作为依据的情形下，方能突破合同相对性，而不能随意突破合同相对性。具体到本案中，某房地产公司申请再审的理由不能成立，裁定驳回其再审申请。

◎ 律师评析

涉案《房屋租赁转租合同》《房屋租赁合同超市部分续租补充合同书》中，合同的当事人均为某房地产公司和张某，金某公司并未作为承租人在合同中签字或盖章，根据合同的相对性规则，某房地产公司只能向合同的相对方即张某主张权利，而不能对合同关系以外的金某公司提出请求和诉讼，不能要求其承担合同违约责任。只有存在法定情形，合同当事人才能向与其无合同关系的第三人提出合同上的请求。某房地产公司在再审申请中认为，依据《最高人民法院关于适用〈中华人民共和国公司法〉若干问题的规定（三）》第2条的规定，可以请求金某公司承担合同责任。但本案现有证据尚不足以认定张某系作为发起人"为设立金某公司"以自己名义与某房地产公司签订租赁合同，不具备适用前述司法解释规定的前提条件。金某公司与张某亦不构成法律上并存的债务关系。诉讼中，某房地产公司亦明确要求张某承担合同责任，再向金某公司主张权利没有法律依据。

合同关系相对性规则是合同法律中一条根本性规则，合同关系相对性突破则是一种适用例外，对合同关系相对性的突破并非否定合同关系相对性规则，其扩张性适用必须以有法律的明确规定为前提条件，而非任性的、随意的。如果合同关系相对性突破被滥用，则可能触及合同诚信原则和意思自治原则，危及合同关系以外第三人的活动自由，危害正常的市场交易秩序，因而司法实践中理当审慎而行，以合同关系相对性为常态，以相对性的突破为例外。

法条索引

《民法典》

第119条、第464条、第465条

第二章　合同的订立

理论精要

一、合同经济活动决策

在现代市场经济中,经济活动离不开决策,决策是经济活动的核心环节,是经济活动目标能否最终实现的关键。民事主体订立经济合同前,亦应当在充分调查并掌握相关信息的基础上,围绕合同缔约的目的、预期效果等,对可能影响目标实现的诸多因素进行梳理、剖析、计算和评估,作出科学的决策,引导合同订立活动实施。对于法人和非法人组织来说,决策活动应当接受职工代表大会、内部审计部门、纪检部门等的监督。因未按规定程序进行经济活动决策,造成相应经济损失的,应当按照相关规定追究相关人员的责任,涉及经济犯罪的,依法移交司法机关。

合同经济活动决策是订立合同的指南针,民事主体一般情况下理当遵守合法依规、成本效益、廉政高效、社会效益等原则,依据经营目标,形成合法、有效的决策意见,保障合同订立工作有据可依。

二、要约与承诺

1. 要约

要约是希望和他人订立合同的意思表示,该意思表示的内容应当具体确定,并表明经受要约人承诺,要约人即受该意思表示约束。要约并非法律行为，而是特定人以订立合同为目的向相对人作出的意思表示，未经受要约人承诺，不能产生设定权利义务的法律效果。

根据《民法典》规定，要约生效的时间适用有相对人的意思表示生效时间的规定，即以对话方式作出的意思表示，相对人知道其内容时生效。以非对话方式作出的意思表示，到达相对人时生效。以非对话方式作出的采用数据电文形式的意思表示，相对人指定特定系统接收数据电文的，该数据电文进入该特定系统时生效；未指定特定系统的，相对人知道或者应当知道该数据电文进入其系统时生效。当事人对采用数据电文形式的意思表示的生效时间另有约定的，按照其约定。

要约可以撤回。撤回要约的通知应当在要约到达受要约人之前或者与要约同时到达受要约人。需要指出的是，在电子商务合同订立过程中，由于数据在网络中的传输速度与传统合同不可同日而语，要约在发出的瞬间即可到达接受地，在极为短暂的时间间隔中想要撤回要约，显然很难操作。但如果要约人对要约的生效附有条件，如以受要约人知道要约内容并告知要约人为要约生效的前提，就为要约的撤回提供了可供操作的时间差，要约人可以撤回要约。

要约可以撤销。《合同法》规定，撤销要约的通知应当在受要约人发出承诺通知之前到达受要约人。《民法典》则将"受要约人发出承诺通知之前"修改为"受要约人作出承诺之前"，并根据撤销要约的意思表示的方式不同分别作出规定，撤销要约的意思表示以对话方式作出的，该意思表示的内容应当在受要约人作出承诺之前为受要约人所知道；撤销要约的意思表示以非对话方式作出的，应当在受要约人作出承诺之前到达受要约人。如果要约人以确定承诺期限或者其他形式明示要约不可撤销，或者受要约人有理由认为要约是不可撤销的，并已经为履行合同做了合理准备工作的，则要约不得撤销。

要约的失效，是指要约丧失法律效力，要约人与受要约人均不再受其约束。要约人不再承担接受承诺的义务，受要约人亦不再享有通过承诺使合同得以成立的权利。[①] 要约被拒绝、被依法撤销、受要约人承诺期限届满未作出承诺、受要约人对要约的内容作出实质性变更的，要约失效。

2. 承诺

承诺是受要约人同意接受要约的内容而与要约人订立合同的意思表示。承诺的内容与要约的内容应当一致。受要约人对要约的内容作出实质性变更的，不构成承诺，而是一个新的要约。有关合同标的、数量、质量、价款或者报酬、履行期限、履行地点和方式、违约责任和解决争议方法等的变更，是对要约内容的实质性变更。承诺对要约的内容作出非实质性变更的，除要约人及时表示反对或者要约表明承诺不得对要约的内容作出任何变更的外，该承诺有效。

承诺应当在要约确定的期限内到达要约人。要约人没有确定承诺期限的，承诺应当依照下列规定到达：要约以对话方式作出的，应当即时作出承诺；要约以非对话方式作出的，承诺应当在合理期限内到达。要约以信件或者电报作出的，承诺期限自信件载明的日期或者电报交发之日开始计算。信件未载明日期的，自投寄该信件的邮戳日期开始计算。要约以电话、传真、电子邮件等快速通信方式作出的，承诺期限自要约到达要约人时开始计算。

受要约人超过承诺期限发出承诺，或者在承诺期限内发出承诺，按照通常情形不能及时到达要约人的，为新要约；但是，要约人及时通知受要约人该承诺有效的除外。受要约人在承诺期限内发出承诺，按照通常情形能够及时到达要约人，但是因其他原因致使承诺到达要约人时超过承诺期限的，除要约人及时通知受要约人因承诺超过期限不接受该承诺外，该承诺有效。

承诺生效的时间关系合同成立的时间、地点和风险的承担等内容。

[①] 黄薇：《中华人民共和国民法典释义及适用指南》，中国民主法制出版社2020年版，第725页。

根据《民法典》规定，以通知方式作出的承诺，其生效时间同要约生效相同，适用有相对人的意思表示生效时间的规定。若承诺不需要通知的，根据交易习惯或者要约的要求作出承诺的行为时生效。承诺生效时合同成立，但是法律另有规定或者当事人另有约定的除外。所谓"法律另有规定"，譬如《民法典》第586条第1款规定，当事人可以约定一方向对方给付定金作为债权的担保。定金合同自实际交付定金时成立。第679条规定："自然人之间的借款合同，自贷款人提供借款时成立。"《电子商务法》亦对合同成立另有明确规定，其第49条第1款规定，电子商务经营者发布的商品或者服务信息符合要约条件的，用户选择该商品或者服务并提交订单成功，合同成立。当事人另有约定的，从其约定。所谓"当事人另有约定"，是指要约人与受要约人经协商，就合同成立的时间明确作出约定，而非直接以承诺生效的时间作为合同成立的时间。

承诺可以撤回。撤回承诺的通知应当在承诺通知到达要约人之前或者与承诺通知同时到达要约人。对于电子商务合同承诺的撤回问题，与电子要约的撤回情形一样，存在操作困境，但不能就此否认受要约人的此项法定权利，法律可以在平衡当事人各方权利义务的基础上，对其作出相应调整。《电子商务法》第50条第2款规定，电子商务经营者应当保证用户在提交订单前可以更正输入错误。在电子商务经营者提供的网络商品或服务的标价为要约的情况下，此规定为消费者撤回承诺提供了法律依据；在网络商品或服务标价为要约邀请的情况下，此规定为消费者撤回要约提供了法律依据。

三、合同主要条款

合同条款是合同中明确当事人各方权利和义务的具体条文，合同条款的总和即构成合同的全部内容。合同条款一般由当事人根据订立合同的类型和性质予以具体明确约定。一般来说，当事人在订立合同时，应尽可能包括以下条款：

1. 当事人

当事人的名称或者姓名和住所系合同的必备条款之一。

对于法人和非法人组织来说，其名称即其在登记机关登记的正式称谓，其住所为其主要办事机构所在地，主要办事机构所在地不能确定的，其注册地或者登记地为住所地。

对于自然人来说，其姓名系指在公安机关户籍或身份信息登记中的正式称谓。自然人以户籍登记或者其他有效身份登记记载的居所为住所；经常居所与住所不一致的，经常居所视为住所。

2. 标的

所谓标的，系指合同法律关系的客体，是合同权利义务指向的对象。通常认为，合同关系的标的为特定的给付行为；但合同法律及有关司法解释所说的标的，有时需要按照标的物即给付的对象来理解。

标的系所有合同均需要具备的主要的基础性条款之一，在合同中理当明确规定标的的性质、标的物的种类和名称，以保障合同的有效成立。

标的物的名称，应当系标准全称，其品种、规格、商标及配套件等均需明确，以使标的物特定化，防范相对方以类似物品交付，致使合同目的不能有效实现。

3. 数量和质量

数量，在合同中系对标的物量的客观表述，缺少数量条款，无法通过合同漏洞补充方法予以补充，合同难以有效成立。故而，数量系所有合同均需要具备的主要的基础性条款之一。在合同中，数量条款有时并非直接以特定数字表示，而是以一种数量计算方法来表示，由此在具体理解时就可能产生争议，因而当事人需要准确、清晰约定数量条款，坚决杜绝歧义产生的可能。

质量条款系对合同标的物内在素质和外观形象特性的表述，由质量要求、技术指标、质地、性能、检验标准等系列内容组成。在合同中，质量要求和标准需要明确、具体约定。当事人对标的物的质量要求没有约定或者约定不明确的，可以协议补充；不能达成补充协议的，按照合同有关条款或者交易习惯确定；仍不能确定的，按照强制性国家标准、推荐性国家标准、行业标准、通常标准或者符合合同目的的特定标准履行，排列在前的标准优先适用。

为确保标的物质量符合约定，质量检验相关事项在质量条款中不可或缺。合同标的物质量经检验不符合约定的，当事人应当按照合同的约定承担违约责任。因标的物质量不符合要求，致使不能实现合同目的的，合同当事人有权据此解除合同。

4. 价款或者报酬

价款或者报酬系有偿合同的核心条款，价款是取得标的物的代价，报酬是获得服务、智力成果的代价。价款或者报酬的约定应当确定、明晰，包括单价、总价、计算方式、是否含税、币种、支付方式和期限等。

5. 履行期限、地点和方式

在签订合同时，当事人应当明确约定履行的日期或时限，以判断合同是否已经按照约定履行、当事人期限利益是否得到保障。在履行期限届满之前，当事人一方明确表示或者以自己的行为表明不履行主要债务的，对方当事人可以依法解除合同；在履行期间届至前，合同当事人享有拒绝对方当事人履行请求的权利；履行期间尚未届满的，合同当事人享有拒绝对方当事人终止履行请求的权利。如果履行期限不明确的，债务人可以随时履行，债权人也可以随时请求履行，但是应当给对方必要的准备时间。

履行地点系指债务人按照合同约定或者实际履行义务、债权人接受债务履行的地点。履行地点是确定合同纠纷诉讼管辖的依据之一，也是决定涉外合同法律适用的依据之一。在部分合同中，履行地点是确定风险承担主体的依据之一，如买卖合同，标的物应当在合同履行地点交付，其毁损、灭失的风险，在交付之前由出卖人承担，交付之后由买受人承担，但法律另有规定或者当事人另有约定的除外。

履行方式由当事人根据合同性质和交易要求在合同中明确约定，包括标的物的交付方式、价款支付方式等。一般情况下，合同应当由债权人和债务人亲自履行，以保证合同履行的有效性。但在特殊情形下，经各方当事人同意，也可以由第三人代为履行。当事人约定由第三人向债权人履行债务，第三人不履行债务或者履行债务不符合约定的，第三人并不承担违约责任，而是由债务人向债权人承担违约责任。

6. 违约责任

依法成立的合同，对当事人各方均具有法律约束力，当事人应当遵循诚信、公平原则，按照约定全面履行自己的义务。如果一方当事人违反约定不履行或者不适当履行合同义务，另一方当事人则有权寻求违约救济，要求违约方承担违约责任，以维护自己的合同权益。

我国法律规定的合同违约责任包括五种形态，即继续履行、采取补救措施、赔偿损失、支付违约金、定金罚则。当事人在签订合同时应当明确约定选择适用何种违约责任形态。部分当事人往往在违约责任条款中约定"违约责任按照《民法典》的规定执行"，如此约定，等同于没有约定。

7. 争议解决方法

解决争议的条款是当事人关于解决争议的办法、程序和适用法律等的约定。当事人可以通过和解或者调解解决合同争议，不愿和解、调解或者和解、调解不成的，可以根据仲裁协议向仲裁机构申请仲裁。当事人没有订立仲裁协议或者仲裁协议无效的，可以向人民法院起诉。当事人应当履行发生法律效力的判决、仲裁裁决、调解书；拒不履行的，对方可以请求人民法院执行。合同中有关解决争议方法的条款独立存在，具有相对独立性，合同无效、被撤销或者终止的，不影响其效力，该条款仍可用于解决当事人之间的纠纷。

四、合同审查

所谓合同审查,是指按照法律法规规定以及当事人约定,对合同形式、内容、主体、订立程序等进行审查,识别、分析、预防法律风险,保证合同的合法性、真实性、公平性、可行性和完整性,保障合同目的的实现,促进经济交易。

合同审查的首要目的是防范法律风险。经合同审查,剔除违法内容、修改不合理内容、完善欠缺内容、明晰模糊内容,可以有效防范经济活动诸多法律风险。

合同审查的最终目的是促进经济交易。经合同审查,在综合法律规定、交易习惯、交易性质等的基础上,衡平各方当事人的权利义务,保障合同履行的可行性,能够提高当事人的行为效率,促进合同终极目的的实现。

实务精解

1. 如何选择合同对方当事人?

(1) 谈判选择合同相对方

市场经济下,当事人与相对方经商谈沟通,在合法、公平、求同存异、有条件妥协的基础上,求得双方利益的一致或者互补,即为经济谈判,在合同订立过程中,谈判不可或缺,此亦为选择合同相对方的主要方法之一。

法人或者非法人组织在决策确定以谈判方式选择合作相对方开展经济活动后,需要成立谈判组织,谈判组织应当包括计划、商务、财务、技术、法务人员等。谈判组织成员应当明确职责,各司其职,通过各种渠道收集相关信息,经分析评判,制订谈判方案,明确谈判目的、内容、时间、地点等事项。在谈判中,谈判人员应当清楚识别双方共同的利益所在,寻求创造性解决问题的方案,有策略、有节制地作出妥协,灵活应变,积极创造"共赢"的交易条件,以选择最佳的合同相对方,维护己方经济利益。

法人或者非法人组织法务人员、外聘专业律师参与合同谈判，应当做好谈判记录，明确经济交易的目标、互利合作的原则、各方当事人的权利和义务、争议解决的方法等问题，形成谈判纪要或合作备忘录，由谈判各方签字或者盖章，形成具有法律效力的书面文件，以有效防范合同谈判法律风险，同时也为合同订立提供合法依据。当然，如果谈判纪要或合作备忘录对合同签订具有指导、补充等作用，各方当事人在订立合同时亦可以将其明确为合同附件，使其成为合同的有效组成部分。

（2）询价比价选择合同相对方

所谓通过询价比价选择合同相对方，是指当事人根据经济活动需要，向符合相应资格条件的相对方发出询价单由其报价，在各相对方报价的基础上，综合其生产规模、能力、质量和商业信誉等进行比较，从中选择合同相对方的模式。

当事人询价比价模式选择合同相对方的一般流程为：①根据经济活动的实际需要决策采用询价比价形式选择合同相对方；②分析经济活动信息，制订询价比价方案，编写询价书；③向符合相应资格条件的相对方发出询价书，请求报价；④综合评价各相对方报价，确定合作相对方，发出询价结果通知书；⑤签订合同。

（3）招标投标选择合同相对方

招标投标程序，是指由招标人向数人或公众发出招标通知或招标公告，在诸多投标人中选择自己最满意的投标人并与之订立合同的方式。[1]

招标分为公开招标和邀请招标。公开招标，是指招标人以招标公告的方式邀请不特定的法人或者其他组织投标；邀请招标，是指招标人以投标邀请书的方式邀请特定的法人或者其他组织投标。

招标人采用公开招标方式的，应当发布招标公告。依法必须进行招标的项目的招标公告，应当通过国家指定的报刊、信息网络或者其他媒

---

[1] 崔建远：《合同法学》，法律出版社2015年版，第38页。

介发布。招标公告应当载明招标人的名称和地址，招标项目的性质、数量、实施地点和时间以及获取招标文件的办法等事项。

招标公告的发布是否科学、规范，关系到合理范围内的投标人和潜在投标人是否能够经公开渠道获取足够的招标项目相关信息，是项目招标成败的决定性前提条件之一。实践中，招标公告发布问题重重，公告内容缺失、发布渠道窄劣、公告期限缩水等，俯拾皆是。以某公司委外工程项目招标公告发布方式为例，其招标公告均发布在其办公局域网上，而办公局域网的受众为公司机关、车间和班组职工，而非工程项目的潜在投标对象，即具备相关资质的法人或其他组织。如此操作显然不能满足项目公告的需求，但该公司经外聘律师友情提醒后，仍然乐此不疲，究其缘由当是为满足集团公司工程项目招标公告的形式性要求，至于是否满足公告的实质性需要则不在考虑之列。如此招标公告，等同于童话中皇帝的新衣。

投标人应当按照招标文件的要求编制投标文件，投标文件应当对招标文件提出的实质性要求和条件作出响应。投标人少于三个的，招标人应当依照法律规定重新招标。在招标文件要求提交投标文件的截止时间后送达的投标文件，招标人应当拒收。

实践中，存在一人操控数家企业参与投标，或者以一家企业为主，另邀请数家企业陪标的现象，需要招标人加以注意。以某工程公司工程项目招标为例，该公司实行工程项目施工单位准入制度，即审核批准一定数量的具备相应资质的施工企业录入准入施工单位库，工程项目招标面向准入施工单位库内相关企业。外聘律师在提供专项法律服务时发现，该制度存在一个致命性缺陷，即各施工企业在申请准入、参与招投标等程序中均为委托代理人实施各项民事行为，如此就为挂靠施工打开了方便之门，亦为一人实际操控多家企业提供了便利条件。公安机关在侦办该公司职工受贿案件时即发现，该职工经办的部分工程项目招标活动，时常参与投标的数家企业的委托代理人相互间具有亲属关系，实质即为一人操控数家企业参与投标，损害招标人的合法权益。

经依法开标、评标确定中标人后，招标人应当向中标人发出中标通知书。自中标通知书发出之日起三十日内，双方应当按照招标文件和中标人的投标文件订立书面合同，不得再行订立背离合同实质性内容的其他协议。

市场经济下，企业经常会采用招标投标模式开展经济活动，此举能够有效保证经营决策公开，加强过程监督，防控廉政风险，但需要加强招标投标工作指引，强调其合法性、规范性。某铁路工程公司委外工程项目招标和谈判管理办法规定，经公开招标和邀请招标后，在提交投标文件截止时间前，提交投标文件的投标人少于三个的，或者至开标截止时间，实际进行开标的投标人少于三个的，可以直接进行竞争性谈判或单一性谈判，并在管理平台登记备案。此规定即与招标投标法律规定不相符，法律规定上述情形下，招标人应当依法重新招标。该公司的规定容易致使招投标工作流于形式，也为部分别有用心的人员利用招投标形式谋取不当利益提供了便利，以该公司某特种设备维修项目为例，经办部门向三家公司发出投标邀请书，一家公司回复不具备相应资质，一家公司电话回复不对外提供维修服务。经办部门遂直接与剩余一家公司进行谈判确定合同条款。在此项经济活动中，招标投标工作显然没有实现其本来的法律作用，法务部门虽然对招投标活动的合法性、真实性提出异议，但计划、业务、财务部门和总会计师、分管领导、行政负责人却一路绿灯，留法务人员徒唤奈何。

（4）拍卖选择合同相对方

所谓拍卖，也称竞买，商业中的一种买卖方式，是指以公开竞价的形式，将特定物品或者财产权利转让给最高应价者的买卖方式。

拍卖是民事主体确定最佳交易条件、择优选择合同相对方的一种方式。拍卖标的应当是委托人所有或者依法可以处分的物品或者财产权利。法律、行政法规禁止买卖的物品或者财产权利，不得作为拍卖标的。依照法律或者按照国务院规定需经审批才能转让的物品或者财产权利，在拍卖前，应当依法办理审批手续；委托拍卖的文物，在拍卖前，应当经拍卖人住所地的文物行政管理部门依法鉴定、许可。

民事主体选择通过拍卖活动来确定合同相对方的，应当作为委托人与拍卖人订立书面委托拍卖合同，载明：①委托人、拍卖人的姓名或者名称、住所；②拍卖标的的名称、规格、数量、质量；③委托人提出的保留价；④拍卖的时间、地点；⑤拍卖标的交付或者转移的时间、方式；⑥佣金及其支付的方式、期限；⑦价款的支付方式、期限；⑧违约责任；⑨双方约定的其他事项。

拍卖人应当于拍卖日七日前发布拍卖公告，载明拍卖标的、时间、地点、参与竞买应当办理的手续等事项。竞买人的最高应价经拍卖师落槌或者以其他公开表示买定的方式确认后，拍卖成交。拍卖成交后，买受人和拍卖人应当签署成交确认书。

经济生活中，拍卖交易简洁快速、公平公正，公开竞价有利于实现合同利益最大化，保证金和违约赔偿制度有利于防范合同违约风险，因而，拍卖是有效选择合同相对方的途径之一。

2. 建设工程项目部能否直接对外签订合同？

所谓项目部，《建设项目工程总承包管理规范》（GB/T 50358—2017）术语2.0.2定义为：项目部，在工程总承包企业法定代表人授权和支持下，为实现项目目标，由项目经理组建并领导的项目管理组织。

通常情况下，在批准一个项目并实施时，工程总承包企业会在合同条件下任命项目经理，组建项目部，由项目部对工程项目组织实施，对项目质量、安全、费用、进度、职业健康和环境保护目标负责。项目部接受企业职能部门指导、监督、检查和考核，在项目收尾完成后由企业批准解散。

所谓项目经理，《建设工程施工合同（示范文本）》（GF-2017-0201）通用合同条款1.1.2.8定义为：项目经理，是指由承包人任命并派驻施工现场，在承包人授权范围内负责合同履行，且按照法律规定具有相应资格的项目负责人。

项目经理是企业承建工程的主要负责人，根据企业法定代表人授权的范围、时间和项目管理目标责任书中规定的内容，对工程项目自开工准备至竣工收尾实施全面的组织管理。需要指出的是，根据《国务院关于取消第二批行政审批项目和改变一批行政审批项目管理方式的决定》（国发〔2003〕5号），建筑施工企业项目经理资质由注册建造师代替，即项目经理资质业已取消。但实践中项目经理负责制仍然继续施行，《建设项目工程总承包管理规范》3.1.1即规定，工程总承包企业应建立与工程总承包项目相适应的管理组织，并行使项目管理职能，实行项目经理负责制。

项目部在工程项目建设过程中，需要协调和处理与项目发包人、项目其他相关人、企业内部等之间的关系，需要内外部沟通协调，以完成工程合同约定的项目目标，由此会与各方当事人产生各种法律关系，实践中，以项目部对外签订合同的纠纷最为典型。工程项目部能否直接对外签订合同？理论界与实务界对此各有观点，争执不已，莫衷一是。

笔者认为，如果工程项目部经企业法人按照规定程序设立并依法申请登记，经市场监督管理部门核准，领取营业执照，则属于企业法人设立的不能独立承担民事责任的分支机构，属于《民事诉讼法》规定的"其他组织"，有权在核准登记的经营范围内从事经营活动，可在经营范围内以自己的名义订立与其控制的财产相适应的合同，或者经企业法人授权以所属企业法人的名义对外订立合同。根据《民法典》第74条的规定，作为企业法人分支机构的工程项目部以自己的名义订立合同，产生的民事责任由法人承担；也可以先以工程项目部自己管理的财产承担，不足以承担的，再由法人来承担。《公司法》则作为特别法对分公司的责任承担作出明确规定：分公司不具有法人资格，其民事责任由公司承担。

实务中，工程项目部多数未经依法登记领取营业执照，其法律性质如何认定？司法实践中，将此类工程项目部排除在《民事诉讼法》规定的"其他组织"之外，已然达成共识；但其法律定位究竟如何定义却依旧没有明确答案。

笔者认为，此类工程项目部是企业法人为工程项目建设需要而按照行业惯例设立的项目施工及管理部门,其管理范畴包括工程项目采购、施工、质量、进度、安全等,与企业法人专门管理某一类特定事务的职能部门不同,属于对工程项目进行总体管理的临时性机构,其民事权利能力和民事行为能力来自企业法人的授权,是企业法人在工程项目建设过程中的代理人。《建设项目工程总承包管理规范》规定,项目经理对项目实施全过程进行策划、组织、协调和控制,在授权范围内负责与项目干系人的协调,履行相应的职责,行使相应的管理权限。《建设工程项目管理规范》(GB/T 50326—2017)规定,项目管理机构负责人具有参与项目招标、投标和合同签订的权限。因而未经依法登记领取营业执照的工程项目部在企业法人授权范围内有权作为代理人对外订立经济合同。

未经许可登记领取营业执照的工程项目部,在未经企业法人授权的情况下以所属企业名义对外订立的经济合同的效力如何认定呢?《民法典》第171条第1款对此明确规定,行为人没有代理权、超越代理权或者代理权终止后,仍然实施代理行为,未经被代理人追认的,对被代理人不发生效力。即此种情形下,项目部以企业法人名义对外订立的合同,需经企业法人追认,才对企业法人具有法律约束力。企业法人拒绝追认的,由行为人承担责任。

按照法律规定,表见代理情形下,为保护善意相对人的信赖利益和交易安全,工程项目部没有代理权、超越代理权或者代理权终止后以企业法人名义订立合同,但相对方有理由相信项目部有代理权的,即使未经企业法人追认,亦产生有权代理的法律后果。

3. 要约邀请与要约有何区别?

要约是希望和他人订立合同的意思表示,要约人必须是特定人,只有如此,相对人才能知道应当向谁作出承诺。要约必须以订立合同为目的,不以订立合同为目的的意思表示不能称为要约,此是要约与要约邀请的根本性区别。要约的内容应当包括合同的主要条款,并且具体明确。要约含有表明经受要约人承诺要约人即受约束的意旨,要约人对合同的成立再无其他选择。

要约邀请是希望他人向自己发出要约的意思表示。拍卖公告、招标公告、招股说明书、债券募集办法、基金招募说明书、商业广告和宣传、寄送的价目表等为要约邀请。要约邀请只是订立合同的一种准备活动，其目的是探问消息或者引出要约，因而内容可能并不具体确定，也没有订立合同的意图，要约邀请相对人即使接受要约邀请的内容，也不能因此成立合同，要约邀请人有权选择是否接受相对人的要约。

实践中，商业广告和宣传一般为要约邀请，但若其内容符合要约条件的，构成要约。《商品房买卖合同司法解释》第3条即规定，商品房的销售广告和宣传资料为要约邀请，但是出卖人就商品房开发规划范围内的房屋及相关设施所作的说明和允诺具体确定，并对商品房买卖合同的订立以及房屋价格的确定有重大影响的，构成要约。该说明和允诺即使未载入商品房买卖合同，亦应当为合同内容，当事人违反的，应当承担违约责任。

4. 如何选择合同文本？

（1）选择使用合同示范文本

所谓合同示范文本，是指由有关部门（组织）根据法律法规、行业惯例、交易习惯等，依照一定程序制定、公布的具有合同主要条款和规范式样的指导性合同文本。

在合同订立初始阶段，参考、应用合同示范文本，能够有效减少当事人各方的摸索成本，提示当事人各方谨慎明确各自的权利和义务，引导当事人规范订立合同。推行合同文本示范管理制度，可以依法规范合同行为，遏制不公正、不合理的合同内容，打击合同欺诈和违约行为，减少合同争议，倡导诚信履约，维护市场交易秩序，促进经济市场健康有序发展。

一般认为，合同示范文本包括以下类型：一是国际组织制定、发布的合同示范文本，如国际咨询工程师联合会（FIDIC）制定的《土木工程施工合同条件》（红皮书）、《业主与咨询工程师标准服务协议书》（白皮书）、《电气与机械工程合同条件》（黄皮书）、《工程总承包合同条件》

（桔黄皮书）等合同和协议范本。① 二是国家行政主管部门制定、发布的合同示范文本，如住房和城乡建设部、国家市场监督管理总局联合制定的《建设项目工程总承包合同（示范文本）》（GF-2020-0216）。三是行业组织制定、发布的合同示范文本，如建筑装饰材料行业协会制定的橱柜合同示范文本、家庭服务业行业协会制定的家政服务合同示范文本等。此类组织有时与国家行政主管部门联合制定、发布相关合同示范文本。四是企业为规范合同条款内容、提高合同签约效率而自行制定的合同示范文本。

（2）争取使用己方拟定的合同文本

在合作共赢的基础上，最大可能追求可得利益是民事主体经济活动的根本属性，而合同是经济活动中各方权利义务的载体，尽力争取合同的起草权利，在合同条款中谋篇布局以充分考虑和保护己方的利益，即至关重要。

在起草合同前，相关人员应当对合同可能涉及的法律法规和政策进行研究，理解掌握合同主体、标的、内容的相关允许性、限制性或禁止性规定，确保合同合法性。

合同条款设计应当合法、完整，能够准确反映各方主体在合同订立程序中的真实意思表示，力求标的清晰、数量准确，履行期限、地点和方式具体、确定，违约责任详尽、清楚，争议解决经济可行等。

合同用语应当规范、简洁、准确，条款层次分明、梳理清晰、避免漏项。

当事人既然为合同起草一方，自然会在合法的基础上，力争最大限度争取权利、免除己方责任，并尽可能对相对方作出限制性规定。例如，当事人作为付款方，若项目款项具有不确定性，隐含不能按照约定期限付款的可能，则付款条件可以设计得宽松些，逾期付款违约金的数额或者比例可以控制在能够承受范围内。再如，对于争议解决条款，当事人

---

① 参见国际咨询工程师联合会官网，https://fidic.org/，2025年1月21日访问。

可以根据对己有利的实际情况，选择仲裁或者诉讼救济途径，而尽可能限制对方的选择权；双方均同意诉讼解决争议的，亦可以依据法律规定在合同中约定对己有利的管辖法院。

需要说明的是，当事人在作限制相对方相关权利的设计时，应当合法并合理，而不能通过设计限制条款肆意剥夺相对方应当享有的合同权利，超出法律规定限度的限制性条款有可能被认定为格式条款或者无效条款。

（3）谨慎使用相对方提供的合同文本

如果当事人非合同文本起草方，则需要慎重对待，防止合同陷阱。非合同文本起草方当事人应当认真审查合同条款的合法性、合理性、公平性，坚决要求删除违反法律法规的条款、排除隐蔽性不利条款、补充不可或缺性条款、修改歧义性条款。

5. 如何有效采用格式条款来规定合同权利和义务？

所谓格式条款，是指当事人为了重复使用而预先拟定，并在订立合同时未与对方协商的条款。格式条款最主要的特征有二：一是"预先拟定"；二是"未与对方协商"。至于是否"重复使用"却非本质性特征。为防止格式条款提供方利用单方拟定条款的优势，制定有利于己方而不利于相对方的条款，《民法典》在承继《合同法》的基础上，进一步发展完善格式条款规制规则。

对于格式条款提供方来说，法律要求其应当承担三项主要义务：一是遵循公平原则确定当事人之间的权利和义务。二是采取合理的方式提示对方注意免除或者减轻其责任等与对方有重大利害关系的条款。根据《民法典合同编通则解释》第10条第1款的规定，提供格式条款的一方在合同订立时采用通常足以引起对方注意的文字、符号、字体等明显标识，提示对方注意免除或者减轻其责任、排除或者限制对方权利等与对方有重大利害关系的异常条款的，人民法院可以认定其已经履行法律规定的提示义务。需要强调的是，提示为主动性义务，不以对方要求为条件。三是按照对方的要求，对该条款予以说明。《民法典合同编通则解释》第 10 条第 2 款指出：提供格式条款的一方按照对方的要求，就与对方有重大利害关系的异常条款的概念、内容及其法律后果以书面或者口头形式向对方作出通常能够理解的解释说明的，人民法院可以认定其已经履行法律规定的说明义务。与主动性提示义务不同，说明义务是被动性的，对方没有提出说明要求的，格式条款提供方不需要主动说明。

提供格式条款的一方未履行提示或者说明义务的，法律效果如何？《合同法司法解释（二）》第 9 条规定，提供格式条款的一方当事人违反《合同法》第 39 条第 1 款关于提示和说明义务的规定，导致对方没有注意免除或者限制其责任的条款，对方当事人申请撤销该格式条款的，人民法院应当支持。第 10 条规定，提供格式条款的一方当事人违反《合同法》第 39 条第 1 款的规定，并具有《合同法》第 40 条规定的情形之一的，人民法院应当认定该格式条款无效。《民法典》则对相对方作倾斜性保护，设置格式条款订入控制制度，即提供格式条款的一方未履行提示或者说明义务，致使对方没有注意或者理解与其有重大利害关系的条款的，对方可以主张该条款不成为合同的内容。

《消费者权益保护法》作为特别法，则对消费领域中的格式条款问题特别作出规定：经营者在经营活动中使用格式条款的，应当以显著方式提请消费者注意商品或者服务的数量和质量、价款或者费用、履行期限和方式、安全注意事项和风险警示、售后服务、民事责任等与消费者有重大利害关系的内容，并按照消费者的要求予以说明。经营者不得以格式条款、通知、声明、店堂告示等方式，作出排除或者限制消费者权利、减轻或者免除经营者责任、加重消费者责任等对消费者不公平、不合理的规定，不得利用格式条款并借助技术手段强制交易。格式条款、通知、声明、店堂告示等含有前款所列内容的，其内容无效。

根据《民法典》规定，具有下列情形之一的，该格式条款无效：一是具有民事法律行为无效情形的格式条款无效，主要包括行为人与相对人以虚假的意思表示实施的民事法律行为无效；违反法律、行政法规的强制性规定的民事法律行为无效。但是，该强制性规定不导致该民事法律行为无效的除外；违背公序良俗的民事法律行为无效；行为人与相对人恶意串通，损害他人合法权益的民事法律行为无效；合同中造成对方人身损害的、因故意或者重大过失造成对方财产损失的免责条款无效。二是提供格式条款一方不合理地免除或者减轻其责任、加重对方责任、限制对方主要权利；如果是"合理"地免除或者减轻其责任、加重对方责任、限制对方主要权利，该格式条款只要不具有其他无效的情形，就是具有法律约束力的。三是提供格式条款一方排除对方主要权利。此处的排除没有"合理"或者"不合理"之分，皆因对方的主要权利根据法律规定不容排除；单方强制性排除的，当然无效。

对格式条款的理解发生争议的，如果非格式条款对同一事项亦有约定的，则无须考虑格式条款的解释问题，直接适用非格式条款即可。没有非格式条款相应约定的，应当按照通常理解予以解释，即根据格式条款可能订约者平均的、合理的理解标准，依据所使用的词句，以词句的通常含义为基础，结合相关条款、行为的性质和目的、习惯以及诚信原则，参考缔约背景、磋商过程、履行行为等因素确定格式条款的含义。对格式条款有两种以上解释的，应当作出不利于提供格式条款一方的解释；两种以上解释可能影响该条款效力的，应当选择有利于该条款有效的解释。

6. 如何审查合同条款？

（1）合同名称审查

如果经济活动属于法律明确规定的有名合同的范畴，订立合同时理当明确合同名称。对于有名合同，如果当事人无特别约定排除相关规定的适用，则该有名合同的相关规定将会自动成为合同的一部分。[1]

如果经济合同属于法律尚未为其确定名称和特定规范的合同，当事人可以在法律允许的范围内，自行确定合同的内容和形式。对于无名合同而言，应当适用《民法典》等关于民事法律行为和合同的一般规定，

---

[1] 李少伟、张晓飞主编：《合同法理论与实务》，法律出版社2019年版，第5页。

并可以参照《民法典》合同编分则或者其他法律最相类似的规定。

实践中,当事人理当根据经济活动的性质,准确确定合同名称,准确的合同名称能够直接反映经济活动的性质。当然,经济活动的性质不能仅凭合同名称而定,在当事人对经济合同性质有所争议时,应当根据合同内容所涉法律关系,即合同当事人各方所设立权利义务的内容来加以确定。

实务中,相当部分当事人对合同名称的确定重视不够,命名较为随意。笔者在为某铁路公司提供合同管理专项服务时,即发现该公司一份合同在合同管理系统中登记为某工程合同,内容却是买卖某设施的相关约定,只是该种设施需要卖方履行设备安装义务而已。另有一份合同登记名称为买卖合同,合同文本显示的却是"施工日期、工程质量、保修期"等内容,显然也是文不对题。

对于合同名称,应当尽量简洁、明确。例如,某铁路公司的"某市某湖水源地及某地面水厂输水管线穿越某铁路保护套管工程集装箱房租赁合同"在合同管理系统中只要简单登记为集装箱房租赁合同即可,前面的修饰性用语可以在合同文本中明确。再如,"某线某桥浅基病害整治工程委托设计合同"只要简单登记为委托设计合同即可,或者简单加上地点等限制性词语,以和类似合同相互区别。

(2)合同主体审查

①通过查询相关证照信息审查合同主体是否真实。

②审查合同主体名称是否规范、准确,如"中国铁路某局集团有限公司"不能写成简称"某铁路局",即使后者在公司章程中有所明确。

③审查合同主体是否具备相关资质,如建设工程合同施工人是否具有相应施工总承包资质或者专业承包资质;房地产开发合同中的开发人是否具有相应房地产开发资质等级;道路货物运输合同的承运人是否具备相应经营资质等级等。

④审查合同主体的履约能力,通过相关平台查询其市场监督管理信息、涉诉信息、司法拍卖信息、失信信息、会计信息等,确定其履约能

力能否满足经济活动需要,能否保障合同目的的实现。

对于法人或者非法人组织来说,合同经办人员在提交合同文本供审查会签时,应当一并提交经查询核实的合同相对方的营业执照、法定代表人身份证明、委托代理人授权委托书及身份证信息、资质等级证书或者经营许可证书、资信调查材料、履约能力证明文件等资料。

(3) 引言和鉴于条款审查

实践中,相当部分当事人对于合同的引言和鉴于条款是不以为意的,或直接照搬,或简单模仿,漠然置之。某铁路公司拟定的地方铁路专用线委托养护合同引言部分即表述为:"根据《中华人民共和国民法典》《中华人民共和国建筑法》《铁路运输安全保护条例》《中国铁路某集团有限公司合同管理办法》及《中国铁路某集团有限公司合同管理实施细则》,遵循平等、自愿、公平和诚实信用的原则,结合本专用线具体情况,双方就本专用线委托养护事宜经协商一致达成本合同,以资共同信守。"该合同引言随意性即较为典型,第一,其并非为明确合同目的、责任界面或者排除相关风险而设计,而是纯粹的套话型版本。第二,相关依据问题重重:一是《建筑法》与本合同没有任何关系,合同经办人员应当是随意添置;二是《铁路运输安全保护条例》在 2014 年 1 月 1 日《铁路安全管理条例》施行的同时即已废止,引用不当;三是《中国铁路某集团有限公司合同管理实施细则》实为无中生有,凭空呓语。第三,平等、自愿、公平和诚实信用本就是合同法律明确规定的基本原则,既是适用、解释合同法律的依据,也是合同当事人在合同活动中应当遵守的行为准则,再三重复性表述没有任何实质性作用。

实际上,合同引言和鉴于条款如果有心设计,其作用亦是相当重要的,需要合同审查人员慎重对待:

①审查引言或鉴于条款用语是否规范、简洁、明确;如果此部分表述较为集中,则需谨慎对待,严防合同相对方以貌似的套路性陈述掩盖其真实非法或不当的意图。

②适用法律、法规、部门规章甚或其中一方当事人规章制度等依据

是否客观、合法、有效，杜绝适用废止或空无的合同依据。

③慎重对待明晰合同目的、排除合同风险等实用性引言或鉴于条款。以格式条款争议为例，若合同引言部分业已明确合同文本提供方在合同签订前三十日已就本合同条款向合同相对方作出解释说明，双方对合同条款的涵义和法律后果的理解并无歧义，本合同非任何一方的格式合同。如此，非合同提供方当事人即应当慎重阅读合同文本，查看有无免除或者限制对方责任的内容，对于己不利的条款在签订前适时提出修改建议，以维护己方的合同利益。

（4）标的条款审查

根据法律规定，标的条款属于合同的必备条款之一，若有缺失则将影响合同的有效成立。

①审查合同标的是否合法：合同标的若为法律法规禁止交易或者违背公序良俗，则将导致合同无效。

②审查合同标的是否特定化：合同标的的名称是否规范，规格、型号、等级、颜色等指标是否明确。以铁路道砟买卖合同为例，合同标的物为道砟，合同当事人对道砟碎石材质指标、级别、粒径级配、颗粒形状和清洁度、针状指数等应当约定准确、清楚，若缺少相关约定，则可能因此产生争议，甚至影响合同目的的有效实现。

（5）数量和质量条款审查

数量条款为合同的必备条款之一，缺少数量条款时，双方当事人为合同履行产生争议的，如果有一方诚信精神缺失，即难以通过合同补充的方法予以确定，可能致使合同最终无法履行。合同数量条款中计量单位、计算标准等约定应当规范、明确。如果在合同订立时尚不能准确确定标的具体数量的，则应当明确、具体约定确定数量的方式。

质量条款直接关系到合同当事人的合同目的、合同利益能否实现，其重要性亦是不言而喻的。质量条款需要审查其质量标准是否约定明确、标准名称和代号是否规范、标准的版本是否有效；质量检验期限、检验方式、检验机构、逾期检验的法律后果等是否约定明确；质量异议的期限、方式、救济途径等是否约定明确等。

(6) 价款或者报酬条款审查

①审查合同价款或者报酬数额是否明确，或者计算方法明确并可操作。

②审查税费负担是否明确，某铁路栅栏运输合同，在招标时即没有明确税费承担问题，以致在订立合同时就合同总价款问题产生争议，影响经济活动的实施。

③审查合同价款含义是否明确，以需要异地交付的合同为例，除标的物价款外，是否还包含运输费、装卸费、保险费、报关费、仓储费等，均需明晰。某铁路道砟买卖合同的价款即清晰约定为：道砟单价：每立方米人民币××元（含增值税），其中不含税人民币××元，税率××，增值税××元。该价款已包含道砟交付买方前的所有费用，包括但不限于卖方将道砟运送至买方指定地点的运输费用以及装卸、仓储等费用。

④审查合同价款或报酬支付条件是否合理。譬如，在铁路工程建设市场，发包方多处于绝对优势地位，工程款项支付约定为"合同签订后，且业主给付工程款后"之类较为常见，即工程款项的给付以第三方给付为前提，其给付条件分包合同亦未明确，如果业主与发包方产生矛盾需要通过司法途径解决工程款争议，本合同施工方就只能望合同而兴叹了；或者"工程经验收合格并经集团公司财务部审核同意后支付"之类没有最终付款期限约束的约定，如果遭遇恶意发包方，工程承包方求得工程款之路只怕会异常坎坷。

⑤审查合同价款或报酬支付时间、方式、对象是否明确，避免类似"检验合格后一次性付清款项"式约定，支持银行转账支付，审慎使用商业汇票，明确约定支付对象相关信息。

(7) 履行期限、地点和方式条款审查

履行期限直接关系合同利益能否实现，也是确定违约与否的客观标准，合同履行的起止时间均应当明确。分期履行合同，则应当分别明确各期的履行期限。

履行地点可能关系到诉讼管辖地的确定、标的物所有权的转移、标的物毁损风险的承担等，为避免纠纷，理当在合同中明确约定。

履行方式事关当事人的合同利益，也是判断当事人是否违约的重要因素之一，是一次性交付还是分期交付，是铁路运输还是公路运输，如此等等，皆需明确。

（8）违约责任条款审查

①审查违约责任是否平等，是否存在加重己方责任的情形，给出观点明确的审查意见。

②审查合同当事人是否根据合同目的合理选择违约责任承担方式：损害赔偿责任对损害赔偿范围、认定标准、适用限制是否明确约定；违约金责任是否明确约定违约金的数额，或者约定因违约产生的损失赔偿额的计算方法，违约金数额是否合理，是否存在同时约定定金条款的情形；定金责任设定是否误写成"订金"，定金数额是否超过合同总额的20%等。

③审查在合同利益重大、合同相对方有可能以违约为代价主动单方解除合同的情形下，是否合理设计多种违约责任承担方式的综合运用，以此加重可能违约方的违约成本，制约违约方强行解除合同的行为。

（9）争议解决方法条款审查

审查合同当事人约定的仲裁条款或者诉讼管辖条款是否合法有效，仲裁条款诸如"因履行本合同所发生的争议，由双方当事人协商解决；协商不成的，可以申请仲裁，或者向法院提起诉讼""双方同意将本合同项下争议提交上海市仲裁委员会仲裁"① 等均是没有法律效力的；诉讼方面违反级别管辖或专属管辖的规定选择管辖法院，书面协议选择与争议没有实际联系地点的人民法院管辖，均为无效约定。

（10）保密条款审查

①审查合同当事人是否约定保密信息的涵义、保密的范围、保密人

---

① 上海市有上海仲裁委员会、上海国际经济贸易仲裁委员会等仲裁机构，没有"上海市仲裁委员会"，仲裁协议对仲裁委员会约定不明确的，根据《仲裁法》第18条规定即为无效，除非当事人能够对此达成补充协议。

员、保密期间和保密措施。

②审查合同是否明确违反保密义务的认定标准和应当承担的法律责任。

(11) 不可抗力条款审查

①审查合同当事人是否在法律规定的基础上进一步明确不可抗力的含义、范围等内容,并审查该约定内容是否存在无效的法律风险,是否明确相应法律责任。

②审查合同当事人是否就不可抗力通知义务作出约定,包括通知的期限、方式、内容,提供证明的时间,怠于履行通知义务的法律责任等。

(12) 通知与送达条款审查

①审查通知的方式、时间、风险分配等是否详细约定。

②审查送达地址、签收人、送达方式、推定送达等约定是否明确可行。

(13) 签署条款审查

审查合同成立约定是需要"当事人签名或者盖章"还是"当事人签名并盖章",是否需要按指印。

审查合同主体是否准确无误、签署时间是否完整属实、签署地点是否符合约定。

典型案例

1. 低于成本报价投标的,应当否决其投标[1]

◎ **基本案情**

某铁路公司实行工程项目施工准入制度,准入对象为具有工程施工总承包或者专业承包三级及以上资质的建筑施工企业,公司的工程项目面向准入企业招标确定承包人。2016年年初,A公司经审核获得准入资

---

[1] 本书中未注明出处的案例为作者根据工作、研究经验,选取具有代表性、典型性的真实案例,为具体说明相关法律问题,编辑加工而得,供读者参考。

格，随即开启招投标之旅，至 2016 年年底，A 公司先后中标 11 个工程项目，只要其参与投标的项目，其他企业基本染指无望，皆因其投标报价远远低于其他企业报价的平均值，而某铁路公司又是采用最低投标价法确定中标单位。但 A 公司中标的部分工程项目建设诸多问题层出不穷，有擅自更改设计方案的，有未经许可更换低档次材料的，有施工进度严重滞后影响使用的等。某铁路公司忍无可忍，专门召开党政联席会研究 A 公司工程建设问题，有人建议提起合同违约诉讼，要求 A 公司承担法律责任；有人建议以 A 公司投标报价低于成本为由，请求确认部分施工合同无效。公司法务部门经研究认为，第一，争议涉及的工程项目合同金额并不高，且 A 公司均在施工中，要求其承担违约责任或者确认施工合同无效，均难以取得最佳效果，建议协商解决争议；第二，建议公司经营开发部门修改委外工程项目招标办法，完善评标规则，不再简单地一味以最低投标价法确定中标单位。

◎ 律师评析

经济活动中，在活动项目已获批准、项目资金已经到位或者来源已经得到保障的前提下，依据项目规模、资金落实、工期需要、现场条件、施工特点等因素划分标段以招标投标方式选择合同相对方的情形十分常见。

根据《招标投标法》的规定，投标人的报价符合下列情形的，可以中标：一是通过综合评分法评标，得分最高的能够最大限度地满足招标文件中规定的各项综合评价标准的投标价中标，此时中标的投标价可能并非最低报价；二是经评审的能够满足招标文件的实质性要求的不低于成本的最低投标价格中标。相较于评审要素众多且繁杂的综合评分法，最低投标价法简单而高效，更容易为招标企业所采用。

但如果招标企业一味追求简单高效，则可能遭遇恶意的低于成本的投标报价，如有意低价中标后偷工减料减少损失，或者低价抢标成功后制造机会高价索赔等。故而，《招标投标法》及其实施条例规定，投标人不得以低于成本的报价竞标，投标报价低于成本的，评标委员会应当否决其投标。《评标委员会和评标方法暂行规定》第 21 条对低于成本报价的认定进一步作出规定：在评标过程中，评标委员会发现投标人的报价明显低于其他投标报价或者在设有标底时明显低于标底，使得其投标报价可能低于其个别成本的，应当要求该投标人作出书面说明并提供相关证明材料。投标人不能合理说明或者不能提供相关证明材料的，由评标委员会认定该投标人以低于成本报价竞标，应当否决其投标。

法律禁止投标人以低于成本的报价竞标，主要目的是规范招标投标活动，避免不正当竞争，保证项目质量，维护社会公共利益。如果确实存在低于成本价投标的，应当依法确认中标无效，并认定相应建设工程施工合同无效。需要强调的是，所谓"投标人不得以低于成本的报价竞标"应当是指投标人投标报价不得低于其为完成投标项目所需支出的企业个别成本，而非社会平均成本或者行业平均成本，部分司法案例中以社会平均成本或者行业平均成本作为判断投标人投标报价是否低于成本的标准，是对法律的错误理解。每个投标人的管理水平、技术能力与条件不同，即使完成同样的招标项目，其个别成本也不可能完全相同，个别成本与社会平均成本或者行业平均成本存在差异，这是市场经济环境下的正常现象。实行招投标的目的，正是为了通过投标人之间的竞争，择优选择中标者，因此，只要投标人的报价不低于自身的个别成本，即使是低于社会或者行业平均成本，也是完全可以的。

2. 招标公告为要约邀请，要约邀请人撤回邀请不用承担合同上的法律责任

◎ **基本案情**

2017 年 3 月 6 日，某铁路集团公司所属某分公司发布工程项目招标公告，公告明确项目名称为某地地坪硬化整治，报名截至 2017 年 3 月 10 日 16：00，递交投标文件截至 2017 年 3 月 22 日，2017 年 3 月 28 日开标。招标文件明确，该项目采用最低投标价法确定中标单位。某工程公司于 2017 年 3 月 10 日报名并经审查合格交纳资料费 200 元，保证金 5000

元，于3月16日递交投标文件，并经非常规途径获知己方在三家投标单位中投标报价最低。3月26日，某铁路集团公司通知某分公司，招标公告中项目所在地计划高规格建设成示范点。因原设计方案难以达到某铁路集团公司的要求，某分公司遂通知投标公司撤回招标邀请，待计划条件具备时再行招标。某工程公司认为，某分公司招标为要约，己方投标为承诺，双方合同关系已成立，合同应当依约履行。协商未果，某工程公司提起诉讼，请求判令继续履行合同。在诉前调解中，经法官释法，双方互谅互让，某分公司退还保证金等费用，某工程公司撤回诉讼。

◎ **律师评析**

某工程公司法律认识错误，某分公司招标公告属于要约邀请，而非要约。根据法律规定，要约邀请是希望他人向自己发出要约的表示。拍卖公告、招标公告、招股说明书、商业广告和宣传等为要约邀请。对于要约邀请的撤回，法律并没有设置限制条件，在发出要约邀请之后，只要没有给善意相对人造成信赖利益的损失，要约邀请人撤回要约邀请的，一般不需要承担法律责任。

某工程公司依据招标公告邀请所作投标报价，其性质实为要约，但某分公司在招标公告载明的开标截止时间前即作出撤回要约邀请的意思表示，尚未作出有效承诺。此时，合同并未经要约、承诺程序而成立，双方没有形成合同法律关系，某分公司自然不需要承担违约等合同责任。

但某分公司对合同未能成立存在过错，使得某工程公司为订立合同支出的费用、履约准备产生的费用等信赖利益遭受损害，某分公司应当依法承担缔约过失责任。所谓缔约过失责任，是指合同当事人因故意或者过失违反先合同义务，致使相对方人身或者财产遭受损害而应当承担的民事责任。缔约过失责任导致合同不能成立，责任方过错发生在合同生效之前，因而并非违约责任，其实质是一种因违反诚信原则而产生的独立的民事责任。某工程公司若以信赖利益遭受损失为由请求司法保护，理当得到法律的支持。

3. 适用特定对象，并经协商确定的合同条款不符合格式条款的基本特征[①]

◎ **基本案情**

2013年4月，某建设公司与某混凝土公司签订《地块租赁协议》，将某地块出租给某混凝土公司。合同约定，在租赁期内，遇市政府开发新项目或市政建设需要使用该土地时，某建设公司应提前三个月书面通知某混凝土公司，后者应无条件返还土地。2015年7月，市政府欲在涉案土地上建汽车城和建材城，随后下发项目用地土地征收（收回）通告。某建设公司于2015年8月向某混凝土公司作出《关于解除地块租赁协议通知书》，告知市政府征收土地的事实，要求返还土地。某混凝土公司收到该通知书但拒绝返还土地。某建设公司提起诉讼，请求确认《地块租赁协议》已解除，某混凝土公司应当返还所租赁的土地。一审法院判决支持某建设公司的诉请。某混凝土公司不服，提起上诉，认为返还土地条件尚未成就，涉案协议为格式合同，被上诉人应承担搬迁选址义务。二审法院经审理，判决驳回上诉，维持原判。

◎ **法院裁判要旨**

一审法院认为：涉案《地块租赁协议》合法有效，双方均应当遵守。根据约定，某建设公司已提前三个月以书面的形式通知某混凝土公司，解除协议的条件已成就，《地块租赁协议》已依约解除。

二审法院认为：第一，涉案土地租赁协议为附解除条件的协议，该协议系双方的真实意思表示，亦不违反法律规定，合法有效，双方均应当遵守。因市政府项目开发需要使用涉案土地，被上诉人已根据协议约定通知上诉人，解除协议的条件已成就，双方《地块租赁协议》已经解除，上诉人应当无条件返还土地。第二，根据《合同法》第39条第2款的规定，格式条款是当事人为了重复使用而预先拟定，并在订立合同时

[①] 本案例材料来源：海南省第二中级人民法院（2016）琼97民终910号民事判决。

未与对方协商的条款。采用格式条款订立的合同称为格式合同。格式合同的典型特征是合同条款系合同提供方单方制作；合同重复使用且针对的对象不特定。涉案租赁协议经双方协商确定，适用对象明确特定，涉及土地面积确定，不符合格式合同的基本特征，并非格式合同。涉案协议系双方在平等自愿的基础上签订，上诉人辩称被上诉人免除自身责任、加重对方责任、排除对方主要权利，没有事实根据。第三，上诉人要求被上诉人承担搬迁选址责任并对搬迁带来的损失进行补偿，没有事实根据。

◎ **律师评析**

格式条款多是当事人一方为重复使用向不特定的相对人提出的。涉案协议标的是土地租赁，多次重复使用合同条款的可能性不大，作为合同相对人的承租人亦是特定的；格式条款是由当事人一方事先拟定的，而不是在当事人各方反复协商基础上制定出来的，一般情况下，合同相对人对格式条款只能表示接受或不接受，而没有修改的权利。涉案土地租赁协议约定，在租赁期内，遇市政府开发新项目或市政建设需要使用该土地时，某建设公司应提前三个月书面通知某混凝土公司，后者应无条件及时返还土地。也就是说，涉案土地在何时返还问题上具有不确定性，承租人在协议订立时就应当预见由此带来的风险。该条款是双方当事人协商一致的真实意思表示，是对双方权利和义务的明确约定，既没有损害其中一方的利益，也没有损害国家、集体和他人的利益。故而某混凝土公司上诉认为与某建设公司签订的《地块租赁协议》为格式合同，认为该条款免除某建设公司搬迁补偿责任、加大己方责任、排除己方要求进行合理补偿的权利，依法应认定为无效条款的主张没有事实依据。

法条索引

《民法典》

第119条、第133条、第469条—第493条、第496条—第498条

《电子签名法》

第 2 条、第 4 条、第 9 条—第 11 条

《最高人民法院关于适用〈中华人民共和国民法典〉合同编通则若干问题的解释》

第 1 条、第 10 条

第三章 合同的效力

理论精要

一、合同的生效

所谓合同生效，是指已经成立的合同在当事人之间产生了一定的法律拘束力，也就是通常所说的法律效力。合同之所以能具有法律拘束力，并非来源于当事人的意志，而是来源于法律的赋予。[①] 也就是说，当事人已经成立的合同若符合法律规定的要件即受法律的保护，能够产生预期的法律效果。

合同生效以合同成立为前提条件。一般情况下，合同成立即生效，法律另有规定的除外；基于契约自由原则，当事人在不违反法律和公序良俗的前提下，亦可以就合同生效的条件和时间作出约定。

合同系一种民事法律行为，首先需要具备民事法律行为生效的要件，即行为人具有相应的民事行为能力、意思表示真实、不违反法律和行政法规的强制性规定、不违背公序良俗，才能相应产生的法律约束力。具体来说，当事人订立合同应当具有相适应的民事行为能力，如果相应能力缺少，则其实施的订立合同的行为可能无效或效力待定；意思表示真实是当事人订立合同实现交易目的的核心要素，意思表示不真实的，合同效力根据实际情况有所不同，可能无效或被撤销；当事人合意应当符

[①] 王利明、房绍坤、王轶：《合同法（第四版）》，中国人民大学出版社2013年版，第99页。

合法律、行政法规的强制性规定，不违背公序良俗，才能得到法律的保护，产生当事人预期的法律效果。

上述为合同订立行为有效需要具备的基本要件。另外，根据法律规定，合同生效尚需具备下列条件：第一，合同标的应当具体、明确并为法律所许可。标的具体、明确方可确定合同具体的权利义务；标的合法，合同方始合法，合同目的才在法律上有实现的可能。第二，法律、行政法规规定或者当事人约定订立合同采用特定形式的，应当采用特定形式。法律、行政法规规定或者当事人约定采用书面形式订立合同，当事人未采用书面形式但一方已经履行主要义务，对方接受的，该合同成立。采用合同书形式订立合同，在签字或者盖章之前，当事人一方已经履行主要义务，对方接受的，该合同成立。

合同生效的特别规则有三：一是合同以办理批准等手续为生效要件。《民法典》第502条第2款规定，依照法律、行政法规的规定，合同应当办理批准等手续的，依照其规定。未办理批准等手续影响合同生效的，不影响合同中履行报批等义务条款以及相关条款的效力。应当办理申请批准等手续的当事人未履行义务的，对方可以请求其承担违反该义务的责任。《民法典合同编通则解释》第12条在整合合同法司法解释、《全国法院民商事审判工作会议纪要》（法〔2019〕254号）相关规定的基础上，对批准生效合同效力规则予以明确：其一，合同依法成立后，负有报批义务的当事人不履行报批义务或者履行报批义务不符合合同的约定或者法律、行政法规的规定，合同未生效，但报批义务及相关条款独立生效，对方可以请求其继续履行报批义务，或者主张解除合同并请求其承担违反报批义务的赔偿责任。其二，人民法院判决当事人一方履行报批义务后，其仍拒绝履行，对方可以提起诉讼，主张解除合同并参照违反合同的违约责任请求其承担赔偿责任。其三，合同获得批准前，因其尚未生效，当事人一方可以诉讼请求继续履行报批义务，但不能起诉请求对方履行合同约定的主要义务，经人民法院释明后拒绝变更诉讼请求的，应当判决驳回其诉讼请求，但是不影响其另行提起诉讼。其四，负有报批义务的当事人已经办理申请批准等手续或者已经履行生效判决确定的报批义务，但批准机关决定不予批准的，报批义务人对此没有过错，对方不得请求其承担赔偿责任；但是，因迟延履行报批义务等可归责于当事人的原因导致合同未获批准的，应当根据其过错赔偿对方因此受到的损失。

二是附生效条件的合同，自条件成就时生效。根据《民法典》第158条的规定，当事人对合同可以约定附生效条件。此时，合同业经当事人意思表示一致而成立，但因所附生效条件尚未成就而不能发生预期的法律效力。当事人对此应当以不作为的方式等待条件的成就，如果不正当促成条件成就的，视为条件不成就，合同不能产生生效的法律效力。

三是附生效期限的合同，自期限届至时生效。根据《民法典》第160条的规定，当事人对合同可以约定附生效期限，只有在期限届至时，合同才能生效。在生效期限届至前，当事人明确表示或者以自己的行为表明不履行合同义务的，属于预期违约。合同相对方可以依法寻求法律救济：解除合同、要求承担违约责任。

合同的生效与成立不同，合同的成立标志着合同订立阶段的结束，合同生效则意味着合同履行阶段的开始。合同成立是一个事实判断问题，是指合同是否存在；合同生效是一个法律评价问题，关系到合同能否取得法律所认许的效力。合同成立主要体现当事人的意志，体现合同自由的原则；合同生效则体现国家的价值判断，反映了国家对合同关系的干预。[1] 合同成立是判断合同效力的前提条件，只有已经成立的合同才能谈得上判断其有效、无效还是效力待定。

二、合同的无效

所谓合同无效，是指合同虽然经当事人协商而成立，但由于欠缺生效要件，不能发生当事人预期的法律效果，不能得到法律的承认和保护。

---

[1] 刘德权主编：《最高人民法院司法观点集成①》，人民法院出版社2009年版，第45页。

鉴于合同是典型的民事法律行为，故而《民法典》总则编对民事法律行为无效的规定自然适用于合同编，《合同法》关于合同无效的规定在《民法典》合同编即不再重复规定。

根据《民法典》总则编规定，合同无效的具体情形包括以下几种：

第一，无民事行为能力人订立的合同无效。"行为人具有相应的民事行为能力"是民事法律行为有效的条件之一，相应地，无民事行为能力人实施的订立合同的民事法律行为当然无效。

第二，行为人与相对人以虚假的意思表示订立的合同无效。行为人与相对人均知道自己的意思表示并非内心真实意思，该民事法律行为本身欠缺效果意思，对其效力自然应当予以否认。"虚假意思表示"与"恶意串通"存在相似之处，但不能等同。"虚假意思表示"欠缺效果意思，以隐藏真实意思为目的，可能并非恶意；"恶意串通"则当然以当事人主观恶意及目的非法为前提，但并非必然以虚假为要件。

一般而言，行为人与相对人在虚假意思表示之下均隐藏着双方另外真实的目的，对于以虚假的意思表示隐藏的民事法律行为的效力，《民法典》并非直接予以否定，而是规定依照有关法律规定作出判断。最高人民法院在（2017）最高法民终41号民事判决中指出，三方虽然明知本案票据项下无真实交易关系，但出于不同真实目的，相互合谋实施了该票据行为，属于通谋虚伪行为。因此，本案票据活动是各方伪装行为，所掩盖、隐藏的真实行为实际是借款。根据法律规定，民事法律行为应当意思表示真实，行为人与相对人以虚假的意思表示实施的民事法律行为无效，以虚假的意思表示隐藏的民事法律行为的效力，依照相关法律规定处理。据此，最高人民法院对本案通谋虚伪的票据活动所订立的《某购销合同》及其《补充协议》《某合作协议》《贴现申请书》《担保合同》，均确认无效。本案应按虚假意思表示所隐藏的真实法律关系处理。本案中，某银行分行与某金属公司之间通谋虚伪行为隐藏的真实意思表示是借款，因此双方之间形成的真实法律关系应是借款关系。由于双方之间的借款为其真实意思表示，且不违反法律和行政法规的禁止性规定，该借款行为应属有效。

第三，当事人违反法律、行政法规的强制性规定订立的合同无效。但是，该强制性规定不导致该合同法律行为无效的除外。主流观点认为，强制性规定一般包括效力性强制性规定和管理性强制性规定。所谓效力性强制性规定，是指法律、行政法规明确规定违反此类禁止性规定将导致合同无效，或者法律、行政法规虽未明确规定违反之后将导致合同无效或者不成立，但若使合同继续有效将损害国家利益和社会公共利益的规范。此类规范不仅旨在处罚违反之行为，而且意在否定其在民商法上的效力。所谓管理性强制性规定，是指法律、行政法规未明确规定违反此类规范将导致合同无效或不成立，而且违反此类规范后如果使合同继续有效也并不损害国家利益或者社会公共利益，而只是关系当事人利益的规范。此类规范旨在管理和处罚违反规定的行为，但并不否认该行为在民商法上的效力。为准确理解立法旨意，防止"违反国家强制性规定"被恶意滥用，《合同法司法解释（二）》第14条进一步作出限缩性解释：《合同法》第52条第5项规定的"强制性规定"，是指效力性强制性规定。

《民法典》第153条第1款规定，违反法律、行政法规的强制性规定的民事法律行为无效。但是，该强制性规定不导致该民事法律行为无效的除外。该款规定系在承继《合同法》第52条第5项、《合同法司法解释（二）》第14条规定的基础上，结合司法实践经验，整合并完善而制定。其没有采纳效力性强制性规定的概念，而是以"但书"的形式明确规定民事法律行为违反强制性规定并不当然无效。《民法典合同编通则解释》则采用列举的方式对"但书"规则的具体适用情形予以明确，其第16条第1款指出，合同违反法律、行政法规的强制性规定，有下列情形之一，由行为人承担行政责任或者刑事责任能够实现强制性规定的立法目的的，人民法院可以依据《民法典》关于"该强制性规定不导致该民事法律行为无效的除外"的规定认定该合同不因违反强制性规定无效：（1）强制性规定虽然旨在维护社会公共秩序，但是合同的实际履行对社会公共秩序造成的影响显著轻微，认定合同无效将导致案件处理结果有失公平公正；（2）强制性规定旨在维护政府的税收、土地出让金等国家利益或者其他民事主体的合法利益而非合同当事人的民事权益，认定合同有效不会影响该规范目的的实现；（3）强制性规定旨在要求当事人一方加强风险控制、内部管理等，对方无能力或者无义务审查合同是否违反强制性规定，认定合同无效将使其承担不利后果；（4）当事人一方虽然在订立合同时违反强制性规定，但是在合同订立后其已经具备补正违反强制性规定的条件却违背诚信原则不予补正；（5）法律、司法解释规定的其他情形。

第 16 条第 2 款则在区分合同效力与合同履行的基础上指出，法律、行政法规的强制性规定旨在规制合同订立后的履行行为，而非合同内容，当事人以合同违反强制性规定为由请求认定合同无效的，人民法院不予支持。但是，合同履行必然导致违反强制性规定或者法律、司法解释另有规定的除外。

需要明确的是，合同应当是因违反全国人大及其常委会制定的法律和国务院制定的行政法规的强制性规定而无效，违反地方性法规、自治条例和单行条例的，不能以此为由主张无效。违反规章的，自然亦不能以此作为主张合同无效的理由。但有例外，《全国法院民商事审判工作会议纪要》（法〔2019〕254 号）第 31 条即规定，违反规章一般情况下不影响合同效力，但该规章的内容涉及金融安全、市场秩序、国家宏观政策等公序良俗的，应当认定合同无效。人民法院在认定规章是否涉及公序良俗时，要在考察规范对象基础上，兼顾监管强度、交易安全保护以及社会影响等方面进行慎重考量，并在裁判文书中进行充分说理。从实质上讲，此时认定合同无效并非因其违法，因为规章不在违法无效依据之列，合同实际是因违背公序良俗规则而无效。

第四，当事人违背公序良俗订立的合同无效。《民法典》第 153 条第 2 款规定，违背公序良俗的民事法律行为无效。通说认为，我国立法中"社会公共利益""社会公德"相当于"公共秩序""善良风俗"，后二者合并简称"公序良俗"。《民法典》第8条规定，民事主体从事民事活动，不得违反法律，不得违背公序良俗。此为国家立法层面首次启用"公序良俗"这一概念。违背公序良俗的民事法律行为无效，此亦为国家对民事领域意思自治的一种限制。

《民法典合同编通则解释》以列举的形式对合同因违背公序良俗而无效的相关情形予以明确，其第17条规定，合同具有下列情形之一的，虽然不违反法律、行政法规的强制性规定，但因违背公序良俗而无效：（1）合同影响政治安全、经济安全、军事安全等国家安全的；（2）合同影响社会稳定、公平竞争秩序或者损害社会公共利益等违背社会公共秩序的；（3）合同背离社会公德、家庭伦理或者有损人格尊严等违背善良风俗的。

司法解释同时明确人民法院在认定合同是否违背公序良俗时需要考量的诸多因素，即以社会主义核心价值观为导向，综合考虑当事人的主观动机和交易目的、政府部门的监管强度、一定期限内当事人从事类似交易的频次、行为的社会后果等因素，并在裁判文书中充分说理。当事人确因生活需要进行交易，未给社会公共秩序造成重大影响，且不影响国家安全，也不违背善良风俗的，人民法院不应当认定合同无效。

第五，行为人与相对人恶意串通，损害他人合法权益订立的合同无效。恶意串通的实质为行为人与相对人相互勾结，通过损害他人的利益来获取自己的非法利益。我国原《民法通则》《合同法》均对恶意串通民事法律行为持否定态度，《民法典》一以贯之，亦对恶意串通行为确定为无效，以有效保护第三方民事主体的合法权益。

第六，合同免责条款和格式条款的无效。免责条款是指当事人在合同中事先约定的用以免除或限制其未来合同责任的条款。免责条款以意思表示为要约，以限制或免除当事人未来责任为目的，属于民事法律行为。为防范合同当事人一方滥用缔约优势地位强行订立免责条款，法律对免责条款的效力有所规制，保留确认其是否有效的权利。因而，免责条款在订立之初，即应当合法、公平，不得违反法律、行政法规的强制性规定，不得违反诚信和公序良俗原则，不得根本性违约。合同中造成对方人身损害的,或者因故意或者重大过失造成对方财产损失的,免责条款无效。

合同中格式条款具有下列情形之一的亦为无效:一是具有《民法典》第一编第六章第三节中民事法律行为无效的情形和《民法典》第506条规定的免责条款无效的情形;二是提供格式条款一方不合理地免除或者减轻其责任、加重对方责任、限制对方主要权利;三是提供格式条款一方排除对方主要权利。

三、合同的撤销

合同的撤销,指因意思表示不真实,通过撤销权人行使撤销权,使已经生效的合同归于消灭。存在撤销原因的合同称可撤销合同。[①] 可撤销合同在撤销权人行使撤销权之前是成立并发生法律效力的,撤销权人行使撤销权才使得该合同溯及地自始没有法律约束力。合同被撤销后,因该合同取得的财产,应当予以返还;不能返还或者没有必要返还的,应当折价补偿。有过错的一方应当赔偿对方因此所受到的损失,双方都有过错的,应当各自承担相应的责任。

1. 合同可撤销的原因

(1)重大误解:所谓重大误解,是指行为人因对行为的性质,对方当事人,标的物的品种、质量、规格和数量等的错误认识,使行为的后果与自己的意思相悖,并将造成较大利益损失。

民事法律行为是民事主体通过意思表示设立、变更、终止民事法律关系的行为,如果行为人因过失作出错误的意思表示,且意思与表示重大不一致,致使民事法律行为与其意愿相悖,不但难以实现行为人的初始目的,还将致使其利益遭受较大的损失,法律对此应予救济,《民法典》第147条规定,基于重大误解实施的民事法律行为,行为人有权请求人民法院或者仲裁机构予以撤销。

(2)欺诈:所谓欺诈,是指一方当事人故意告知对方虚假情况,或

---

① 崔建远:《合同法学》,法律出版社2015年版,第81页。

者故意隐瞒真实情况，欺骗、诱使对方当事人基于错误认识作出意思表示。欺诈的构成要件有三：一是欺诈方有欺诈的故意；二是欺诈方实施了欺诈行为；三是受欺诈方因欺诈陷入错误认识并因此作出意思表示。《民法典》规定，一方实施欺诈行为或者有意利用第三人欺诈实施民事法律行为，受欺诈方有权请求予以撤销。

合同欺诈是民事单方欺诈的主要表现形式，当事人不得利用合同实施下列欺诈行为：①伪造合同；②虚构合同主体资格或者盗用、冒用他人名义订立合同；③虚构合同标的或者虚构货源、销售渠道诱人订立、履行合同；④发布或者利用虚假信息，诱人订立合同；⑤隐瞒重要事实，诱骗对方当事人作出错误的意思表示订立合同，或者诱骗对方当事人履行合同；⑥没有实际履行能力，以先履行小额合同或者部分履行合同的方法，诱骗对方当事人订立、履行合同；⑦恶意设置事实上不能履行的条款，造成对方当事人无法履行合同；⑧编造虚假理由中止（终止）合同，骗取财物；⑨提供虚假担保；⑩采用其他欺诈手段订立、履行合同。

（3）胁迫：所谓胁迫，是指以给自然人及其近亲属的生命、身体、健康、荣誉、名誉、隐私、财产等造成损害，或者以给法人、非法人组织的荣誉、名誉、财产等造成损害为要挟，迫使对方因恐惧而作出违背真实的意思表示。胁迫的构成要件有四：一是胁迫人具有胁迫的故意；二是胁迫者实施了胁迫行为；三是胁迫行为是非法的；四是受胁迫者因胁迫行为而违背自己的真实意思实施民事法律行为。《民法典》第150条规定，一方或者第三人以胁迫手段，使对方在违背真实意思的情况下实施的民事法律行为，受胁迫方有权请求人民法院或者仲裁机构予以撤销。

（4）显失公平：所谓显失公平，是指一方当事人利用优势或者利用对方没有经验，致使双方从事民事法律行为的权利与义务明显违反公平、等价有偿原则。《民法典》第151条对显失公平的民事法律行为的效力规定为：一方利用对方处于危困状态、缺乏判断能力等情形，致使民事法律行为成立时显失公平的，受损害方有权请求人民法院或者仲裁机构予以撤销。此处的"利用对方处于危困状态"等同于合同法中的"乘人之危",即一方当事人乘对方处于危难之机,为牟取不正当利益,迫使对方作出不真实的意思表示,严重损害对方利益的行为。是否乘人之危,应当以行为人是否牟取不正当利益为前提,此处的不正当利益应该是指如果被乘危人没有处于危难之际,乘危人就没有可能获取的利益。所谓"缺乏判断能力"则属于合同法中"重大误解"的判断要素之一。《民法典合同编通则解释》第 11 条指出,当事人一方是自然人,根据该当事人的年龄、智力、知识、经验并结合交易的复杂程度,能够认定其对合同的性质、合同订立的法律后果或者交易中存在的特定风险缺乏应有的认知能力的,人民法院可以认定该情形构成《民法典》第 151 条规定的"缺乏判断能力"。

合同是否显失公平,应当以当事人从事民事法律行为的权利义务是否明显不对等,利益是否严重失衡为判断标准,对此应当从两个方面进行考量:一是考察合同对一方当事人是否明显不公平;二是考察合同订立中一方是否故意利用其优势或者对方轻率、没有经验等。如果当事人双方在签订合同时,合同一方获得的利益或另一方所受损失不违背法律或者交易习惯,双方对权利义务的约定基本对等不存在明显不公平;同时,如果双方无优势差异,或即使一方当事人在订立合同之初看似处于优势地位,但这种优势会随着合同的履行逐渐下降甚至不复存在的,也应视为双方实际上是处于平等地位。在此情形下签订的合同条款不能视为显失公平。

2. 撤销权及其行使

撤销权是指撤销权人因合同存在重大误解、欺诈、胁迫、显失公平等情形,而在法律规定的期间内依单方意思表示使得合同溯及地消灭的权利。撤销权在性质上属于形成权。

撤销权虽然依撤销权人单方的意思表示即可溯及既往地消灭合同法律行为,但却需要通过请求人民法院或者仲裁机构予以撤销的方式来实现；直接向合同相对方为意思表示的，不能产生合同撤销的法律效力。

撤销权消灭的缘由有二：一是除斥期间的经过。撤销权行使期间为除斥期间，不存在中止、中断、延长的可能性，期间届满，权利即自行消灭。二是撤销权人的放弃。《民法典》第152条规定，有下列情形之一的，撤销权消灭：（1）当事人自知道或者应当知道撤销事由之日起一年内、重大误解的当事人自知道或者应当知道撤销事由之日起九十日内没有行使撤销权；（2）当事人受胁迫，自胁迫行为终止之日起一年内没有行使撤销权；（3）当事人知道撤销事由后明确表示或者以自己的行为表明放弃撤销权。当事人自民事法律行为发生之日起五年内没有行使撤销权的，撤销权消灭。

四、合同效力待定

效力待定合同是指已成立的合同，因不符合有关合同生效要件的规定，其效力是否发生尚未确定，而有待于第三人的行为补正后才能确定效力的合同，主要包括限制民事行为能力人订立的合同、无权代理人订立的合同。

1. 限制民事行为能力人订立合同的效力

根据法律规定，当事人订立合同，应当具有相应的民事行为能力。《民法典》根据自然人辨识能力的不同，将自然人的民事行为能力分为无民事行为能力、限制民事行为能力和完全民事行为能力。无民事行为能力人由其法定代理人代理实施民事法律行为，完全民事行为能力人可以独立实施民事活动。限制民事行为能力人具有一定程度的认知、理解和判断能力，即具有一定程度的民事行为能力，可以在此范围内独立实施一定的行为，主要包括两种：一是纯获利益的民事法律行为；二是与其年龄、智力、精神健康状况相适应的民事法律行为。除此之外的民事法律行为应当由其法定代理人代理或者经其法定代理人同意、追认。具体到合同行为,限制民事行为能力人订立的纯获利益的合同和与其辨识能力相适应的合同合法有效。其他合同若在订立时未经法定代理人同意,其效力即为待定。对于效力待定的合同,若经法定代理人追认,追认的意思表示自到达相对人时生效,合同则自订立时起生效;法定代理人拒绝追认的,则为无效。

相对人在与限制民事行为能力人订立合同后,并非只能被动等待合同生效条件的成就,其可以通过行使催告权,使得合同效力在三十日内得到确认;或者在合同被追认前,善意行使撤销权,撤回其与限制民事行为能力人订立合同时作出的意思表示,使得合同自始没有成立。

2. 无权代理人订立合同的效力

当民事主体不具备相应的民事行为能力或虽然具备相应的民事行为能力,但囿于时间、地域、精力、专业知识等因素无力或不便亲自实施法律行为时,需借助他人行为而使本人直接取得其法律效果的制度即代理。① 代理人在代理权限内,以被代理人名义同第三人独立实施民事法律行为,由此产生的法律后果直接对被代理人发生效力。行为人没有代理权限而实施的代理行为效力如何呢?《民法典》从维护交易秩序、鼓励交易、保护各方当事人合法权益的角度出发,没有简单地否认其法律效力,而是将其规定为效力待定,即由被代理人决定是否予以追认,以确定无权代理行为是否发生法律效力。《民法典》第171条规定:行为人没有代理权、超越代理权或者代理权终止后,仍然实施代理行为,未经被代理人追认的,对被代理人不发生效力。相对人可以催告被代理人自收到通知之日起三十日内予以追认。被代理人未作表示的,视为拒绝追认。行为人实施的行为被追认前,善意相对人有撤销的权利。撤销应当以通知的方式作出。行为人实施的行为未被追认的,善意相对人有权请求行为人履行债务或者就其受到的损害请求行为人赔偿,但是赔偿的范围不得

---

① 中国审判理论研究会民商事专业委员会:《〈民法总则〉条文理解与司法适用》,法律出版社2017年版,第285页。

超过被代理人追认时相对人所能获得的利益。相对人知道或者应当知道行为人无权代理的，相对人和行为人按照各自的过错承担责任。

具体到合同行为，无权代理人以被代理人的名义订立合同，未经被代理人追认，对被代理人不发生效力，由行为人承担责任；被代理人已经开始履行合同义务或者接受相对人履行的，视为对合同的追认。

实务精解

1. 如何识别效力性强制性规定？

司法实践中，通常根据对合同效力导致的结果，将强制性规定划分为效力性强制性规定与管理性强制性规定。违反效力性强制性规定时，将导致合同无效的结果发生；违反管理性强制性规定时，则要依据民法等部门法律的具体规定，对合同效力进行评判。一般来说，管理性强制性规定的侧重点在于禁止违反强制性规定的事实行为，以禁止其行为为立法目的；效力性强制性规定的侧重点则在违反强制性规定的法律行为上，以否认其法律效力为目的。因此，在对二者区分过程中，可以从法律、法规是否对效力有明确规定、是否涉及公共利益的侵害、是否针对一方当事人行为还是针对双方当事人的行为方式、是否存在例外情形的规定等方面进行判断。

《最高人民法院关于当前形势下审理民商事合同纠纷案件若干问题的指导意见》（法发〔2009〕40号）就强制性规定的正确适用问题指出：人民法院应当综合法律法规的意旨，权衡相互冲突的权益，诸如权益的种类、交易安全以及其所规制的对象等，综合认定强制性规定的类型。如果强制性规范规制的是合同行为本身即只要该合同行为发生即绝对地损害国家利益或者社会公共利益的，人民法院应当认定合同无效。如果强制性规定规制的是当事人的"市场准入"资格而非某种类型的合同行为，或者规制的是某种合同的履行行为而非某类合同行为，人民法院对于此类合同效力的认定，应当慎重把握，必要时应当征求相关立法部门的意见或者请示上级人民法院。

理论界亦有学者认为，判断某项规定属于效力性强制性规定还是管理性强制性规定可以违反该规定的行为是否严重侵害国家和社会公共利益为识别标准，王利明教授即认为，法律法规虽没有明确规定违反禁止性规定将导致合同无效或不成立，但违反该规定以后若使合同继续有效将会损害国家利益和社会公共利益，应当认为该规定属于效力规范；违反该规定以后若使合同继续有效并不损害国家利益和社会公共利益，而只是损害当事人的利益，在此情况下该规范就不应属于效力规范，而是取缔规范。[1]

《全国法院民商事审判工作会议纪要》（法〔2019〕254号）指出，下列强制性规定，应当认定为"效力性强制性规定"：强制性规定涉及金融安全、市场秩序、国家宏观政策等公序良俗的；交易标的禁止买卖的，如禁止人体器官、毒品、枪支等买卖；违反特许经营规定的，如场外配资合同；交易方式严重违法的，如违反招投标等竞争性缔约方式订立的合同；交易场所违法的，如在批准的交易场所之外进行期货交易。关于经营范围、交易时间、交易数量等行政管理性质的强制性规定，一般应当认定为"管理性强制性规定"。

2. 特定条件下，违反管理性强制性规定亦可能导致合同无效？

一般来说，违反效力性强制性规定将导致合同无效，而违反管理性强制性规定并不当然否认合同效力。违反管理性强制性规定是否有否定合同的效力的？笔者认为，根据现行法律规定，特定条件下，违反管理性强制性规定亦可能导致合同无效。

以建设工程合同为例，根据建筑法律法规规定，从事建筑活动的建筑施工企业、勘察单位、设计单位和工程监理单位，应当按照其拥有的注册资本、专业技术人员等资质条件，划分为不同的资质等级，经资质审查合格，取得相应等级的资质证书后，方可在其资质等级许可的范围内从事建筑活动。禁止建筑施工企业超越本企业资质等级许可的业务范

---

[1] 王利明：《合同法研究》（第一卷），中国人民大学出版社2002年版，第658—659页。

围或者以任何形式用其他建筑施工企业的名义承揽工程。禁止建筑施工企业以任何形式允许其他单位或者个人使用本企业的资质证书、营业执照，以本企业的名义承揽工程。此为法律关于建筑施工企业市场准入的管理性强制性规定，违反此一规定对相应建设工程合同效力是否有所影响呢？根据《建设工程施工合同司法解释（一）》第1条第1款的规定，建设工程施工合同具有承包人未取得建筑业企业资质或者超越资质等级、没有资质的实际施工人借用有资质的建筑施工企业名义等情形的，应当依据《民法典》第153条第1款的规定，认定无效。可见，违反建筑施工企业市场准入资格管理性强制性规定的，可能导致建设工程施工合同无效。

再以商业特许经营合同为例，根据《商业特许经营管理条例》（国务院令第485号）规定，本条例所称商业特许经营，是指拥有注册商标、企业标志、专利、专有技术等经营资源的企业，以合同形式将其拥有的经营资源许可其他经营者使用，被特许人按照合同约定在统一的经营模式下开展经营，并向特许人支付特许经营费用的经营活动。企业以外的其他单位和个人不得作为特许人从事特许经营活动。此为资格准入型管理性强制性规范。如果特许人不具有特许经营资格，商业特许经营合同则可能会因违反行政法规的管理性强制性规定而无效。

3. 可撤销合同与无效合同有何区别？

无效合同是指已经成立但因严重欠缺生效要件而不能依照当事人合意发生法律效力的合同；可撤销合同是指已经成立并生效，但因当事人依法行使撤销权而自始不产生法律效力的合同。

无效合同自始、确定、当然无效，合同行为自始不具有法律上的约束力，其无效与当事人意思无关；可撤销合同则为成立即有效，是否使其无效，取决于当事人的意思，若当事人依法行使撤销权，则合同溯及既往地无效，但在当事人行使撤销权并经法定机关确认前，合同持续具有法律约束力。

合同无效源自合同行为违反法律法规效力性强制性规定、违背公序良俗等；合同可撤销则源自当事人意思表示不真实。无效合同可能因违法、违背公序良俗而损害国家利益、社会公共利益，或者因当事人恶意串通而损害他人合法权益；可撤销合同则仅关系合同当事人利益，没有损害国家、集体或者第三人利益。

无效合同通常具有较为明显的违法性，法定机关有权主动进行干预，因其自始无效，故不存在期限限制；可撤销合同理当由撤销权人自行决定是否行使撤销权使得合同失去法律效力，其他机关、团体和个人均无权干预。撤销权人应当在法定除斥期间内行使撤销权，超过期限未行使的，撤销权即告消灭。

4. 如何判断行为人民事法律行为是否构成表见代理？

表见代理是指行为人没有代理权、超越代理权或者代理权终止后，仍然实施代理行为，而善意相对人客观上有充分的理由相信行为人具有代理权的，该代理行为有效，被代理人应按照合同约定承担其与相对人之间的民事责任。被代理人承担有效代理行为所产生责任后，可以向无权代理人追偿因代理行为而遭受的损失。

表见代理本属于无权代理，但因被代理人与无权代理人之间具有外观授权的特征，致使相对人在主观上形成不容怀疑的行为人有代理权的认识，而与其进行民事法律行为，法律赋予该行为有权代理的法律效果。设立表见代理制度的目的是维护交易秩序，保障交易安全，保护相对人合同利益。

一般情况下，认定行为人与相对人订立合同的行为构成表见代理，应当满足以下几个条件：第一，行为人没有获得被代理人的代理授权就与相对人订立了合同，没有代理权的具体情形包括没有代理权、超越代理权或者代理权终止。第二，签订合同之时具有使相对人相信行为人具有代理权的事实或理由，即被代理人的过错行为致使代理人客观上形成具有代理权限的表象，使得相对人陷入错误认识，譬如代理人原先具有代理权限，但在期限届满后，被代理人没有收回具有代理特征的授权书、介绍信、盖有公章的空白合同等，亦即被代理人的行为与权利外观的形成具有一定的牵连性，此为认定构成表见代理的前提条件。第三，相对人主观上须为善意且无过失，即相对人不是明知行为人没有代理权而仍与之订立合同，也非因疏忽大意轻易将没有代理权的行为人认作具有代理权的人并与其订立合同，相对人是因有正当理由相信行为人有代理权才进而与其订立合同。在衡量相对人是否构成善意无过失时，应结合代理原理和经验法则以及实际情况等因素综合作出判断。下列情形下不应当认定为属于法律所称的"相对人有理由相信行为人有代理权"：（1）被代理人授权明确，行为人越权代理的；（2）行为人与相对人订立的合同内容明显损害被代理人利益的；（3）基于经验法则，行为人的代理行为足以引起相对人合理怀疑的。表见代理中相对人是否善意无过失，是对相对人订立协议时主观形态的判断，至于相对人于代理行为完成后，知道或应当知道代理人欠缺代理权，并不影响其订立协议时主观上善意且无过失的认定。第四，行为人与相对人签订的合同应具备合同有效的一般条件，即不具有无效和可撤销的内容。

《最高人民法院关于当前形势下审理民商事合同纠纷案件若干问题的指导意见》（法发〔2009〕40号）指出，人民法院应当正确适用《合同法》第49条关于表见代理制度的规定，严格认定表见代理行为。《合同法》第49条规定的表见代理制度不仅要求代理人的无权代理行为在客观上形成具有代理权的表象，而且要求相对人在主观上善意且无过失地相信行为人有代理权。合同相对人主张构成表见代理的，应当承担举证责任，不仅应当举证证明代理行为存在诸如合同书、公章、印鉴等有权代理的客观表象形式要素，而且应当证明其善意且无过失地相信行为人具有代理权。人民法院在判断合同相对人主观上是否属于善意且无过失时，应当结合合同缔结与履行过程中的各种因素综合判断合同相对人是否尽到合理注意义务，此外还要考虑合同的缔结时间、以谁的名义签字、是否盖有相关印章及印章真伪、标的物的交付方式与地点、购买的材料、租赁的器材、所借款项的用途、建筑单位是否知道项目经理的行为、是否参与合同履行等各种因素，作出综合分析判断。

5. 如何认定无权处分人订立合同的效力？

无权处分，是指行为人没有处分权，却以自己的名义实施的对他人财产的法律上的处分行为。《合同法》第 51 条规定，无处分权的人处分他人财产，经权利人追认或者无处分权的人订立合同后取得处分权的，该合同有效。主流观点对此解读为无权处分在权利人追认或者处分人事后取得处分权时，合同有效；反之，权利人不追认并且处分人事后也没有取得处分权的，合同无效；在确定合同有效与无效之前，合同效力待定。

2007 年《物权法》为有效保护合同权利人利益，确立了物权变动的原因行为与物权变动相互区分的原则，即合同效力与物权效力相互分离。其第 15 条规定，当事人之间订立有关设立、变更、转让和消灭不动产物权的合同，除法律另有规定或者合同另有约定外，自合同成立时生效；未办理物权登记的，不影响合同效力。由此明确以发生物权变动为目的的合同等基础关系，属于债权法律关系的范畴，其成立及生效等应当依据合同法律来判断；而物权的设立、变更、转让和消灭则属于物权法律关系的范畴，由物权法律规范来加以调整。根据合同效力与物权效力相分离原则来解读《合同法》第 51 条的规定，则可得出如下结论：无处分权的人处分他人财产订立的合同并非效力未定，而是确定有效的；真正效力未定的应当是处分人履行合同的行为及履行合同的结果，即无权处分行为物权效力未定。此后《合同法司法解释（二）》即采纳合同效力与物权效力相分离的原则来评判多重买卖合同的效力，其第 15 条规定，出卖人就同一标的物订立多重买卖合同，合同均不具有《合同法》第 52 条规定的无效情形，买受人因不能按照合同约定取得标的物所有权，请求追究出卖人违约责任的，人民法院应予支持。假设出卖人与第一买受人订立买卖合同后，即已依法转移标的物的所有权。其后再行订立买卖合同，即为无权处分。对于后续订立的买卖合同，司法解释显然是认定其合法有效的，不然如何解释支持买受人追究出卖人的违约责任？

2012 年《买卖合同司法解释》延续《合同法司法解释（二）》相关规定的精神来评判无权处分行为，其第 3 条规定，当事人一方以出卖人在缔约时对标的物没有所有权或者处分权为由主张合同无效的，人民法院不予支持。出卖人因未取得所有权或者处分权致使标的物所有权不能转移，买受人要求出卖人承担违约责任或者要求解除合同并主张损害赔偿的，人民法院应予支持。该规定即根据物权变动原因与结果相区分之规定，对无权处分情形下买卖合同的效力及违约救济作出规范，在无权处分买卖合同法律关系中，出卖人在缔约时对标的物没有所有权或者处分权，并不影响作为原因行为的买卖合同的效力，但能否发生所有权转移的物权变动效果，则取决于出卖人嗣后能否取得所有权或处分权，物权变动属于效力待定状态。因物权处分致使标的物所有权不能转移的，出卖人应当承担违约赔偿责任。[①] 在2020年司法解释清理中，该条被删除。

《民法典》承继司法实践之完善，采纳订立合同仅是债权行为，而非处分行为，更非无权处分行为的观点，在吸收《买卖合同司法解释》规定的基础上，删除《合同法》第51条和第132条第1款的规定，作出增补规定，即第597条第1款：因出卖人未取得处分权致使标的物所有权不能转移的，买受人可以解除合同并请求出卖人承担违约责任。由此可知，买卖合同不因出卖人未取得处分权而影响其效力。该条款根据《民法典》第646条"法律对其他有偿合同有规定的，依照其规定；没有规定的，参照适用买卖合同的有关规定"亦可适用于其他无权处分行为。《民法典合同编通则解释》针对《民法典》第597条第1款的立法意旨，对无权处分的合同效力、相关权利人的救济和权利变动问题予以明确，其第19条指出，让与人在订立合同时对标的物没有所有权或者处分权的，不影响合同的效力，当事人或真正权利人不得以此为由主张合同无效；因未取得真正权利人事后同意或者让与人事后未取得处分权导致合同不能履行，受让人有权主张解除合同并请求让与人承担违反合同的赔偿责任；

[①] 最高人民法院民事审判第二庭编著：《最高人民法院关于买卖合同司法解释理解与适用》，人民法院出版社2012年版，第70页。

无权处分合同被认定有效，且让与人已经将财产交付或者移转登记至受让人的，因让与人没有处分权，其只能在事实上交付，在法律上却不能移交不为其所有的权利，真正权利人可以请求认定财产权利未发生变动或者请求返还财产。但是，受让人依据《民法典》等规定善意取得财产权利的除外。

典型案例

1. 抵押人违背诚信原则拒绝办理抵押登记致使债权人受到损失的，抵押人应当在抵押财产现有价值的范围内承担赔偿责任[1]

◎ **基本案情**

2008年1月5日，韦某向顾某借款50万元，出具借条并载明还款时间和利息。2008年1月24日，朱某出具授权书一张，载明愿意以房产证为韦某借款提供担保。2008年1月25日，韦某又向顾某出具借条一张，借款40万元。2010年5月，顾某诉至法院，请求判令韦某夫妻共同归还借款及利息，由朱某承担保证责任。一审法院判决韦某夫妻共同给付顾某90万元及相应利息，朱某对其中50万元借款及相应利息在韦某夫妻不能清偿的范围内以担保房屋所有权和国有土地使用权的价值为限承担赔偿责任。朱某不服，提起上诉，认为抵押合同因未办理抵押登记而未生效。二审法院判决驳回上诉，维持原判。

◎ **法院裁判要旨**

一审法院认为，顾某与韦某之间的借贷关系合法有效。朱某以书面形式表示愿意以房产对借款提供担保，顾某也予以接受并收下房产证和土地使用权证。依照物权法原理，抵押合同属于原因行为，不以是否登记为生效标准，故该抵押合同成立并生效；以建筑物抵押的，该建筑物占用范围内的建设用地使用权一并抵押，故而该抵押合同的抵押物包括

---

[1] 参见《不动产抵押合同生效但未办理抵押登记的责任承担》，载《人民司法》2013年第6期。

了房产和该房产占用的土地使用权。但是以建筑物抵押的，抵押权自登记时方设立，本案中未进行抵押登记，抵押权未设立。在抵押权未设立的情况下，未办理抵押登记的抵押人应当承担违约责任，在债权人不能清偿的范围内承担赔偿责任。

二审法院认为，抵押合同的订立和抵押权的设定是不同的法律事实。对于不动产抵押合同生效时间和抵押权成立时间，《担保法》及《物权法》均有规定，其中对于抵押权生效的时间规定一致，均为登记时设立。而对于抵押合同的成立，根据新法优于旧法的法律适用原则，应遵从《物权法》的规定，即自合同成立时生效，与抵押财产有无登记无关。朱某出具授权书而顾某予以接受的连续行为可以认定本案所涉抵押合同自顾某接受授权书之日起成立。因该合同未违反法律规定，且其从属的主债务合同亦为有效合同，故即使未办理抵押登记，抵押合同亦应有效。

抵押权虽因未办理登记而未生效，但不影响当事人根据生效的抵押合同履行各自的权利义务。本案中，抵押合同签订后，朱某即负有配合顾某办理抵押权登记的义务，而朱某不予配合并推诿责任，是一种违约行为，应依法承担违约责任。

◎ **律师评析**

依据物权法律理论，以建筑物和其他土地附着物等财产抵押，未办理抵押登记的，则抵押权未生效，未生效的抵押权不产生优先受偿的法律效果，抵押人不承担物权责任，债权人主张抵押权亦没有法律依据；但依据合同法律理论，抵押合同此时有效成立。抵押人违背诚信和公平原则拒绝办理抵押登记致使债权人受到损失的，抵押人应当在抵押财产现有价值的范围内承担违约赔偿责任，赔偿债权人履行利益的损失。《民法典担保制度解释》第46条第3款即规定，因抵押人转让抵押财产或者其他可归责于抵押人自身的原因导致不能办理抵押登记，债权人请求抵押人在约定的担保范围内承担责任的，人民法院依法予以支持，但是不得超过抵押权能够设立时抵押人应当承担的责任范围。

2. 是否构成显失公平，应以"订立合同时"为判断时点[①]

◎ **基本案情**

2009年11月，某钢铁公司与某投资公司签订《股权转让合同》，约定某钢铁公司将其持有的某证券公司股权一次性全部转让给某投资公司。该合同第2条就"股权转让的价款"作了约定，其中第2.2款的内容为："股权转让价款由以下两部分相加组成：第一，人民币×元；第二，受让方未来对外减持或转让某证券股权所获全部增值部分收益。"双方另行签订《备忘录》载明：《股权转让合同》第5条所述股权转让后由某投资公司享有的"股东权利"，是指除"受让方未来对外减持或转让某证券股权所获全部增值部分收益"外的一切股东权利，包括但不限于股东身份权利、参与决策权、红利分配权等；股权转让全部增值部分收益支付完毕后，某投资公司获得剩余股权全部完整的股东权利，包括对外减持或转让剩余股权所获增值部分收益。合同签订后，某投资公司向某钢铁公司支付了×元，并办理了股东变更登记。

2014年7月，某投资公司以显失公平为由提起诉讼，请求判令：确认《股权转让合同》第2条第2.2款中关于"受让方未来对外减持或转让某证券股权所获全部增值部分收益"属于股权转让价款、归属股权转让方的约定无效。人民法院经审理，判决驳回某投资公司的诉讼请求。

◎ **法院裁判要旨**

审理法院认为，"显失公平"仅是撤销权、变更权的行使事由，而非合同无效事由。某投资公司以撤销权、变更权的行使事由主张涉案争议条款无效，因缺乏法律依据而不能获得支持。

根据法律规定，是否构成显失公平，应以"订立合同时"为判断时点，以双方约定的权利义务为判断对象。本案中，某投资公司主张涉案

[①] 本案例材料来源：江苏省高级人民法院（2014）苏商初字第0016号民事判决。

争议条款显失公平的理由是涉案股权升值所带来的增值收益全部归属某钢铁公司，而其仅能获分红款。该观点仅以对比《股权转让合同》履行后双方收益数额的不同即认为争议条款显失公平，脱离了合同订立的背景，脱离了合同本身关于双方权利义务的约定，与法律规定的显失公平认定标准不符。

综合考虑签约背景因素，探求当事人本意，股权转让方某钢铁公司旨在获得股权未来增值收益，而股权受让方某投资公司旨在通过享有除增值收益外的分红权等其他股东权利获取相应收益。双方当事人据此安排合同内容并无不妥，关于双方当事人主要权利义务的约定并无不公平之处。

合同条款是当事人自愿协商作出的一致选择，对双方均具有法律约束力。除非出现法定情形，有权改变合同约定的仍然只能是双方协商一致的意思表示。本案中，某投资公司并不要求确认合同无效，而是仅要求确认股权转让价款条款中关于未来增值收益归属股权转让方的约定无效。如其诉讼请求得到支持，则意味着一方当事人可凭单方意志改变双方通过协商共同确定的权利义务关系，借以逃避本应承担的市场风险或获取原属对方的利益，这种结果有违双方订立合同的初衷，违背诚实信用原则，对相对方某钢铁公司而言是不公平的，亦将损害交易安全，破坏市场秩序。

◎ 律师评析

判断合同是否构成显失公平，应以"订立合同时"为时点，综合合同订立的背景、内容作出结论。只有在订立合同时即显失公平的，才能请求予以撤销。若是在合同有效成立后，在履行过程中因现实的商业风险而致使一方当事人遭受不利益，当事人不能以显失公平为由请求撤销合同，因为商业风险属于从事商业活动所固有的，是行为人在订立合同时能够预见或应当预见的，其愿意以此为代价来谋求商业利益，由此产生的不利益亦应当自行承担。若是在合同有效成立后，因不可归责于当事人的事由发生重大变化而使得合同的基础产生动摇，再继续履行合同会造成明显的不公平或者不能实现合同目的，则当事人可以情势变更为由请求人民法院变更或者解除合同，人民法院应当根据公平原则，并结合实际情况确定是否变更或解除。

3. 违反法律强制性规定的合同自始无效而非效力待定[①]

◎ **基本案情**

2016年1月，某餐饮公司作为承租人与某居委会签订《房屋租赁合同》，约定某居委会将其房屋一宗出租给某餐饮公司投资改造后自主经营。合同签订后，某餐饮公司交纳了第一年的租金10万元，但居委会一直未将房屋及配套场地移交给某餐饮公司投入使用。某餐饮公司为此提起诉讼，请求确认《房屋租赁合同》有效。居委会主张双方签订的《房屋租赁合同》以加层建盖为履行前提，但合法建设手续一直未取得，亦未实际建设，系未生效合同，效力待定。同时，合同约定对房屋进行加层建盖，没有取得房屋所有权登记人同意，亦属于效力待定。某餐饮公司主张生效判决确认诉争房屋系居委会财产，居委会为适格出租人。《房屋租赁合同》不属于法律、行政法规规定应当办理批准、登记等手续才生效的合同，合同约定自双方签字时生效，并不存在效力待定。一审法院判决确认《房屋租赁合同》除合同约定租期超过法律禁止的二十年外的部分为有效合同。居委会不服，提起上诉，并提交《某街道社区重大事项议事规则（试行）》一份，证明签订房屋租赁合同前未依法召开居民代表会议，违反法律规定。二审法院判决确认该合同因违反法律的强制性规定而无效。

◎ **法院裁判要旨**

一审法院认为，本案的争议焦点为：一、双方签订的《房屋租赁合同》是否存在无效的情形；二、双方签订的《房屋租赁合同》是否存在

---

① 本案例材料来源：云南省玉溪市中级人民法院（2018）云04民终701号民事判决。

效力待定的情形。本案中，双方在合同中约定了租赁期限三十年，该约定违反了法律的强制性规定，依法应属无效，故依法确认双方签订的《房屋租赁合同》中租期超过二十年的部分无效。本案双方并未约定《房屋租赁合同》附某种条件方生效或者附某个期限方生效，相反，合同当中明确约定了"本合同经双方签字、签章后即产生法律效力"。该租赁合同的生效，亦不需要经过相关部门的批准、登记；且双方约定互相配合办理准建手续、将诉争房屋交付使用，任何一方未按约定履行这些合同义务，应承担相应的违约责任，但这并不是影响合同效力的问题。居委会所提《房屋租赁合同》属效力待定合同的辩解意见，不予采纳。

二审法院认为，本案中，居委会将涉案房屋出租给某餐饮公司，系涉及该社区全体居民利益的重要问题，根据《城市居民委员会组织法》规定，必须召开居民会议或居民代表会议讨论决定。本案现有证据不能证明双方签订《房屋租赁合同》经居民会议或居民代表会议讨论通过，应确认该合同因违反法律的强制性规定而无效，某餐饮公司要求确认合同有效的诉请不能成立，应予驳回。

◎ **律师评析**

合同无效，是绝对、确定无效，其违反法律的强制性规定、损害社会公共利益等否定性评价，不会因其他修正行为而可能获得法律的认可。合同效力待定则与此不同，其效力既非无效，又非当然有效，而是处于不确定状态，法律将该合同的效力留待权利人予以决定。权利人予以承认的，合同自始有效；权利人拒绝承认的，则合同溯及至成立时无效。

法条索引

《民法典》

第 143 条、第 144 条、第 146 条—第 158 条、第 160 条、第 171 条、第 172 条、第 215 条、第 502 条、第 506 条—第 508 条

《最高人民法院关于适用〈中华人民共和国民法典〉合同编通则若干问题的解释》

第 11 条、第 12 条、第 16 条、第 17 条、第 19 条

第四章　合同的履行

> 理论精要

一、概述

合同履行是指合同当事人遵循诚信原则，按照合同约定或者法律规定全面履行自己的给付义务，保障债权人合同债权的实现。合同履行是给付行为和给付结果的统一，是合同关系消灭的根本原因。

合同履行应当遵循全面履行、诚信、绿色、情势变更等原则，以实现合同订立目的，促进经济发展。

1. 给付义务与附随义务的履行

（1）给付义务的履行

给付，即债的标的，是指债之关系上特定人之间可以请求的特定行为，不作为也可以为给付，且不局限于有财产价格。[①] 当事人应当按照合同的约定全面、适当地履行合同债务，以实现合同经济目的。一般情况下，给付义务履行的具体规则包括：履行主体适当，履行标的包括标的数量、质量和价格适当，履行期限、地点和方式适当等。

上述合同履行内容没有约定或者约定不明的，应当以鼓励交易为原则，对欠缺、遗漏的内容，由合同当事人平等协商作出补充，或者依据合同有关条款、交易习惯、法律规定等予以明确。

在补充相关欠缺、遗漏内容的过程中，若当事人对合同条款的理解

---

① 韩世远：《合同法总论》，法律出版社2018年版，第339页。

有所争议，则应当按照合同所使用的词句、合同的有关条款、合同的目的、交易习惯以及诚信原则，确定该条款的真实意思。

（2）附随义务的履行

所谓附随义务，是指相对给付义务而言，在作为债务的给付义务之外，基于债务履行中诚实信用原则的要求，为维护对方当事人的利益，并依社会的一般交易观念，法律规定的当事人双方均应当负担的义务。[1]合同的附随义务以合同约定义务的全面履行为前提，以确保合同目的的实现为目标。

《民法典》第509条第2款规定，当事人应当遵循诚信原则，根据合同的性质、目的和交易习惯履行通知、协助、保密等义务。

所谓通知义务，又称告知义务，是指合同当事人应将关系相对方利益的重大事项告知对方的义务。例如，《民法典》第621条买受人检验标的物的异议通知义务、第730条不定期租赁中当事人解除合同前的通知义务等。当事人没有依法履行通知义务，致使相对方遭受利益损失的，相对方可就此请求损害赔偿，赔偿的范围以履行利益为限。

所谓协助义务，是指合同当事人应当协助对方履行合同，以实现合同目的的义务。例如，《民法典》第778条规定，承揽工作需要定作人协助的，定作人有协助的义务。

所谓保密义务，是指合同当事人负有将通过合同关系而了解到的对方的秘密予以保密的义务。例如，《民法典》第785条规定，承揽人应当按照定作人的要求保守秘密，未经定作人许可，不得留存复制品或者技术资料。

2. 选择之债与选择权

一般情况下，合同债务的标的往往是具体、单一的，但亦存在债务标的多项并存的情形，如此即需要选择确定标的，以实际履行给付义务。如果标的有多项而债务人只需履行其中一项的，债务人享有选择权；将

---

[1] 李少伟、张晓飞主编：《合同法教程》，法律出版社2019年版，第128页。

选择权赋予债务人,有利于债务人作出最适宜债务履行的选择,进而实现合同目的。但是,法律另有规定、当事人另有约定或者另有交易习惯的除外。享有选择权的当事人在约定期限内或者履行期限届满未作选择,经催告后在合理期限内仍未选择的,选择权转移至对方。

当事人行使选择权应当及时通知对方,通知到达对方时,标的确定。标的确定后不得变更,但是经对方同意的除外。可选择的标的发生不能履行情形的,享有选择权的当事人不得选择不能履行的标的,但是该不能履行的情形是由对方造成的除外。

3. 按份之债与连带之债

所谓按份之债,是指数个债权人或数个债务人按照一定的份额享有债权或负担债务。在按份之债中,作为债的给付的标的必须是可分的,而且每个债权人按照特定的份额行使权利,每个债务人按照特定的份额承担义务。[1] 按份之债分为按份债权和按份债务。按份债权人只能按照自己享有的份额请求债务人清偿,而不能请求债务人向自己为全部债务的清偿。按份债务人仅就自己所负担的数额履行清偿义务,对其他债务人应当负担的债务没有清偿义务。按份债权人或者按份债务人的份额难以确定的,视为份额相同。

所谓连带之债,是指债权人或者债务人有数人,各债权人得请求为全部之给付或各债务人负有为全部给付之义务,唯因一次之全部给付,而其债之全部关系归于消灭之债权债务关系。[2] 连带之债分为连带债权和连带债务,由法律明确规定或者当事人约定。

在连带债务人内部,连带债务人之间的份额难以确定的,视为份额相同。实际承担债务超过自己份额的连带债务人,有权就超出部分在其他连带债务人未履行的份额范围内向其追偿,并相应地享有债权人的权利,但是不得损害债权人的利益。被追偿的连带债务人不能履行其应分

---

[1] 王利明:《债法总则研究》,中国人民大学出版社 2015 年版,第 210 页。
[2] 史尚宽:《债法总论》,中国政法大学出版社 2000 年版,第 641 页。

担份额的，其他连带债务人应当在相应范围内按比例分担。

在连带债务关系中，部分连带债务人因履行、抵销等债的消灭原因或者债权人给付受领迟延而致债权债务关系变化时，对其他债务人发生相应法律效力。部分连带债务人履行、抵销债务或者提存标的物的，其他债务人对债权人的债务在相应范围内消灭；该债务人可以依据关于连带债务人内部法律关系的规定向其他债务人追偿。部分连带债务人的债务被债权人免除的，在该连带债务人应当承担的份额范围内，其他债务人对债权人的债务消灭；部分连带债务人的债务与债权人的债权同归于一人的，在扣除该债务人应当承担的份额后，债权人对其他债务人的债权继续存在；债权人对部分连带债务人的给付受领迟延的，对其他连带债务人发生效力。

连带债权人之间的份额难以确定的，视为份额相同。实际受领债权的连带债权人，应当按比例向其他连带债权人返还。连带债权参照适用连带债务的有关规定。

4. 合同履行的效力

当事人应当按照合同约定的标的、数量、质量、价款等全面履行自己的义务，以实现债权人合同债权，同时亦消灭合同债务，产生合同债权债务终止的法律后果。

当事人约定由债务人向第三人履行债务的，第三人并非合同当事人，而只是纯粹取得利益的履行受领人。如果债务人未向第三人履行债务或者履行债务不符合约定的，仍然应当向债权人而非第三人承担违约责任。

但对于真正的利益第三人合同，如果法律规定或者当事人约定第三人可以直接请求债务人向其履行债务，第三人未在合理期限内明确拒绝，债务人未向第三人履行债务或者履行债务不符合约定的，第三人可以突破合同相对性规则，直接请求债务人承担继续履行、赔偿损失等违约责任；债务人对债权人的抗辩，可以向第三人主张。债务人按照约定向第三人履行债务，第三人拒绝受领或受领迟延，债务人可以请求债权人赔偿因此造成的损失。第三人拒绝受领的情形下，除债务人已经采取提存等方式消灭债务的外，债权人可以请求债务人向自己履行债务。

当事人约定由第三人向债权人履行债务，第三人不履行债务或者履行债务不符合约定的，根据合同相对性规则，应当由债务人而非第三人向债权人承担违约责任。在第三人并非合同当事人，合同亦未约定第三人具有履行义务的情形下，如果债务人不履行债务，但第三人对履行该债务具有合法利益的，除根据债务性质、按照当事人约定或者依照法律规定只能由债务人履行的外，第三人有权单方自愿向债权人代为履行。债权人接受第三人履行后，其对债务人的债权转让给第三人，但是债务人和第三人另有约定的除外。

在合同债权债务关系中，如果明确约定履行期限的，当事人即享有相应期限利益。如果期限利益是属于债权人的，债权人为避免己方利益受损，可以拒绝债务人提前履行债务；如果期限利益是属于债务人的，提前履行并不损害债权人的利益，债权人不得拒绝受领。债务人提前履行债务给债权人增加的费用，由债务人负担。

一般来说，债务人应当按照约定履行全部债务，债务人部分履行债务的即为违约，债权人有权予以拒绝；但是如果部分履行不损害债权人利益的，基于诚信原则，债权人不得拒绝该部分履行。债务人部分履行债务给债权人增加的费用，由债务人负担。

债的履行，有赖于债务人按照约定履行债务，但亦离不开债权人的受领配合，如果因债权人分立、合并或者变更住所没有通知债务人，致使履行债务发生困难的，债务人可以中止履行，该中止履行并非债务人违反约定因而不负迟延履行的责任；或者债务人依法将标的物提存，提存成功的，该债权债务关系消灭。

二、双务合同履行抗辩权

双务合同履行中的抗辩权，指在符合法定条件时，当事人一方对抗相对人的履行请求权，暂时拒绝履行其债务的权利。[1] 该抗辩权的行使，造成相对人请求权的效力延缓发生，故为一时的抗辩权、延缓的抗辩权。双务合同的履行抗辩权包括同时履行抗辩权、后履行抗辩权和不安抗辩权。

1. 同时履行抗辩权，是指双务合同的当事人没有先后履行顺序的，一方在对方未为对待给付以前，可拒绝履行自己的债务的权利。[2] 同时履行抗辩权的法理基础是双务合同的牵连性，即双方在双务合同中，一方的权利与另一方的义务之间具有相互依存、互为因果的关系，其所依赖的法理基础是诚信原则。

《民法典》第525条规定："当事人互负债务，没有先后履行顺序的，应当同时履行。一方在对方履行之前有权拒绝其履行请求。一方在对方履行债务不符合约定时，有权拒绝其相应的履行请求。"由此可知，同时履行抗辩权的适用条件为：第一，当事人在同一有效双务合同中互负对价给付债务；第二，当事人互负的债务没有约定履行的先后顺序，或者履行顺序约定不明确，应当同时履行；第三，当事人互负的债务均已届履行期；第四，相对方未履行债务或者履行债务不符合约定；第五，相对方的对待给付在客观上尚为可能。

同时履行抗辩权属延期的抗辩权，只是暂时阻止相对方请求权的行使，非而永久性抗辩，相对方并未丧失其合同上的请求权。当相对方完全履行合同义务或者提供履行担保时，同时履行抗辩权即告消灭，权利人应当恢复履行自己的义务。权利人行使同时履行抗辩权致使合同迟延履行的，迟延履行责任由相对方承担。

2. 后履行抗辩权，是指在双务合同中应当先履行的一方当事人未履行或者履行债务不符合约定的，后履行的一方当事人享有拒绝对方履行请求或者拒绝对方相应履行请求的权利。[3]

---

[1] 崔建远：《合同法学》，法律出版社2015年版，第108页。
[2] 胡卫：《合同法论》，人民法院出版社2010年版，第201页。
[3] 黄薇主编：《中华人民共和国民法典释义及适用指南》，中国民主法制出版社2020年版，第796页。

《民法典》第 526 条规定："当事人互负债务，有先后履行顺序，应当先履行债务一方未履行的，后履行一方有权拒绝其履行请求。先履行一方履行债务不符合约定的，后履行一方有权拒绝其相应的履行请求。"由此可知，后履行抗辩权的适用条件为：第一，当事人基于同一有先后履行顺序的双务合同互负债务；第二，应当先履行债务的当事人未履行债务或者履行债务不符合约定；第三，应当先履行债务的当事人履行债务在客观上尚为可能。

后履行抗辩权亦属延期的抗辩权，只是暂时阻止相对方请求权的行使，非而永久性抗辩。若先履行方当事人业已完全履行合同义务，则后履行抗辩权即告消灭。当事人行使后履行抗辩权致使合同迟延履行的，迟延履行责任由相对方承担。

3. 不安抗辩权，是指双务合同成立后，应当先履行的当事人有确切证据证明对方不能履行义务，或者不履行合同义务的可能性较高时，在对方恢复履行能力或者提供担保之前，有权中止履行合同义务。[①]

《民法典》第 527 条规定："应当先履行债务的当事人，有确切证据证明对方有下列情形之一的，可以中止履行：（一）经营状况严重恶化；（二）转移财产、抽逃资金，以逃避债务；（三）丧失商业信誉；（四）有丧失或者可能丧失履行债务能力的其他情形。当事人没有确切证据中止履行的，应当承担违约责任。"由此可知，不安抗辩权的适用条件为：第一，当事人基于同一有先后履行顺序的双务合同互负对价债务；第二，合同成立后，后履行方具有丧失或者可能丧失履行债务能力的情形；第三，先履行方有确切证据证明后履行方履行债务能力丧失或可能丧失，具有不能对待给付的法定情形。如果先履行方没有确切证据即以后履行方不能或者不会对待履行为由单方中止履行合同，应当承担违约责任。

《民法典》第 528 条规定："当事人依据前条规定中止履行的，应当

[①] 黄薇主编：《中华人民共和国民法典释义及适用指南》，中国民主法制出版社 2020 年版，第 798 页。

及时通知对方。对方提供适当担保的，应当恢复履行。中止履行后，对方在合理期限内未恢复履行能力且未提供适当担保的，视为以自己的行为表明不履行主要债务，中止履行的一方可以解除合同并可以请求对方承担违约责任。"该条规定表明，行使不安抗辩权应当履行以下两项附随义务：一是通知义务，为避免后履行方遭受利益损失，或提示其提供适当担保，先履行方决定中止履行的，应当通知相对方。二是举证义务，根据民事诉讼当事人有责任提供证据证明自己的主张的规定，先履行方应当举证证明相对方具有不能对待给付的法定情形。

不安抗辩权亦属于延期抗辩权，只能暂时中止履行或者延期履行合同债务。若后履行方提供适当担保，不安抗辩权即告消灭；若后履行方未能在合理期限内恢复履行能力，也未提供适当担保，权利人可以解除合同。

实务精解

1. 附随义务与从给付义务有何区别？

附随义务，是基于债务履行中诚信原则的要求，为维护对方当事人的利益，并依社会的一般交易观念，法律规定的当事人双方均应当负担的义务，属于作为债务的给付义务之外的义务，其内容一般情况下随着合同关系的发展而产生。附随义务在债之关系中居于附属地位，自身并不属于对待给付。违反附随义务，债权人可就产生的损害请求赔偿，但原则上不得解除合同。附随义务因其附属性而不能独立成为诉讼请求的客体，不能独立诉请履行。

从给付义务，是指不具有独立意义，对主给付义务的履行起辅助作用的义务。从给付义务以保障主给付义务为目的，其内容在债之关系发生时通常即已确定。从给付义务一般基于法律的明文规定、当事人的约定或者诚信原则而产生。违反从给付义务，可以行使同时履行抗辩权、损害赔偿请求权，但一般情况下不得解除合同，除非违反从给付义务给相对人造成重大损失或者致使合同目的不能实现。

2. 担保人作为第三人代为履行债务取得债权后，能否向其他担保人追偿？

关于担保人承担担保责任后的追偿问题，2000年《担保法司法解释》第38条第1款规定，同一债权既有保证又有第三人提供物的担保的，债权人可以请求保证人或者物的担保人承担担保责任。当事人对保证担保的范围或者物的担保的范围没有约定或者约定不明的，承担了担保责任的担保人，可以向债务人追偿，也可以要求其他担保人清偿其应当分担的份额。2007年《物权法》第176条规定，被担保的债权既有物的担保又有人的担保的，债务人不履行到期债务或者发生当事人约定的实现担保物权的情形，债权人应当按照约定实现债权；没有约定或者约定不明确，债务人自己提供物的担保的，债权人应当先就该物的担保实现债权；第三人提供物的担保的，债权人可以就物的担保实现债权，也可以要求保证人承担保证责任。提供担保的第三人承担担保责任后，有权向债务人追偿。二者相比较，《物权法》仅保留第三人承担担保责任后有权向债务人追偿的规定，未规定也可以要求其他担保人清偿其应当分担的份额。由此产生争议，或认为《物权法》并未否定担保人之间可以相互追偿，《担保法司法解释》仍然可以适用；或认为《物权法》未对担保人之间能否相互追偿作出规定，即为否定。为统一法律适用，《全国法院民商事审判工作会议纪要》（法〔2019〕254号）第56条明确规定："被担保的债权既有保证又有第三人提供的物的担保的，担保法司法解释第38条明确规定，承担了担保责任的担保人可以要求其他担保人清偿其应当分担的份额。但《物权法》第176条并未作出类似规定，根据《物权法》第178条关于'担保法与本法的规定不一致的，适用本法'的规定，承担了担保责任的担保人向其他担保人追偿的，人民法院不予支持，但担保人在担保合同中约定可以相互追偿的除外。"《民法典》第392条与《物权法》的规定一致。

第三人代为履行，是指第三人在无合同约定的情况下自愿代替债务人向债权人履行合同义务，第三人代为履行后，债务人对债权人的债务在双方间相应消灭；同时，在不损害债权人利益的前提下，第三人在已经代为履行的范围内取得对债务人的债权。在担保人作为第三人代为履行的情况下，担保人得向因其清偿而获利的债务人追偿，此已为《民法典》所明确规定。若担保人向其他担保人主张担保权利的，又应当如何处理呢？《民法典合同编通则解释》第30条将适用规则指引至《民法典担保制度解释》第13条、第14条、第18条第2款担保追偿规则中，具体为担保人作为第三人代为履行债务取得债权，该行为依照担保解释应当认定性质上属于担保人承担担保责任，担保人在其代为履行范围内可以向债务人追偿；但不得作为债权人请求其他担保人承担担保份额，而只能请求其他担保人分担相应份额：担保人之间约定相互追偿及分担份额的，按照约定；担保人之间约定承担连带共同担保，或者约定相互追偿但是未约定分担份额的，各担保人按照比例分担向债务人不能追偿的部分。担保人之间没有约定，但在同一份合同书上签字、盖章或者按指印的，担保人之间按照比例分担向债务人不能追偿部分。除此之外，担保人间不能相互追偿。

3. 不安抗辩权与预期违约有何区别？

不安抗辩权系大陆法系的概念，预期违约则为英美法系违约救济制度，我国合同法律兼而采之。

不安抗辩权与预期违约制度均为合同成立后至履行期届满前预期不履行的救济制度，即在合同履行期到来前，一方当事人在相对方不能或者可能不能履行合同时，得拒绝履行己方债务，在保护己方利益的同时，施加压力于相对方，督促其履行债务，预防违约事实的发生，但二者又存在以下区别：

（1）适用情形有所区别：不安抗辩权以双务合同有先后履行顺序为前提，主要适用于应当后履行债务的当事人在履行期到来之前发生客观上难以履行的情形，诸如经营状况严重恶化、丧失商业信誉等。当然，当事人转移财产、抽逃资金，以逃避债务的，则属于主观上拒绝履行；预期违约对债务履行顺序没有要求，主要适用于在履行期限届满之前，当事人一方明确表示或者以自己的行为表明不履行主要债务的情形，属于主观上拒绝履行。

（2）保护对象有所区别：不安抗辩权制度保护的对象是应当先履行债务的当事人；预期违约制度保护的对象是合同当事人，依照约定应当后履行债务的当事人亦在保护之列。

（3）救济方式有所不同：不安抗辩权制度中，应当先履行债务的当事人，在相对方不能或有可能不能履行合同义务时，可以直接中止履行，在合理期限内相对方未恢复履行能力并且未提供适当担保的，可以解除合同；而在预期违约制度中，一方当事人预期违约时，对方当事人有权直接寻求法律救济，要求预期违约方承担违约责任。当然，当事人亦可以采取中止合同履行，等待合同履行期届至，依法依约追究违约方实际违约责任。

4. 如何适用情势变更规则变更或解除合同？

情势变更制度，是指合同有效成立后，因不可归责于双方当事人的原因发生了不可预见的情势变更，致使合同的基础动摇或者丧失，若继续履行合同会显失公平，因此，允许变更合同或解除合同的制度。[1] 适用情势变更制度实际上就是在法律框架下，经由法律变更合同内容或解除合同，以均衡由于合同基础条件的异常变动而导致的当事人双方的利益失衡，公平合理地调整双方利益关系，而非简单地豁免债务人的义务使债权人承受不利后果。

关于情势变更制度，1998年9月4日《合同法（草案）》第五稿曾有规定，即"由于国家经济政策、社会经济形势等客观情况发生巨大变化，致使履行合同将对一方当事人没有意义或者造成重大损害，而这种变化是当事人在订立合同时不能预见并且不能克服的，该当事人可以要求对方就合同的内容重新协商，协商不成的，可以请求人民法院或者仲

---

[1] 最高人民法院民法典贯彻实施工作领导小组主编：《中华人民共和国民法典合同编理解与适用（一）》，人民法院出版社2020年版，第477页。

裁机构变更或者解除合同"。[①] 但 1999 年 3 月 15 日通过并公布的《合同法》并无相关内容。2009 年前后，针对全球性金融危机和国内宏观经济形势变化而导致的部分民商事合同陷入履行困境的现实情况，《合同法司法解释（二）》第 26 条作出针对性法律救济规定，即合同成立以后客观情况发生了当事人在订立合同时无法预见的、非不可抗力造成的不属于商业风险的重大变化，继续履行合同对于一方当事人明显不公平或者不能实现合同目的，当事人请求人民法院变更或者解除合同的，人民法院应当根据公平原则，并结合案件的实际情况确定是否变更或者解除。《民法典》在吸收《合同法司法解释（二）》的基础上，对情势变更制度进一步予以完善，其第 533 条规定："合同成立后，合同的基础条件发生了当事人在订立合同时无法预见的、不属于商业风险的重大变化，继续履行合同对于当事人一方明显不公平的，受不利影响的当事人可以与对方重新协商；在合理期限内协商不成的，当事人可以请求人民法院或者仲裁机构变更或者解除合同。人民法院或者仲裁机构应当结合案件的实际情况，根据公平原则变更或者解除合同。"

实务中，以情势变更为由请求变更或者解除合同应当注意以下要点：

（1）适用情势变更的基本条件是合同的基础条件在合同成立后发生重大变化，继续履行合同对于当事人一方显失公平。①合同的基础条件发生重大变化，导致当事人之间权利义务严重失衡。因政策调整或者市场供求关系异常变动等原因导致价格发生当事人在订立合同时无法预见的、不属于商业风险的涨跌，继续履行合同对于当事人一方明显不公平的，属于前述"重大变化"。但是，合同涉及市场属性活跃、长期以来价格波动较大的大宗商品以及股票、期货等风险投资型金融产品的除外。②情势变更发生在合同成立后、合同义务履行完毕前。③情势变更在当事人订立合同时无法预见。④不可抗力属于情势变更的事由。《民法典》删除了《合同法司法解释（二）》情势变更规则中"非不可抗力造成"

[①] 孙礼海主编：《中华人民共和国合同法立法资料选》，法律出版社 1999 年版，第 10 页。

的限制条件，将不可抗力变化列入情势变更事由之列，使得不可抗力规则与情势变更规则实现有效衔接，此为情势变更立法的最大亮点。根据法律规定，因不可抗力致使不能实现合同目的的，当事人可以解除合同。因不可抗力不能履行民事义务的，不承担民事责任，法律另有规定的除外。由此可以推知，若不可抗力尚未达到致使不能实现合同目的，而只是致使合同履行产生明显不公平时，不得依照不可抗力规则解除合同；若不可抗力尚未致使民事义务不能履行，而只是致使履行困难时，亦不得依照不可抗力规则减免民事责任。前述情形下，合同应当如何履行？《民法典》情势变更规则既是上述情形下的有效法律适用衔接：在不可抗力属于情势变更事由的情况下，根据其对合同履行影响的程度不同，判断选择适用不可抗力或情势变更规则解决合同履行相关问题。不可抗力只是致使合同履行困难、显失公平的，应当选择情势变更规则；不可抗力致使合同目的不能实现的，可以直接行使法定解除权解除合同，而不必以申请仲裁或提起诉讼的方式寻求法律救济。⑤情势变更不属于商业风险。商业风险是市场交易的固有风险，通常具有一定的可预见性，其变化可能致使合同履行困难，但不会根本性动摇合同的基础，继续履行合同对于当事人一方不会显失公平。⑥《民法典》将《合同法司法解释（二）》"对于一方当事人明显不公平或者不能实现合同目的"的情势变更适用情形，变更为"继续履行合同对于一方当事人明显不公平"，删除了"不能实现合同目的"的适用情形。

（2）当事人具有法定再协商义务，即在情势变更导致当事人之间权益失衡而显失公平时，受不利影响的当事人负有就合同条款与对方重新协商的义务，对方当事人亦应当积极予以回应，遵循自愿、公平、诚信原则协商调整合同的权利义务。当然，法律并未要求当事人重新协商必须达成某种合意，该义务只是一种"行为义务"。当事人在合理期限内协商不成的，可以请求人民法院或者仲裁机构变更或者解除合同。当事人违反再协商义务给对方造成损失的，应当承担赔偿责任。

（3）当事人再协商不成的，由人民法院或仲裁机构裁决变更或者解除合同。情势变更制度是对当事人权利义务显著失衡状态所作的必要调整，当事人本身并不享有实体法意义上的合同解除权或变更权，当事人仅在程序上可以向法院或仲裁机构提出请求，仅是对变更或者解除合同存有一种可能性，最终是否变更或者解除合同，是否有必要对当事人的权利义务进行调整、如何调整，由人民法院或者仲裁机构审酌判定。[1] 当事人请求变更合同的，人民法院不得解除合同；当事人一方请求变更合同，对方请求解除合同的，或者当事人一方请求解除合同，对方请求变更合同的，人民法院应当结合案件的实际情况，根据公平原则判决变更或者解除合同。

（4）《民法典》第 533 条的情势变更制度系基于公平、公正的原则，通过司法介入对严重失衡下的合同履行进行干预、矫正，以衡平当事人之间的利益关系，制度本身具有法律适用上的强制性规范意旨，当事人事先约定排除其适用的，应当认定该约定无效。

典型案例

1. 以合同相对方没有履行附随义务为由拒绝履行合同主义务的，没有法律依据[2]

◎ **基本案情**

申请执行人某电气公司与被执行人某电力设备公司买卖合同纠纷一案，在诉讼期间，人民法院裁定冻结了某电力设备公司在某房地产公司处的债权 A 万元。案件立案执行后，人民法院向某房地产公司发出履行债务通知书，通知该公司自收到本通知之日起十五日内向申请执行人履行对被执行人到期债务 B 万元，不得向被执行人清偿。如有异议，应当自收到通知之日起十五日内向法院提出，并送达了提取被执行人在某房

---

[1] 黄薇主编：《中华人民共和国民法典释义及适用指南》，中国民主法制出版社 2020 年版，第 807 页。

[2] 本案例材料来源：山东省泰安市泰山区人民法院（2019）鲁 0902 执异 15 号执行审查类执行裁定。

地产公司处到期债权的裁定。后某房地产公司既未提出异议，亦未履行义务。2018年5月，人民法院裁定提取扣划了被执行人某电力设备公司在某房地产公司的债权C万元。2018年10月，法院以执行裁定书、协助执行通知书，冻结某房地产公司银行存款D万元，实际已冻结E万元。为此，某房地产公司提出执行异议，认为根据税务与财务制度规定，某电力设备公司必须开具正规增值税发票，只有收到发票后，某房地产公司才能履行相关义务。因某房地产公司仅是协助义务人，不是被执行人，法院查封冻结单位账户的执行措施不能成立。人民法院经审查后，裁定驳回其异议请求。

◎ **法院裁判要旨**

人民法院认为，申请执行人某电气公司与被执行人某电力设备公司买卖合同纠纷一案，在诉讼期间，法院依法保全查封了被执行人在异议人处的债权，案件立案执行后，法院依法向异议人送达了履行债务通知书，通知异议人限期向申请执行人履行相关义务，但异议人既未提出异议，亦未主动履行法律义务，法院依法对其强制执行，符合法律规定。关于异议人提出，因被执行人没有提供相关发票，不能履行相关义务的主张，根据《合同法》第66条的规定，当事人互负债务，没有先后顺序的，应当同时履行，一方在对方履行之前有权拒绝其履行要求。本案中，被执行人在异议人处的债权已经到期，被执行人在收到货款后，应向付款人出具发票，这是合同的附随义务，但当被执行人没有履行附随义务时，异议人不能以合同相对方没有履行附随义务为由，拒绝履行合同主义务。异议人履行完付款义务后，如果被执行人仍未向其出具发票，异议人可向被执行人另行主张权利或向有关税务机关投诉。故异议人以被执行人没有提供发票为由，拒绝履行付款义务，不符合相关法律规定，法院不予支持。

◎ **律师评析**

合同有效成立后，作为合同关系客体的特定行为即"给付"即产生约束力。其中，合同关系中所固有的、自始确定的、能够决定合同类型的基本义务，称为主给付义务。在债的关系发展过程中，基于诚信原则，根据债的性质、目的和交易习惯而应履行给付义务之外的义务，称为附随义务。附随义务在债之关系中居于附属地位，自身并不属于对待给付。一般情况下，当事人违反主给付义务的，相对方可以行使履行抗辩权，但违反附随义务的，不得行使履行抗辩权，除非违反附随义务将给相对人造成重大损失或者致使合同目的不能实现。

在某房地产公司与某电力设备公司建设工程施工合同关系中，基本义务为承包人（某电力设备公司）按时保质完成建设工程，发包人（某房地产公司）按时足额给付工程价款。给付工程价款所对应的对待义务是建设工程施工，开具发票只是主给付义务之外的附随义务。根据《发票管理办法》与《发票管理办法实施细则》的规定，开具发票是一项法定义务，而不是一项民事义务。对于当事人应当开具发票而拒绝开具的行为，相对人可以依法向税务机关举报、投诉，由税务机关责令其改正，但以此作为行使同时履行抗辩权的事由没有法律依据。

2. 当后履行抗辩权与不安抗辩权发生在同一案件中形成对抗时，应先审查不安抗辩权是否成立，以此判断后履行抗辩权的法律效力[①]

◎ **基本案情**

2013年5月，杨某、蒋某与某房地产公司分别签订《商品房买卖合同》及对应的《商品房买卖合同补充协议》三份，该三份合同均采取分期付款的方式，对分期付款的方式及时间以补充协议的形式进行了约定。合同对逾期付款责任、逾期交房责任、交接手续、产权登记等进行了约定。因房屋交付等问题产生纠纷，杨某、蒋某提起诉讼。一审法院判决某房地产公司交付房屋及其不动产权属证书，支付逾期交房违约金和逾期交付房屋不动产权属证明的违约金。某房地产公司不服，依法上诉。二审法院经审理，判决驳回上诉，维持原判。

---

① 本案例材料来源：四川省资阳市中级人民法院（2018）川20民终234号民事判决。

◎ 法院裁判要旨

一审法院认为，杨某、蒋某与某房地产公司之间的《商品房买卖合同》及对应的《商品房买卖合同补充协议》系双方的真实意思表示，应属有效，双方应依约行使权利并履行义务。合同中明确约定了某房地产公司交付房屋及其权属证书的时间，但至今未予交付，该违约行为仍处于持续状态，应依法承担违约责任。某房地产公司就杨某、蒋某尚欠的房款主张后履行抗辩权，经查，杨某、蒋某在已经支付占总房款93.74%房款的情况下，基于某房地产公司方经营状况及商业信誉等原因而未支付剩余购房款的行为，符合法律关于行使不安抗辩权的规定，某房地产公司的抗辩理由不成立，不予支持。

二审法院认为，依照《合同法》第67条、第68条的规定，后履行抗辩权、不安履行抗辩权是双务异时履行合同中后履行方、先履行方分别享有的抗辩权利。义务先履行方不履行、不适当履行合同义务时，义务后履行方可以行使后履行抗辩权，拒绝履行己方义务；义务后履行方将不会或不能履行合同义务时，义务先履行方可以行使不安抗辩权拒绝履行己方义务。当后履行抗辩权与不安抗辩权发生在同一案件中形成对抗时，应先审查不安抗辩权是否成立，因为义务先履行方往往是在义务履行过程中发现对方存在不安事由，此时义务先履行方的履约行为尚未完成，自然会存在部分履行、瑕疵履行、不完全履行等情形，如果此时允许义务后履行方行使后履行抗辩权，那么义务先履行方的不安抗辩权就沦为虚设。行使不安抗辩权要求义务先履行方负严格的举证责任，即有确切的证据证明义务后履行方出现了危及履约能力的情形。本案中，杨某、蒋某已按约定支付九成多购房款，在发现房屋与签订合同时的规划图样、面积有较大差距，与后期房屋面积测绘结果相比，面积相差九十多平方米的情况下，如果按照合同约定的付款时间和方式，就会多交购房款六十多万元，由此产生的担忧和不安符合社会大众的普遍心理，可以认定为属于《合同法》第68条第1款第4项规定的

"有丧失或者可能丧失履行债务能力的其他情形",杨某、蒋某据此行使不安抗辩权成立,一审法院不支持某房地产公司的后履行抗辩权正确,法院予以支持。某房地产公司在合同约定的房产交付时间时不具备合同约定的交付条件,应当承担逾期交房和逾期交付涉案房屋的不动产权属证书的违约责任。

◎ 律师评析

履行抗辩权是法律为保障债务人的利益而赋予其于一定条件下拥有的自助权利,依法行使履行抗辩权是适当行使权利的合法行为,由此可能引起合同的迟延履行,但其性质与违约不同,权利行使人没有违约的故意,究其因果关系,迟延履行责任应当由对方当事人承担。严格区分行使抗辩权行为与违约行为,对于依法保护合同当事人的权益甚为重要。

当然,债务人行使履行抗辩权亦应当严格遵守法律的规定,不得滥用抗辩权以逃避债务的履行,损害债权人的利益。案例中,杨某、蒋某在义务履行过程中发现某房地产公司有法律所规定的不能对待给付的不安事由,进而行使不安抗辩权单方暂时中止合同履行,致使债务履行存在瑕疵,此为权利行使的当然结果,某房地产公司以此为由不当行使后履行抗辩权,自然难以获得法律的支持。

法条索引

《民法典》

第 509 条—第 533 条

《最高人民法院关于适用〈中华人民共和国民法典〉合同编通则若干问题的解释》

第 29 条、第 30 条、第 32 条

《最高人民法院关于适用〈中华人民共和国民法典〉有关担保制度的解释》

第 13 条、第 14 条、第 18 条

第五章　合同的保全

📖 理论精要

合同的保全，是指法律为防止债务人积极地不当行为而减少其财产权益或者增加财产负担，或者因其消极地怠于行使权利而危及财产权益，由此影响债权人的债权实现，允许债权人行使代位权或撤销权，以保障债权人债权实现的一项法律制度。[①] 债权人向人民法院请求以自己的名义代位行使债务人的债权的权利以保持债务人的责任财产为目的，债权人请求人民法院撤销债务人诈害处分其责任财产的行为以恢复债务人的责任财产为目的。

一、债权人代位权

债权人代位权，是指当债务人怠于行使其对相对人享有的权利而影响债权人到期债权的实现时，债权人为保全和实现自身的债权，以自己的名义向人民法院请求相对人将其对债务人的义务向债权人履行的权利。[②] 即当债务人享有对第三人的债权而又不积极行使，致使其财产本应增加却没有增加，从而给债权人的到期债权带来危害的时候，债权人可以自己的名义代位行使债务人对相对人的权利。

根据合同关系相对性理论，合同关系和合同的拘束力主要发生在特

[①] 最高人民法院民法典贯彻实施工作领导小组主编：《中华人民共和国民法典合同编理解与适用（一）》，人民法院出版社2020年版，第497页。

[②] 最高人民法院民法典贯彻实施工作领导小组主编：《中华人民共和国民法典合同编理解与适用（一）》，人民法院出版社2020年版，第498页。

定的合同当事人之间，原则上合同当事人不能向与其无合同关系的第三人提出合同上的请求，也不能擅自为第三人设定合同上的义务。而债权人代位权作为法律明确规定的一种权利，直接赋予债权人在特定的情形下以自己的名义向特定的第三人主张债务人债权的权利，对合同相对性规则有所突破。

《民法典》第 535 条第 1 款规定，因债务人怠于行使其债权或者与该债权有关的从权利，影响债权人的到期债权实现的，债权人可以向人民法院请求以自己的名义代位行使债务人对相对人的权利，但是该权利专属于债务人自身的除外。与《合同法》及其司法解释相比，《民法典》将代位权要件中的债务人"到期债权"修改为"债权或者与该债权有关的从权利"，将"对债权人造成损害的"行使条件修改为"影响债权人的到期债权实现的"，将合同法司法解释中的"次债务人"修改为债务人的"相对人"。债权人行使代位权范围、条件的修改，均更有利于债权人维护自己债权的实现。

1. 债权人代位权行使的限制

代位权应当由债权人以自己的名义通过诉讼方式行使。根据《民法典》规定，债权人行使代位权不得选择除诉讼外的任何方式，如仲裁。利用诉讼的方式进行规制，有利于避免债权人滥用代位权。

代位权的行使范围以债权人的到期债权为限。相比于《合同法》规定的"代位权的行使范围以债权人的债权为限"，《民法典》则规定"代位权的行使范围以债权人的到期债权为限"，即债权人行使代位权的范围应当秉持债务人基于债权所获得的利益与所保全的债权利益相当的原则。

需要明确的是，代位权的行使范围以债权人的到期债权为限，是指以行使代位权的债权人的到期债权为限，而非所有债权人的到期债权。因为面对作为法定权利的代位权，债权人有选择是否行使的权利，他人强行代替行使，既侵犯债权人的自由，亦侵害债务人的权益。

债权人行使代位权应当尽到善良管理人的注意义务，除非为债务人利益，譬如增加其财产价值不得行使债务减免等处分权能，如果因其不当行为而致使债务人利益遭受损害的，债务人有权请求损害赔偿。

2. 债权人代位权诉讼

关于债权人代位权诉讼的相关程序性规则，诸如管辖、诉讼合并、中止审理等，《民法典合同编通则解释》在第五部分"合同的保全"中秉持尊重既有传统和习惯，保持法律适用的统一性、连续性和稳定性的原则，对标《民法典》规定，沿袭保留《合同法司法解释（一）》中与《民事诉讼法》等相关法律相符的规则，并在此基础上，与时俱进予以适当调整、补充。

（1）诉讼管辖

债权人依法对债务人的相对人提起代位权诉讼的，由被告住所地人民法院管辖；当债务人怠于行使的其对相对人的权利属于法定专属管辖领域时，应当依法适用专属管辖的特别规定，专属管辖具有强制性和排他性。

债务人和相对人之间的债权债务关系订有管辖协议或仲裁协议的，能否以此为由提出管辖权异议，对抗一般地域管辖？答案是否定的，皆因代位权是法定权利，而非债权转让或委托代理所致，代位权诉讼的管辖是司法解释直接、确定、不得变更的规定，排除债务人与相对人之间的管辖或仲裁协议约定，协议约定不能约束非合同当事人的债权人。

两个以上债权人以债务人的同一相对人为被告提起代位权诉讼的，人民法院可以合并审理。

债权人起诉债务人之后，在尚未取得生效判决的情形下，又向同一人民法院对债务人的相对人提起代位权诉讼，如果代位权诉讼根据被告住所地管辖或专属管辖的规定属于该人民法院管辖的，可以合并审理；如果代位权诉讼不属于该人民法院管辖的，应当告知债权人向有管辖权的人民法院另行起诉。为避免两诉裁判出现冲突，在起诉债务人的诉讼终结前，代位权诉讼应当中止。

在债权人提起代位权诉讼之后，债务人对相对人的诉讼权利即受到限制，其原则上不得对相对人提起同一诉讼请求的诉讼。但债务人在代位权诉讼中，可以对超过债权人代位请求数额的债权部分起诉相对人，如果该诉讼与代位权诉讼属于同一人民法院管辖的，可以合并审理；不属于同一人民法院管辖的，应当告知债务人向有管辖权的人民法院另行起诉。因债权人代位权诉讼的裁决结果可能会影响债务人对相对人诉讼的审理，故而在代位权诉讼终结前，债务人对相对人的诉讼应当中止审理。

需要明确的是，《民法典合同编通则解释》没有保留《合同法司法解释（二）》第17条债权人以境外当事人为被告提起的代位权诉讼的管辖规定，非因其没有适用价值，而是此种情形属于涉外民事诉讼，直接适用涉外民事诉讼程序的特别规定即可。依据《民事诉讼法》第276条规定，债权人以在我国境内没有住所的当事人为被告提起代位权诉讼，符合法定情形的，合同签订地、合同履行地、诉讼标的物所在地、可供扣押财产所在地、侵权行为地或者代表机构住所地人民法院可以作为管辖法院。

（2）诉讼当事人

根据法律规定，代位权诉讼是债权人在法定条件下，向人民法院请求以自己的名义代位行使债务人对相对人的权利。故而，债权人为原告，债务人的相对人为被告。债务人并非债权人诉讼相对方，与相对人亦不具有共同的权利和义务，不能作为共同被告。但债务人是债权人与债务人之间、债务人与相对人之间两个债权债务法律关系的联结点，对于查证两个法律关系的基本事实、代位权诉讼能否成立等不可或缺，因而应当作为第三人参加诉讼。《合同法司法解释（一）》第16条规定，债权人提起代位权诉讼，未将债务人列为第三人的，人民法院可以追加债务人为第三人。《民法典合同编通则解释》则将"可以"修改为"应当"，即在债务人未参加代位权诉讼的情况下，人民法院应当依职权通知债务人作为无独立请求权第三人参加诉讼，以查清案件事实，平等保护代位权法律关系中各方主体的利益，避免当事人诉累，节省司法资源。

3. 债权人代位权行使的效力

根据《最高人民法院关于审理民事案件适用诉讼时效制度若干问题的规定》第 16 条规定，债权人提起代位权诉讼的，应当认定对债权人的债权和债务人的债权均发生诉讼时效中断的效力。根据该司法解释第 9 条的规定，该诉讼时效中断的效力及于超过债权人代位权诉讼请求部分的债权人的债权或债务人的债权。

债权人提起代位权诉讼后，债务人对代位标的的主动处分权能受到限制，无正当理由的，其不得对相对人作债务减免、延期履行等妨碍债权人代位权行使的处分，不得对债权人代位请求数额的债权部分再行诉讼或申请仲裁。当然，对于超过债权人代位请求数额的债权部分，债务人仍得为合法处分，譬如在代位权诉讼中就该债权部分起诉相对人或向有管辖权的人民法院另行起诉。

在债权人提起代位权诉讼后，相对人在债权人请求数额范围内不得再向债务人履行给付；再行给付的，不得对抗债权人。债权人代位时，相对人处于债务人自身行使权利的同一地位，故相对人可行使债务人享有的抗辩权，债权人不具第三人利益。[1] 即相对人对债务人的抗辩，可以向债权人主张。但在债权人提起代位权诉讼后，债务人无正当理由所作不当处分引致的抗辩不在其列。

人民法院认定代位权成立的，由债务人的相对人向债权人履行义务；代位权诉讼是由两个以上债权人提起，债务人对相对人享有的债权不足以清偿其对债权人负担的全部债务的，人民法院应当按照债权人享有的债权比例确定相对人的履行份额。债权人接受履行后，债权人与债务人、债务人与相对人之间相应的权利义务终止。债务人对相对人的债权或者与该债权有关的从权利被采取保全、执行措施，或者债务人破产的，依照相关法律的规定处理。

---

[1] 最高人民法院研究室编著：《最高人民法院关于合同法司法解释（二）理解与适用》，人民法院出版社 2015 年版，第 144 页。

人民法院经审理认为债权人的主张不符合代位权行使条件的，应当驳回诉讼请求，但是不影响债权人根据新的事实再次起诉。

二、债权人撤销权

债权人撤销权，是指债权人对债务人实施的危害债权的处分行为，得请求人民法院予以撤销从而维持债务人责任财产，保障债权实现的权利。①《民法典》第 538 条对债务人无偿处分时债权人撤销权的行使作出规定，债务人以放弃其债权、放弃债权担保、无偿转让财产等方式无偿处分财产权益，或者恶意延长其到期债权的履行期限，影响债权人的债权实现的，债权人可以请求人民法院撤销债务人的行为。第 539 条对债务人以不合理价格交易时债权人撤销权的行使作出规定，债务人以明显不合理的低价转让财产、以明显不合理的高价受让他人财产或者为他人的债务提供担保，影响债权人的债权实现，债务人的相对人知道或者应当知道该情形的，债权人可以请求人民法院撤销债务人的行为。债权人撤销权系与代位权并列的我国合同法律规定的合同保全制度，均以保全债务人的责任财产为目的，以此来保障合同债权的实现。

1. 债权人撤销权行使限制

根据《民法典》规定，撤销权应当由债权人以自己的名义，经由人民法院诉讼行使。

撤销权的行使范围以提起撤销权之诉主张撤销债务人诈害行为的债权人的债权数额为限，债权人不能以其债权实现受到影响为由，撤销债务人所有的非对价处分行为。实践中，如果被撤销行为的标的可分，应当在受影响的债权范围内撤销债务人的行为；如果被撤销行为的标的不可分，为实现撤销权制度的立法目的，需要倾斜保护债权人的合法债权，将债务人的行为全部撤销。

撤销权自债权人知道或者应当知道撤销事由之日起一年内行使。自

---

① 李少伟、张晓飞主编：《合同法理论与实务》，法律出版社 2019 年版，第 148 页。

债务人的行为发生之日起五年内没有行使撤销权的，该撤销权消灭。此处"一年""五年"期间不是诉讼时效期间，而是除斥期间，该期间为不变期间，不存在中止、中断或延长的情形。需要注意的是，"五年"期间的起算应以债务人之损害行为发生为准，而不是以债权人是否知道自己权利遭受损失为要件。

2. 债权人撤销权诉讼

（1）诉讼管辖

根据《民法典合同编通则解释》规定，债权人依法提起撤销权诉讼的，由债务人或者相对人的住所地人民法院管辖。债权人向两个以上有管辖权的人民法院起诉的，由最先立案的人民法院管辖。

撤销权诉讼依法应当适用专属管辖规定的，排除被告住所地法院管辖的一般规定，专属管辖具有强制性。

两个以上债权人就债务人的同一行为提起撤销权诉讼的，为简化诉讼程序、降低诉讼成本、有效解决纠纷，人民法院可以合并审理。

债权人请求受理撤销权诉讼的人民法院一并审理其与债务人之间的债权债务关系，属于该人民法院管辖的，可以合并审理。不属于该人民法院管辖的，应当向有管辖权的人民法院另行起诉。

（2）当事人诉讼地位

根据《民法典》规定，撤销权诉讼是因债务人实施不当的处分行为，致使债权人债权实现受到影响，债权人得以自己的名义作为原告请求人民法院撤销债务人的行为。

根据《合同法司法解释（一）》规定，债权人提起撤销权诉讼时只以债务人为被告，未将受益人或者受让人列为第三人的，人民法院可以追加该受益人或者受让人为第三人。《民法典合同编通则解释》则在顺应《民法典》规定，将"受益人或者受让人"修改为"债务人的相对人"的同时，将债务人和债务人的相对人确立为共同被告。

3. 债权人撤销权行使效力

债权人提起撤销权诉讼的，债务人与其相对人在债权人债权数额范围内相应的处分权能受到限制，以防范不当处分妨碍债权人行使撤销权保全债权目的的实现。

债权人在提起撤销权诉讼的同时，可以请求债务人的相对人向债务人承担返还财产、折价补偿、履行到期债务等法律后果。

在撤销权诉讼中，债权人申请对相对人的财产采取保全措施的，人民法院依法予以准许。

人民法院对于债权人提起的撤销权诉讼，应当就其主张的部分进行审理，债务人影响债权人的债权实现的行为被撤销的，自始没有法律约束力，相对人得依债权人之请求承担返还财产等法律责任。司法实务中需要强调的是，相对人只有在通知胜诉债权人，使其有机会申请法院对相对人返还的财产采取查封、冻结措施，从而能够以返还的财产实现债权的情况下，相对人完成的财产返还行为，才是符合撤销权诉讼目的的履行行为，否则其返还行为不能对抗债权人。①

债权人依据其与债务人的诉讼、撤销权诉讼产生的生效法律文书申请强制执行的，人民法院可以就债务人对相对人享有的权利采取强制执行措施，以实现债权人的债权。

债权人行使撤销权所支付的合理的律师费、差旅费、针对处分标的所采取的财产保全费等必要费用，由债务人负担。

实务精解

1. 债权人代位权成立应当满足哪些具体条件？

第一，债权人与债务人之间的债权债务关系应当具有合法性和确定性。如果债权人与债务人之间的债权债务关系是一种不受法律保护的非法债权，债权人即没有行使代位权的法律基础；如果债权人与债务人之间的债权债务关系尚未确定即提起代位权诉讼，则可能损害第三人的合

---

① 最高人民法院民事审判第二庭、研究室编著：《最高人民法院民法典合同编通则司法解释理解与适用》，人民法院出版社2023年版，第512页。

法权益。实践中，审查债权人债权合法性、确定性的通常做法为：债权若已经判决书、仲裁裁决书等生效法律文书确认，自属合法，在代位权诉讼中只需作形式审查。若债权未经生效法律文书确认，则在认定代位权是否成立时首先要对其合法性作出判断，经先对债权人对债务人的债权债务关系审理认定，若形成的证据链足以认定债权合法且确定，即使未经生效裁判确认或债务人对此持有异议，也不影响代位权的成立。若经审理仍无法对是否存在债权债务关系或债权人的债权数额作出确定性判断，则对债务人与相对人的权利义务关系无须审理，即可驳回债权人诉请。即使债权人的债权已经生效法律文书确定，但裁判生效后的履行或执行情况，影响债权人债权数额的确定，仍需对债权人能够主张代位权的债权余额等进行审查。[①]

第二，债务人对其相对人享有合法到期债权。债务人对其相对人的债权已经到期是债权人行使代位权的前提条件之一，若债务人的债权尚未到期，债务人尚不能行使请求权，债权人更无从代位行使。若强行行使，只会侵害相对人的合法权益，自然也难以获得法律的支持。债权人提起代位权诉讼时，债务人对其相对人之间的债权数额是否亦应当确定，法律未作要求。笔者认为，在代位权诉讼中，诉讼标的即为债务人与其相对人之间的债权债务法律关系，相关债权数额即使没有确定，亦可通过相对人的抗辩，进而审理查明。

第三，债务人怠于行使其债权或者与该债权有关的从权利，影响债权人债权的实现。《民法典合同编通则解释》第33条指出，债务人不履行其对债权人的到期债务，又不以诉讼或者仲裁方式向相对人主张其享有的债权或者与该债权有关的从权利，致使债权人的到期债权未能实现的，人民法院可以认定为《民法典》第535条规定的"债务人怠于行使其债权或者与该债权有关的从权利，影响债权人的到期债权实现"。相对

[①] 最高人民法院民法典贯彻实施工作领导小组主编：《中华人民共和国民法典合同编理解与适用（一）》，人民法院出版社2020年版，第499—500页。

人不认为债务人有怠于行使其债权或者与该债权有关的从权利情况的，应当承担举证责任。

由此可知，债务人是否构成怠于行使权利的判断标准为其是否向相对人采取诉讼或仲裁方式主张债权，只有采取诉讼或仲裁方式才能成为其对债权人行使代位权的法定抗辩事由，债务人采取其他私力救济方式向相对人主张债权仍可视为怠于行使债权。

但判断债务人是否怠于行使到期债权，不能将"债务人是否向相对人采取诉讼或仲裁方式主张债权"作为唯一的标准，若债务人与相对人串通提起诉讼后又自行撤诉，显然不能轻易认定债务人未怠于行使到期债权。因而应当综合主观意图、外在行为和客观结果等要件判断债务人是否怠于行使到期债权：在主观意图上，债务人主张权利应当为消极状态，即在无客观条件限制、能够实现权利的情况下，迟延作为或者不作为；在外在行为上，债务人怠于行使债权主要表现为未及时作为，即未在合理的期限内主张权利；在客观结果上，债务人怠于行使债权主要是指债务人债权无客观因素制约，能够实现却未实现。

第四，债务人的权利非专属于其自身的债权。关于代位权的除外规定，《合同法》规定为"但该债权专属于债务人自身的除外"，《民法典》修改为"但是该权利专属于债务人自身的除外"。《合同法司法解释（一）》第11条将"债务人的债权不是专属于债务人自身的债权"列为债权人代位权诉讼的要件之一。第12条则进一步明确规定专属于债务人自身的债权的范围，即基于扶养关系、抚养关系、赡养关系、继承关系产生的给付请求权和劳动报酬、退休金、养老金、抚恤金、安置费、人寿保险、人身伤害赔偿请求权等权利。《民法典合同编通则解释》则有所调整，其第34条指出，《民法典》第535条第1款规定的专属于债务人自身的权利包括：（1）抚养费、赡养费或者扶养费请求权；（2）人身损害赔偿请求权；（3）劳动报酬请求权，但是超过债务人及其所扶养家属的生活必需费用的部分除外；（4）请求支付基本养老保险金、失业保险金、最低生活保障金等保障当事人基本生活的权利；（5）其他专属于债务人自身的权利。

第五,债权人有行使代位权的客观需要。债权人代位权制度设立的目的为防止债务人怠于行使权利而致使其责任财产不当减少,进而造成债权人可能得不到全部清偿,存在消灭或者丧失的危险,影响债权人权利的实现。但若债务人财产足以清偿其债务,即使怠于行使其某债权或者与该债权有关的从权利而致使责任财产不当减少,亦不会危及债权人债权的实现的,则债权人不得行使代位权。当然,债务人清偿财力并非判断债务人怠于行使其权利是否会危害债权人债权实现的唯一标准。特定情形下,只要债务人的行为可能危害债权的实现,债权人有保全之必要,即得行使代位权。

需要予以说明的是,债权人代位权成立条件与债权人代位权诉讼条件系两个不同的概念。代位权诉讼属于民事诉讼的范畴,根据《民事诉讼法》的规定,只要满足原告是与本案有直接利害关系的公民、法人和其他组织,有明确的被告,有具体的诉讼请求和事实、理由,属于人民法院受理民事诉讼的范围和受诉人民法院管辖等条件,即可提起诉讼,人民法院应当予以受理、立案。经实体审理,判断代位权是否具备成立的实质要件,进而作出相应裁决。

2. 债权人撤销权成立应当满足哪些具体条件?

第一,债权人与债务人之间存在合法有效的债权债务关系,此为撤销权产生的前提条件。与代位权的行使不同,债权人行使撤销权不以债权已届清偿期为前提,皆因撤销权制度是以防止债务人积极实施损害债权的行为而保全其责任财产为目的,债权人得以在发现债务人实施有害于债权的行为时,即时请求撤销。

第二,债务人实施了一定的有害于债权的处分行为。所谓有害于债权,是指因债务人实施的行为导致其责任财产减少,以至于无法满足债权清偿的要求,给债权的实现造成了损害。所谓无法满足债权清偿的要求,是指债务人实施的处分财产的行为损害到其履行债务的能力,致使其达到没有清偿资力的程度。如果债务人实施的导致其责任财产减少的处分行为，并不影响其清偿能力，其责任财产仍然可以清偿债务全额，则债权人不得以债务人行为有害于债权为由而行使撤销权。

第三，债务人实施的危害债权的行为发生在债权人的债权成立以后，履行期届满以前。若债务人是在合同履行期届满时拒绝履行，则为实际违约，债权人依法主张违约责任的行为已非合同保全。

第四，债务人与第三人为有偿转让行为主观上均具有恶意。一般而言，债务人处分财产的行为包括无偿行为和有偿行为两种。对于无偿行为而言，譬如债务人放弃债权、放弃债权担保或无偿转让财产的，撤销权的成立不以主观恶意为必要条件，仅要求具备诈害行为客观要件即可，皆因无偿处分行为本身即具有恶性，不需要债权人对此举证证明；对于债务人延长其到期债权的履行期限问题，则需要以债务人主观上具有明显的恶意为债权人撤销权构成要件，以平衡债务人合理的权利处分自由。而对于有偿行为，譬如债务人以明显不合理的低价转让财产，对债权人造成损害的，即要求撤销权的行使以债务人和其相对人主观上均存在恶意为要件，若仅债务人有恶意，而相对人受益时主观上无恶意且支付了对价的，债权人不得行使撤销权，请求人民法院撤销债务人的行为。

3. 债权人撤销权的适用情形有哪些？

（1）债务人放弃其债权

1999年《合同法》规定，债务人放弃其"到期债权"，即债务人以作为或不作为的形式全部或部分地放弃对次债务人享有的已届清偿期的债权，使得债权全部或部分地归于消灭，由此对债权人造成损害的，债权人有权行使撤销权。《民法典》将"到期债权"改为"债权"，即债务人放弃自己对相对人享有的债权，无论该债权已到期还是未到期，债权人均可行使撤销权。

（2）债务人放弃债权担保

在发生"债务超过"即债务人的责任财产本身不足以清偿债权的情形下，债务人放弃债权担保，而其对债权人的债权本身也已陷于清偿不能时，显然就会损害债权。在此情形下，当然就应当允许债权人行使撤销权。[1]

(3) 债务人无偿转让财产

债务人在合同债权成立后实施的无偿转让其财产的行为，若使得其责任财产客观上远不足以清偿其对债权人的债务，则可认定其主观上具有逃避债务的恶意。因债务人无偿转让财产的行为严重损害了债权人合同债权的实现，债权人在此种情况下得依法行使撤销权，诉请人民法院撤销债务人无偿转让其财产的行为。

若债务人实施的无偿转让其财产的行为，虽然导致其责任财产的减少，但其剩余财产仍然能够满足清偿债权的需要，即转让行为并不足以导致债权不能实现，则债权人不得以债务人因无偿转让而使得其客观上不能支付为由行使撤销权。

实践中，一种常见的情形是债务人在明知自己将要承担较重的债务后，以虚假交易的形式，掩盖其无偿转让财产的实质，并主张处分行为发生在债权成立之前而抗辩债权人撤销权的行使，如在保证人为多人的连带责任保证中，其中一位保证人在承担保证责任后即当然取得对其他保证人的追偿权，其他保证人在已经承担清偿责任的保证人行使追偿权之前，无偿转让其财产，并以所处分财产并非尚未成立的债权的责任财产为由，主张处分行为有效。对此应当准确把握债权人撤销权的立法目的，即防止债务人的责任财产不当减少，维持债务人的责任财产在适当状态，以保障债权的完全实现。以债权人与债务人之间已经成立合法的债权债务关系为撤销权行使的前提条件，为一般规定，皆因债务人的处分行为若发生在债权成立之前，则难以言及诈害债权之恶意。但此种要件并非绝对，如果债务人在处分财产时即已明知特定的债权将极大概率发生，则债务人的处分行为应当视为系为逃避即将发生的债务的履行而恶意减少自己的责任财产，根据民法公平正义和诚信原则，理当准许债

---

[1] 最高人民法院民法典贯彻实施工作领导小组主编：《中华人民共和国民法典合同编理解与适用（一）》，人民法院出版社2020年版，第527页。

权人请求撤销债务人妨害债权实现的行为，维护己方的合法权益。

（4）债务人恶意延长其到期债权的履行期限

债务人恶意延长其到期债权的履行期限，使得其债权不能按照预期"入库"，导致事实上的支付不能，发生实质上减少其积极财产的效果，侵害债权人的期限利益，甚至可能致使债权人的债权事实上落空，构成诈害行为，债权人理当有权行使撤销权。①

（5）债务人以不合理价格交易

根据《民法典》第 539 条和《民法典合同编通则解释》第 43 条规定，债务人以明显不合理的低价转让财产、以明显不合理的高价受让他人财产或者为他人的债务提供担保；债务人以明显不合理的价格，实施互易财产、以物抵债、出租或者承租财产、知识产权许可使用等行为，影响债权人的债权实现，债务人的相对人知道或者应当知道该情形的，债权人可以请求人民法院撤销债务人的行为。

关于交易价格是否明显不合理的判断规则，《民法典合同编通则解释》采用"一般规则+示范规则+例外规则"的形式作出规定，即对于《民法典》第 539 条规定的"明显不合理"的低价或者高价，人民法院应当按照交易当地一般经营者的判断，并参考交易时交易地的市场交易价或者物价部门指导价予以认定。转让价格未达到交易时交易地的市场交易价或者指导价百分之七十的，一般可以认定为"明显不合理的低价"；受让价格高于交易时交易地的市场交易价或者指导价百分之三十的，一般可以认定为"明显不合理的高价"。债务人与相对人存在亲属关系、关联关系的，不受前款规定的百分之七十、百分之三十的限制。需要明确的是，债务人与相对人交易价格是否为明显不合理，原则上应当按照上述司法解释规定的判断基准，结合其他相关因素综合分析，予以个案确认。但上述判断基准并非唯一，毕竟"一般"意味着排除特殊情形，如

---

① 最高人民法院民法典贯彻实施工作领导小组主编：《中华人民共和国民法典合同编理解与适用（一）》，人民法院出版社 2020 年版，第 528 页。

季节性产品在临近换季前回笼资金的甩卖;"可以"意味着应视具体情形而定,不作刚性约束。债务人、相对人对认定不服的,可以提出相反事实和证据予以推翻。

债务人以明显不合理的价格进行交易,影响债权人的债权实现,债权人行使撤销权的,以债务人的恶意为撤销权的成立要件,以债务人的相对人的恶意为撤销权的行使要件。债务人明知其责任财产不足以清偿全部债务却仍然处分其财产的,即可推定为具有恶意;对于债务人的相对人主观恶意的判断要结合其在受让时是否支付了合理对价,是否明知债务人的行为对债权人具有"诈害性",至于其与债务人是否恶意串通,是否具有损害债权人的故意,则无须探究。相对人如果对"恶意"推定不服,则应就其主观上的善意负有证明责任。

(6) 债务人为他人的债务提供担保

债务人在明知存在不能清偿债务的情况下却为他人的债务提供担保,对该担保债务的履行,将导致债务人责任财产的减少,进而影响债权人债权的实现,因此无论债务人为他人债务提供担保是否有偿,债权人均可以行使撤销权,请求撤销债务人的担保行为。

4. 相对人能否以其与债务人之间的仲裁条款对债权人提起的代位权诉讼提出管辖权异议?

如果债务人与相对人之间存在有效仲裁条款,相对人能否以此为由对债权人提起的代位权诉讼提出管辖权异议呢?司法实务中,对此理解各异,观点不一,亟待统一。

第一种观点认为,根据法律规定,在代位权诉讼中,相对人对债务人的抗辩,可以向债权人主张。此种抗辩既包括实体上的抗辩,也包括程序上的抗辩。债权人提起代位权诉讼,其实质是代债务人向相对人主张到期债权,基于保护相对人管辖利益立场,代位权人应当受债务人与相对人之间仲裁条款的约束。相对人得以其与债务人之间的仲裁条款对债权人提起的代位权诉讼提出管辖权异议。《广东省高级人民法院关于民商事审判适用代位权制度若干问题的指导意见》(粤高法〔2003〕200

号）第 3 条即规定，债权人提起代位权诉讼，如债务人与次债务人之间订立有效仲裁条款，法院应裁定不予受理。但该仲裁条款在债权人提起代位权诉讼后订立的或者次债务人放弃仲裁的除外。

第二种观点认为，根据法律规定，债权人行使代位权必须以诉讼方式进行，并应由被告住所地人民法院管辖。债务人与相对人之间事先订有仲裁条款的，债务人或者相对人有权依据仲裁条款就双方之间的合同争议申请仲裁。该仲裁约定系债务人和相对人双方协商确定的纠纷解决方式，具有排除法院管辖的效力。但债权人并非该合同关系当事人，合同中的仲裁条款对债权人没有约束力。债权人提起代位权诉讼是依据法律的直接规定，而非当事人之间的约定。债权人代位权诉讼管辖的效力高于当事人间的约定。《重庆市高级人民法院关于民事诉讼管辖若干问题的解答》（渝高法〔2017〕256 号）第 16 条指出，代位权诉讼的提起系基于法律的特别规定。债权人提起代位权诉讼不受债务人与次债务人之间仲裁约定或者管辖约定的约束，由被告即次债务人住所地法院管辖；但债务人与次债务人之间的法律关系属于专属管辖、专门管辖、集中管辖范围的，应由相应法院管辖。

为定分止争，统一裁判尺度，《民法典合同编通则解释》第 36 条明确规定，债权人提起代位权诉讼后，债务人或者相对人不能以双方之间的债权债务关系订有仲裁协议为由提出异议，人民法院不能因该仲裁协议的存在而驳回债权人的起诉。但为平衡各方当事人的利益，司法解释同时规定，债务人或者相对人在首次开庭前就债务人与相对人之间的债权债务关系申请仲裁的，人民法院可以依法中止代位权诉讼，待债务人与相对人之间的债权债务关系已经生效仲裁裁决确认后，再恢复代位权诉讼。

5. 债权人在债权到期前能否行使代位权？

《民法典》第 536 条规定："债权人的债权到期前，债务人的债权或者与该债权有关的从权利存在诉讼时效期间即将届满或者未及时申报破产债权等情形，影响债权人的债权实现的，债权人可以代位向债务人的相对人请求其向债务人履行、向破产管理人申报或者作出其他必要的行为。"此为债权人代位保存权规定，与债权人代位请求权共同构成代位保全制度。二者存在以下区别：（1）代位权行使以债权人债权到期为前提条件，代位保存权则以债权人与债务人之间存在合法未到期的债权为前提条件；（2）代位权是债权人以本人名义行使，代位保存权则以债务人名义行使；（3）代位权必须通过诉讼方式行使，代位保存权则以中断债务人的债权诉讼时效、破产债权及时获得登记等为目的，权利行使方式并非限于诉讼；（4）代位权行使的效果是由债务人的相对人直接向债权人履行义务，债权人接受履行后，债权人与债务人、债务人与相对人之间相应的权利义务终止。代位保存权行使所获取的利益则直接归属债务人，对于债权人而言，只是为防止债务人的责任财产因其消极行为而减少，进而可能危及债权人未到期债权的实现，债权人与债务人之间的债权债务关系并未消灭。

6. 竞合情形下，债权人撤销权之诉与确认合同无效之诉如何选择？

特定情形下，债务人与第三人恶意通过合同形式对财产进行处分，损害债权的有效、充分实现的行为，亦可以解读为债务人与第三人恶意串通，损害他人合法权益的行为。前者，债权人得以行使撤销权，请求人民法院撤销债务人致使其责任财产减少的行为；后者，债权人可以提起诉讼，请求人民法院确认债务人与第三人恶意串通订立的合同无效。如此，债权人撤销权制度与确认合同无效制度即存在一定程度的竞合，对于债权人来说，需要根据实际，综合考量管辖法院、举证责任、诉讼成本等因素，依法选择能够有效、经济维护己方权益的途径。

具体来说，竞合情形下，债权人撤销权制度与确认合同无效制度司法救济存在以下不同：一是法律效力不同。无效法律行为因侵害国家利益、社会公共利益，并非存在一般瑕疵，因而理当自始、当然、确定地不发生当事人订立合同时意欲谋求的法律后果。而可撤销行为侵害的则是个人利益，理当由权利人自行决定是否维持法律行为的效力。二是举证责任不同。确认合同无效之诉，债权人需要举证证明债务人与第三人之间具有恶意串通的故意和行为，"恶意串通"系债务人与第三人之间秘密的主观意思表示，要求非合同当事人的他人举证证明，难度显而易见。债权人撤销权诉讼中，对于债务人无偿行为的撤销，没有主观要件要求。但对于债务人有偿行为的撤销，则以债务人恶意为成立要件，以第三人恶意为行使条件。债权人只要举证证明债务人从事低价转让或者高价购买行为时，其相应价格明显不合理，且客观上有害于债权，第三人明知该情形却仍然接受，即基本完成举证责任。在司法实务中，基于举证证明责任困难程度不同，部分债权人采取先行提起确认合同无效之诉，因证据不足未获支持，再在法定的除斥期间内提起撤销权诉讼的策略，倒也不失为一种有效选择。三是权利行使期限不同。确认合同无效之诉的提起，法律当前尚没有期限约束的相关规定。撤销权则应当自债权人知道或者应当知道撤销事由之日起一年内行使。自债务人的行为发生之日起五年内没有行使撤销权的，该撤销权消灭。

典型案例

1. 债务人对相对人存在合法有效的到期债权，是债权人代位权成立的必要条件[1]

◎ **基本案情**

2016年9月，武某与B公司签订《车辆购销合同书》，约定购买解放汽车一台，先交车款定金16万元，车辆下线时，其余贷款交给B公司，B公司将所购车辆及相关手续给付武某。武某已付定金。

A公司与B公司买卖合同纠纷一案，法院判决B公司支付A公司车款27.05万元。该判决已发生法律效力，因B公司无法履行债务，A公司诉至法院，要求武某承担代位清偿责任。

一审法院判决驳回A公司的诉讼请求。A公司不服判决，提起上诉。二审法院判决驳回上诉，维持原判。

---

[1] 本案例材料来源：辽宁省丹东市中级人民法院（2020）辽06民终326号民事判决。

◎ 法院裁判要旨

一审法院认为，根据法律规定，债权人的代位权是指债务人怠于行使自己的到期债权，因此对债权人造成损害时，债权人为实现自己的债权，可以诉请法院以自己的名义行使债务人对第三人享有的债权。就本案而言，依据《车辆购销合同书》第 4 条约定，武某先支付车款定金 16 万元，车辆下线时，余款通过贷款方式交给 B 公司，B 公司将所购车辆及相关手续给付武某，因 B 公司未将手续给付武某，故武某与 B 公司之间的债务没有到期，A 公司要求武某支付剩余车款的诉求缺乏事实及法律依据，不能成立。

二审法院认为，根据《合同法司法解释（一）》第 11 条的规定："债权人依照合同法第七十三条的规定提起代位权诉讼，应当符合下列条件：（一）债权人对债务人的债权合法；（二）债务人怠于行使其到期债权，对债权人造成损害；（三）债务人的债权已到期；（四）债务人的债权不是专属于债务人自身的债权。"本案中，B 公司与武某签订的《车辆购销合同书》中结算方式及期限条款中体现，其余购车款是以贷款方式支付，而办理贷款就需要 B 公司提供车辆相关手续。由于 B 公司未将车辆相关手续给付武某，导致武某无法通过贷款方式支付余下购车款，故 B 公司对武某的债权没有到期。特别是因受政策影响，涉案车辆已无法办理过户手续，武某与 B 公司的车辆买卖纠纷尚存争议，A 公司行使代位权的条件没有成就，一审判决对 A 公司的诉讼请求未予支持，并无不当。

◎ 律师评析

债权人对债务人存在合法有效的到期债权，是代位权行使的首要条件。而债务人亦需要对相对人存在合法有效的到期债权，此为代位权成立的必要条件。皆因代位权诉讼的实体效果为由债务人的相对人直接向债权人履行义务，故而需要对上述两个债权均作出有效评判。

案例中，A 公司对 B 公司债权业经人民法院生效的裁判文书予以确认，此首要条件具备。但 B 公司对武某是否存在合法有效的到期债权却是有争议的，皆因双方汽车买卖合同尚未履行完毕，且因受政策影响使涉案车辆已无法办理过户手续，武某买卖合同目的已然无法实现，双方买卖合同效力亦存在争议，代位权行使的此一必要条件显然尚不具备。A公司行使代位权的条件没有成就，自然难以获得法律的支持。

2. 债务人无偿处分财产但未影响债权人债权实现的，债权人不得行使撤销权①

◎ 基本案情

2014年9月18日前，吕某夫妇出具借条向陈某夫妇借款三次共计85万元，双方未就还款期限作出约定。后吕某夫妇偿还了部分本金及利息，对于剩余部分未予偿还。2018年6月25日，陈某夫妇因与吕某夫妇民间借贷纠纷提起诉讼，法院判决吕某夫妇偿还陈某夫妇欠款人民币A元及利息。法院判决生效后，吕某夫妇又偿还本金，尚欠本金B元再未偿还，现该判决已进入执行程序。因认为吕某夫妇赠与其子财产行为影响己方债权的实现，陈某夫妇提起诉讼，请求予以撤销。一审法院判决驳回诉讼请求。陈某夫妇提起上诉。二审法院判决驳回上诉，维持原判。

◎ 法院裁判要旨

一审法院认为，根据法律规定，债权人提起撤销权之诉应当同时满足以下条件：债权人享有对债务人的合法到期债权，债务人存在放弃到期债权、无偿转让财产、明显以不合理的低价转让财产的行为，债务人的上述行为对债权人造成损害，债权人提起撤销权之诉应当在债权范围之内。本案中，在无其他证据证明的情况下，吕某为其子转账支付按揭贷款的行为应视为对其子的赠与，且该赠与已经完成。根据陈某夫妇在2018年民间借贷诉讼中自述，可知在2013年吕某夫妇借款后至2016年2月，吕某夫妇向其子赠与按揭款项的行为并不损害陈某夫妇的债权，陈

---

① 本案例材料来源：内蒙古自治区呼和浩特市中级人民法院（2020）内01民终262号民事判决。

某夫妇也无证据证明在此期间吕某夫妇已不具有足够的资产清偿已方借款，不能认定赠与行为严重侵害了陈某夫妇的债权，故对陈某夫妇主张撤销该部分赠与不予支持。

二审法院认为，债务人放弃到期债权、无偿转让财产、以不合理的低价转让财产等行为都会导致其责任财产的减少，通常会对债权人的债权产生不利的影响，但这种不利的影响必须达到债务人没有清偿资力的程度方可构成债权的损害。本案中，现有证据不能证明债务人在为其子偿还贷款的行为作出时，已经达到没有清偿涉案债务资力的程度，即便债务人后期确实发生了清偿困难的事实，也不能认定该事实与其为子还贷行为存在必然联系。在陈某夫妇无充分证据证明吕某夫妇还贷行为使其没有清偿资力的情况下，一审法院未支持陈某夫妇的诉讼请求并无不当。

◎ 律师评析

根据《民法典》规定，债务人无偿处分时债权人撤销权的构成要件为：债权人对债务人存在合法有效的债权，债务人存在无偿处分的行为和债务人处分行为影响债权的实现。其中，债务人无偿处分行为对债权人债权实现的影响是债权人撤销权构成的实质要件。在1999年《合同法》中该实质要件规定为"对债权人造成损害"，《民法典》将之修改为"影响债权人的债权实现"，对债务人无偿处分行为与债权人债权实现之间因果关系程度的要求有所降低，即债务人无偿处分行为是其权利，只要其减少资产的行为没有影响债权人债权的清偿，债权人即没有权利行使撤销权。

同时，债权人尚需把握债务人无偿处分行为的时间节点以判断能否行使撤销权，如果债务人实施无偿处分行为时，其责任财产已然陷入无力清偿状态，债权人当然有权行使撤销权。如果债务人无偿处分行为时尚有足以清偿债务的财产，即使其后因财产减少导致无力清偿，亦非撤销权行使中"影响债权人的债权实现"的行为。

法条索引

《民法典》

第 535 条—第 542 条

《最高人民法院关于审理民事案件适用诉讼时效制度若干问题的规定》

第 9 条、第 16 条

《民事诉讼法》

第 22 条、第 36 条、第 276 条

《最高人民法院关于适用〈中华人民共和国民法典〉合同编通则若干问题的解释》

第 33 条—第 46 条

第六章 合同的变更和转让

理论精要

一、合同变更

合同的变更,是指合同成立后,当事人在原合同的基础上对合同内容进行修改或者补充。[1]

合同当事人在合同有效成立后,尚未实际履行完毕之前,可以经协商一致,以明确的意思表示对合同作出变更。合同变更的内容应当明确,如果当事人对合同变更的内容约定不明确的,法律上推定为未变更。当然,当事人若能举证证明各方已就合同变更达成一致,亦可推翻"推定为未变更"的论断。

合同变更是在原合同法律关系性质不变的基础上,对合同内容的非实质性变更,通常是指合同标的的数量、价格、履行期限、履行方式等的变更,不包括合同标的的变更。标的是合同权利义务共同指向的对象,是合同存在的基础,合同标的若变更,则等同于解除原合同,另行订立一个新合同,如此与法律上合同变更的涵义不符。

合同变更应当遵守法定的方式。《民法典》第 502 条第 3 款规定:"依照法律、行政法规的规定,合同的变更、转让、解除等情形应当办理批准等手续的,适用前款规定。"故而,对于合同变更,法律法规有特别

---

[1] 最高人民法院民法典贯彻实施工作领导小组主编:《中华人民共和国民法典合同编理解与适用(一)》,人民法院出版社 2020 年版,第 556 页。

规定的，当事人应当遵照执行。

合同经合意变更后，当事人应当按照变更后的约定履行合同，否则即构成违约。

二、合同转让

合同的转让，也称为合同权利、义务的转让，是指在不改变合同关系内容的前提下，合同的一方当事人依法将其享有的合同权利、承担的合同义务全部或者部分转让给第三人的现象。[①] 由此可知，合同的转让只是合同主体发生变化，合同的内容在转让前后并未发生改变，此为与合同变更的区别所在。

根据转让内容的不同，合同转让分为三种形态，即合同债权转让、合同债务转移和合同权利义务的概括转让。

（一）合同债权转让

合同债权转让，又称为合同权利的转让，是指在合同权利内容不变的前提下，合同债权人将其债权全部或者部分转让给第三人的行为。

1. 合同债权转让限制

合同债权有下列情形之一的，不得转让：根据债权性质不得转让、按照当事人约定不得转让、依照法律规定不得转让。

当事人约定非金钱债权不得转让的，不得对抗善意第三人。当事人约定金钱债权不得转让的，不得对抗第三人。

2. 合同债权转让效力

债权人转让债权，未通知债务人的，该转让对债务人不发生法律效力。债权转让通知的目的是要求债务人向受让人清偿，该通知不以债务人同意为生效条件。债权转让的通知不得撤销，但是经受让人同意的除外。

债权人转让债权的，受让人取得与债权有关的从权利，但是该从权

---

① 宋旭平、林志辉主编：《合同法学》，四川大学出版社2018年版，第86页。

利专属于债权人自身的除外。受让人取得从权利不因该从权利未办理转移登记手续或者未转移占有而受到影响。

债权转让通知在到达债务人时生效，在接到债权转让通知前，债权转让对债务人不发生效力，债务人向让与人履行债务的，债权消灭，受让人不得再请求债务人履行；债务人接到债权转让通知后，债权转让对债务人发生效力，债务人应当向受让人履行债务，让与人不得以债权转让合同不成立、无效、被撤销或者确定不发生效力为由请求债务人向其履行。债务人向让与人履行的，不发生债权消灭的效力。

债权多重转让的，债务人应当向最先通知的受让人履行债务，在履行范围内债务消灭。债务人明知接受履行的受让人不是最先通知的受让人，最先通知的受让人可以请求债务人继续履行债务，或者依据债权转让协议请求让与人承担违约责任；但最先通知的受让人不得请求接受履行的受让人返还其接受的财产，例外情形是接受履行的受让人具有恶意，明知该债权在其受让前已经转让给其他受让人。

让与人未通知债务人的，受让人有权以诉讼方式通知，即直接起诉债务人请求履行债务，经人民法院审理确认债权转让事实的，应当认定债权转让自起诉状副本送达时即对债务人发生效力。因让与人过错没有通知债务人债权转让事实，致使债务人增加费用或者造成损失的，债务人有权主张从认定的债权数额中扣除。

债务人接到债权转让通知后，债务人对让与人的抗辩，可以向受让人主张。该抗辩权既包括实体法上的抗辩，譬如合同无效的抗辩、合同履行的抗辩、时效已过的抗辩等，亦包括程序法上的抗辩，如仲裁条款效力抗辩、管辖权异议抗辩等。例外情形是如果受让人在受让债权前向债务人调查核实债权的真实性，并基于债务人对债权真实存在的确认受让债权，债务人不得再以该债权不存在为由提出抗辩，除非受让人知道或者应当知道该债权并不真实存在。

有下列情形之一的，债务人可以向受让人主张抵销：债务人接到债权转让通知时，债务人对让与人享有债权，且债务人的债权先于转让的债权到期或者同时到期；债务人的债权与转让的债权是基于同一合同产生。

(二) 合同债务转移

合同债务转移，是指在合同义务内容不变的基础上，经债权人同意，债务人将债务全部或部分转移给第三人的行为。

债务人与第三人就转移债务达成合意的，债务转移合同成立。但该债务转移约定的实质是对债权人债权的处分，因而应当以征得债权人同意为生效要件。未经债权人同意的，对其不发生法律效力，债权人有权拒绝第三人履行债务的请求，亦有权要求债务人按照合同约定实际履行义务。为求证债权人是否同意债务转移，债务人或者第三人可以催告债权人在合理期限内予以同意，债权人未作表示的，视为不同意，不能发生债务转移的法律效果。

第三人与债务人约定加入债务并通知债权人，或者第三人向债权人表示愿意加入债务，债权人未在合理期限内明确拒绝的，债权人可以请求第三人在其愿意承担的债务范围内和债务人承担连带债务。第三人履行债务后，如果其与债务人对于追偿权有明确约定，基于法律尊重当事人的意思自治，可以按照约定向债务人追偿；如果没有约定追偿权，第三人应当依照法律关于不当得利、无因管理等的规定，在其已经向债权人履行债务的范围内请求债务人向其履行，但是第三人知道或者应当知道加入债务会损害债务人利益的除外。债务人就其对债权人享有的抗辩可以向加入债务的第三人主张，债务人和第三人之间另有约定的除外。

债务人转移债务的，新债务人可以主张原债务人对债权人的抗辩，但专属于合同当事人的解除权和撤销权只能由原债务人行使；原债务人对债权人享有债权的，新债务人不得向债权人主张抵销。

债务人转移债务的，新债务人应当承担与主债务有关的从债务，但是该从债务专属于原债务人自身的除外。

（三）合同权利义务的概括转让

合同权利义务的概括转让，是指合同当事人一方经对方同意，将自己在合同中的权利和义务一并转让给第三人，由第三人概括承受这些权利和义务的行为。若合同权利和义务全部转让，则第三人取代原当事人的法律地位，成为合同关系的当事人；若合同权利和义务只是部分转让，则出让人与第三人应当确定各自享有权利和承担义务的份额和性质，没有约定或者约定不明确的，视为连带之债。

实务精解

1. 如何区分债务转移和第三人代为履行？

债务转移，是指债务人经债权人同意，将其债务的全部或者部分转移给第三人。若合同债务全部转移，则债务人退出合同关系，原合同关系消灭，第三人完全代替债务人成为合同当事人，此为免责的债务承担；若债务部分转移，则第三人加入合同关系与原债务人一并成为合同当事人，此为并存的债务承担。

第三人代为履行是指除依照法律规定、按照当事人约定或者根据债务性质只能由债务人履行债务的情形外，依据自愿及保护债权人利益的原则，由第三人代替债务人向债权人履行债务的情形。包括当事人约定由第三人履行债务和第三人主动代为履行债务。

债务转移与第三人代为履行均系由原合同之外的第三人实际履行债务，在该第三人的履行符合合同约定时，可使合同债权债务关系消灭，但债务转移与第三人代为履行亦存在明显的区别：

一是债务转移情形下，第三人或完全代替债务人或与债务人一并成为合同当事人，第三人履行存在瑕疵的，债权人可以直接请求其承担违约责任；而在第三人代为履行的情况下，债权人与债务人之间的债权债务关系并没有发生变化，第三人只是履行主体而不是合同的债务人。对于债权人而言，第三人只是债务履行的辅助人而非合同当事人。第三人不履行债务或者履行债务不符合约定的，债权人只能请求债务人承担违约责任。

二是债务人与第三人合意转移债务的，应当经债权人同意，才能产生债务转移的法律效力；而第三人主动代为履行是在债务人不履行债务的情形下，第三人因对履行该债务具有合法利益而代为履行，此系第三人的合法权利，因而不需要征得债权人的同意。

三是债务转移中，在第三人履行的范围内，相应的债权债务关系消灭；而第三人代为履行并不导致债之关系消灭，债权人对债务人的债权在第三人代为清偿的范围内转让给第三人，第三人取得对债务人的相应债权。

司法实务中，通常以第三人作出的代偿承诺是否与债权人成立合同关系作为判断债务承担与第三人代为履行的主要标准。一般而言，若第三人向债权人作出了承担债务的明确意思表示，则应认定为债务承担；若第三人作出的代偿承诺与债权人之间不具有合同关系，则一般应认定为第三人代为履行，多数情况下是由第三人向债务人作出代偿承诺，并不是向债权人明确作出的，债权人在得知后只是表示同意或并不表示反对。

2. 如何区分债务加入和第三人代为履行？

债务加入，是指第三人加入债务与债务人共同履行债务。债务加入包括两种形式：一是第三人与债务人约定加入债务并通知债权人，债权人没有拒绝；二是第三人向债权人表示愿意加入债务，债权人未在合理期限内明确拒绝。债务加入只是加入第三人为共同债务人，原债务人责任并未免除，债权人对原债务人的债权亦没有改变，债权人可以请求第三人在其愿意承担的债务范围内和债务人承担连带债务。

债务加入与第三人代为履行一样，均存在债权人、债务人和第三人，第三人均可以全部或者部分承担可转让性债务，但二者亦有所区别：第三人代为履行中，第三人只是债务履行的辅助人而非合同当事人，承担债的主体的仍然是债务人。而债务加入中，第三人亦为合同主体，在其愿意承担的债务范围内和债务人承担连带债务；第三人代为履行，债权债务法律关系的主体仍然为债权人和债务人，债务人的债务并未免除。若第三人不履行债务或履行债务不符合约定，其并不承担不履行债务的违约责任，而是由债务人承担法律后果。债务加入，则是第三人和债务人、债权人之间形成债的法律关系，第三人与债务人就同一债务形成连带债务。第三人不履行债务，应当和债务人共同承担法律后果。

司法实践中，通常以第三人有无向债权人作出履行债务的意思表示作为区分第三人代为履行和债务加入标准，若表示愿意加入债务，则为债务加入；反之，则为第三人代为履行。

3. 债权人能否直接与第三人订立债务转移合同？

《民法典》规定，债务人将债务的全部或者部分转移给第三人的，应当经债权人同意。此系因债权人债权实现取决于债务人的债务承担能力，未经债权人同意即可转移债务，最终可能因第三人履行能力问题致使债权人的债权受到损害。如果是债权人直接与第三人订立债务转移合同，其效力如何呢？法律对此没有作出明确规定。笔者认为，债权人直接与第三人订立债务转移合同，对于债务人来说，可能知情亦可能不知情，其效力亦应当分别确定。在债务人知晓债权人直接与第三人订立债务转移合同的情形下，如果未在合理期限内作出消极的意思表示，即应当认定债务转移有效，毕竟债权人将原由债务人承担的债务转移给第三人负担，债务人即可摆脱原债务约束，原则上是符合其利益的。除非该债务依据债权人与债务人的约定不得转让，或者转让该债务致使债务人增加不利负担。

在债务人并不知晓债权人直接与第三人订立债务转移合同的情形下，虽然转让行为为债务人消灭了经济债务负担，但亦可能损害债务人的其他利益；再者，第三人履行债务后即依法取得原债权人的地位，债务人对此亦有可能是拒绝接受的。因此，基于诚信原则，债权人与第三人直接订立债务转移合同，理当通知债务人，债务人拒绝认可债务转移的，是对其权利的合法处分，理应获得尊重。

📎 典型案例

债务加入关系中，债权人有权请求第三人在其愿意承担的债务范围内和债务人承担连带责任[①]

◎ **基本案情**

2013年，某暖通公司因经营需要向薛某借款A元，出具有财务收据并载明年息15%。后因某暖通公司经营不善，因多起案件被法院列为被执行人，薛某要求某暖通公司对该笔借款的本金及利息进行结算并转由某机电公司承担。后某机电公司给薛某出具代偿证明一份，载明"某暖通公司截至2017年12月31日欠薛某本金：A元；利息：B元；总合计：C元（大写：C元整），利息按年息15%计算，由某机电公司偿还。法定代表人：赵某。某机电公司（印章）2017年12月31日"。某机电公司和某暖通公司其后均未再向薛某归还过本金和利息。薛某提起诉讼，请求判令某机电公司偿还借款及利息。一审法院判决某机电公司偿还借款本金及利息。某机电公司依法上诉，二审法院判决驳回上诉，维持原判。

◎ **法院裁判要旨**

一审法院认为，债务人将合同的义务全部或部分转移给第三人的，应当经债权人同意。本案中，某暖通公司将债务转移给某机电公司，债权人即薛某同意，且某机电公司向薛某出具了代偿协议，故债务转移成立并生效，该笔债务应当由某机电公司向薛某清偿；薛某要求某机电公司立即偿还借款本金及利息的诉讼请求，符合法律规定，依法予以支持；债务转移后，原债权债务当然消灭，某暖通公司在债务转移后未向薛某归还过借款及利息，在本判决生效后也无义务再向薛某归还借款及利息，薛某也无权再向某暖通公司主张，薛某和某暖通公司之间的债权债务消灭。

[①] 本案例材料来源：河南省焦作市中级人民法院（2019）豫08民终1789号民事判决。

二审法院认为，债务转移是指债务人和第三人签订协议，由第三人承担债务，并经债权人同意或第三人和债权人签订协议，由第三人承担债务人的债务，原债务人则脱离债的关系。债务加入是指第三人加入已有的债务关系中，由第三人与原债务人共同承担对债权人的债务。本案中，某机电公司向薛某出具代偿证明后并没有与某暖通公司达成过债务转移协议，某机电公司与薛某之间也没有明确否定某暖通公司的债务人地位或者让某暖通公司脱离债的关系，且薛某至今仍持有某暖通公司出具的原借据并向其主张权利。某机电公司在本案中承担义务是基于其向薛某作出的单方承诺，其行为应为债务加入。关于并存的债务，某机电公司和某暖通公司均为薛某的债务人，薛某有权选择其中的一方来承担责任，故薛某直接向某机电公司主张权利，并不违反法律规定。

◎ 律师评析

债务转移，是指债务人经债权人同意，将其债务的全部或者部分转移给第三人。债务全部转移的，债务人退出合同关系，第三人完全代替债务人成为合同当事人；债务部分转移的，则第三人加入合同关系与原债务人按份承担债务。债务加入，是指第三人加入已有的债务关系中，债务人并不脱离原合同关系，债权人可以请求第三人在其愿意承担的债务范围内和债务人承担连带责任。

法条索引

《民法典》

第 543 条—第 556 条

《最高人民法院关于适用〈中华人民共和国民法典〉合同编通则若干问题的解释》

第 48 条—第 51 条

第七章　合同的权利义务终止

合同的权利义务终止，又称合同关系的消灭，是指合同有效成立后，由于约定事由或者法定情形的出现，合同的权利义务归于消灭。1999年《合同法》第91条规定："有下列情形之一的，合同的权利义务终止：（一）债务已经按照约定履行；（二）合同解除；（三）债务相互抵销；（四）债务人依法将标的物提存；（五）债权人免除债务；（六）债权债务同归于一人；（七）法律规定或者当事人约定终止的其他情形。"

《民法典》因体系协调需要，赋予合同通则以债法总则的功能和地位，将债法总则的一般性规定置于合同通则中，并明确规定非因合同产生的债权债务关系，适用有关该债权债务关系的法律规定；没有规定的适用合同通则的有关规定，但是根据其性质不能适用的除外。基于上述缘由，《民法典》合同编将合同解除单列一款作为合同消灭的事由，皆因为债务履行、抵销等既适用于合同权利义务关系，亦适用于其他法定的债权债务关系，法律效果为单个债权债务关系的消灭；而合同解除只能适用于合同权利义务关系中，系原合同第一性权利义务终止的原因，导致合同整体的权利义务终止。

理论精要

一、合同解除

合同解除，是指合同有效成立后，当事人一方或者双方在法定或者约定的合同解除条件具备时，以意思表示消灭合同关系的法律行为。

1. 合同解除的种类

（1）协商解除，是指在合同有效成立后，未履行或者未完全履行前，当事人以解除合同为目的进行协商并达成合意，消灭合同效力的行为。

当事人就解除合同协商一致，但未对合同解除后的违约责任、结算和清理等问题作出处理，除当事人另有约定的外，不影响合同的协商解除。合同解除后的违约责任、结算和清理等问题，当事人有约定的，按照约定处理；没有约定的，依据相关法律规定处理。

当事人一方或双方主张行使法律规定或者合同约定的解除权，经人民法院审理认为不符合解除权行使条件，但对方同意解除，或者双方均主张解除合同的，可以适用协商解除的相关规定。

（2）约定解除权解除，此种解除以当事人事先在合同中就将来可能发生的解除事由作出约定为前提条件，解除事由发生时，解除权人应当以行使解除权的方式向相对方作出解除合同的意思表示，但不必征得相对方的同意，即可发生合同解除的法律效力。

（3）法定解除，是指合同具有法律约束力后，当事人在法律规定的解除事由出现时，行使解除权而使合同权利义务关系终止。[1] 根据《民法典》第563条的规定，合同法定解除事由包括：①因不可抗力致使不能实现合同目的。所谓不可抗力，是指不能预见、不能避免且不能克服的客观情况。需要注意的是，并非发生不可抗力，合同即可解除，而是只有当不可抗力致使合同目的不能实现时，才能依法解除合同。②在履行期限届满前，当事人一方明确表示或者以自己的行为表明不履行主要债务。当事人行使不安抗辩权中止履行的，对方在合理期限内未恢复履行能力且未提供适当担保的，视为以自己的行为表明不履行主要债务，中止履行的一方可以解除合同并可以请求对方承担违约责任。③当事人一方迟延履行主要债务，经催告后在合理期限内仍未履行。④当事人一方

---

[1] 黄薇：《中华人民共和国民法典释义及适用指南》，中国民主法制出版社2020年版，第849页。

迟延履行债务或者有其他违约行为致使不能实现合同目的。⑤法律规定的其他情形。以持续履行的债务为内容的不定期合同，当事人可以随时解除合同，但是应当在合理期限之前通知对方。

2. 解除权的行使

（1）解除权行使期限：为保护交易安全和维护社会经济秩序稳定，明确当事人之间的合同权利义务关系，解除权的行使理当受到除斥期间的限制。法律规定或者当事人约定解除权行使期限，期限届满当事人不行使的，该权利消灭。法律没有规定或者当事人没有约定解除权行使期限，自解除权人知道或者应当知道解除事由之日起一年内不行使，或者经对方催告后在合理期限内不行使的，该权利消灭。何谓合理期限，国家立法层面尚无统一的适用标准。2020年修改后的《商品房买卖合同司法解释》第11条规定，根据《民法典》第563条的规定，出卖人迟延交付房屋或者买受人迟延支付购房款，经催告后在三个月的合理期限内仍未履行，解除权人请求解除合同的，应予支持，但当事人另有约定的除外。法律没有规定或者当事人没有约定，经对方当事人催告后，解除权行使的合理期限为三个月。对方当事人没有催告的，解除权人自知道或者应当知道解除事由之日起一年内行使。逾期不行使的，解除权消灭。

（2）解除通知：当事人一方依法主张解除合同的，应当通知对方。合同自通知到达对方时解除；通知载明债务人在一定期限内不履行债务则合同自动解除，债务人在该期限内未履行债务的，合同自通知载明的期限届满时解除。对方对解除合同有异议的，任何一方当事人均可以请求人民法院或者仲裁机构确认解除行为的效力。

需要强调的是，当事人一方以通知方式解除合同，应当以享有法律规定或者合同约定的解除权为前提。当事人不享有解除权的，即使对方未在约定的异议期限或者其他合理期限内提出异议，也不能发生合同解除的效力。

当事人一方未通知对方，直接以提起诉讼或者申请仲裁的方式依法主张解除合同，人民法院或者仲裁机构确认该主张的，合同自起诉状副本或者仲裁申请书副本送达对方时解除。

需要明确的是，当事人合同解除权消灭，并非意味着该权利绝对地不再享有，在后续合同履行过程中，若再次出现当事人约定或者法律规定的解除事由，解除权人依然有权依法行使解除权。

3. 合同解除的效力

根据《民法典》的规定，合同解除会产生以下法律后果：

第一，合同清算：合同解除后，尚未履行的，终止履行；已经履行的，根据履行情况和合同性质，当事人可以请求恢复原状或者采取其他补救措施，并有权请求赔偿损失。

第二，违约解除责任：合同因违约解除的，解除权人可以请求违约方承担违约责任，但是当事人另有约定的除外。

第三，合同解除与担保责任：主合同解除后，担保人对债务人应当承担的民事责任仍应当承担担保责任，但是担保合同另有约定的除外。

二、合同债权债务终止

《民法典》第557条第1款规定："有下列情形之一的，债权债务终止：（一）债务已经履行；（二）债务相互抵销；（三）债务人依法将标的物提存；（四）债权人免除债务；（五）债权债务同归于一人；（六）法律规定或者当事人约定终止的其他情形。"由此可知，债权债务终止的法定原因包括清偿、抵销、提存、免除、混同、法律规定或者当事人约定终止的其他情形。

1. 清偿

清偿，是指债务人依照法律规定或合同约定所实施的完成义务的行为，并使债的目的得到实现。[①] 清偿与履行的意义实质上相同，二者的区

[①] 最高人民法院民法典贯彻实施工作领导小组：《中华人民共和国民法典合同编理解与适用（一）》，人民法院出版社2020年版，第596页。

别仅在于履行反映的是债的动态实现过程，而清偿反映的是债的静态实现状况。

清偿应当是当事人根据诚信原则，依据合同约定或者法律规定正确、适当、全面地履行债务。根据法律规定，第三人按照债权人与债务人之间的约定或者依据法律规定履行债务、债务人按照约定或者法律规定向第三人履行债务、债权人和债务人协商一致以他种给付代替原定给付亦属于债务的全面履行。

债务人对同一债权人负担的数项债务种类相同，其给付不足以清偿全部债务的，首先根据当事人约定的抵充顺序履行债务；没有约定的，由债务人在清偿时指定其履行的债务。在当事人对抵充顺序没有约定且债务人清偿时未作指定的，应当优先履行已经到期的债务；数项债务均到期的，优先履行对债权人缺乏担保或者担保最少的债务；均无担保或者担保相等的，优先履行债务人负担较重的债务；负担相同的，按照债务到期的先后顺序履行；到期时间相同的，按照债务比例履行。

债务人在履行主债务外还应当支付利息和实现债权的有关费用，其给付不足以清偿全部债务的，除当事人另有约定的外，应当按照下列顺序履行：实现债权的有关费用、利息和主债务。

2. 抵销

所谓抵销，是指当事人互负债务，各以其债权抵充债务的履行，双方各自的债权和对应债务在对等额内消灭，包括法定抵销和约定抵销。[①]

所谓法定抵销，是指法律规定抵销的条件，具备条件时依当事人一方的意思表示即发生抵销的效力。当事人主张抵销的，应当通知对方。通知自到达对方时生效。抵销不得附条件或者附期限。

法定抵销的积极条件为：第一，当事人互负债务；第二，当事人债务的标的物种类、品质相同；第三，抵销相对方的债务已经到期。

[①] 黄薇：《中华人民共和国民法典释义及适用指南》，中国民主法制出版社2020年版，第860页。

法定抵销的消极条件为：其一，依照法律规定不得抵销的债务，譬如信托关系中，受托人管理运用、处分信托财产所产生的债权，不得与其固有财产产生的债务相抵销。受托人管理运用、处分不同委托人的信托财产所产生的债权债务，不得相互抵销。其二，根据债务性质不得抵销，譬如因侵害自然人人身权益，或者故意、重大过失侵害他人财产权益产生的损害赔偿债务，侵权人不得主张抵销。其三，按照当事人约定不得抵销的债务。

《全国法院民商事审判工作会议纪要》（法〔2019〕254号）指出，抵销权既可以通知的方式行使，也可以提出抗辩或者提起反诉的方式行使。抵销的意思表示自到达对方时生效，抵销一经生效，其效力溯及自抵销条件成就之时，双方互负的债务在同等数额内消灭。双方互负的债务数额，是截至抵销条件成就之时各自负有的包括主债务、利息、违约金、赔偿金等在内的全部债务数额。行使抵销权一方享有的债权不足以抵销全部债务数额，当事人对抵销顺序又没有特别约定的，应当根据实现债权的费用、利息、主债务的顺序进行抵销。

《民法典合同编通则解释》没有采纳上述会议纪要以提出抗辩或者提起反诉的方式行使抵销权的规定，但对抵销的范围、溯及力问题作出明确规定，其第55条指出，人民法院经审理认为抵销权成立的，双方互负的主债务、利息、违约金或者损害赔偿金等债务在同等数额内消灭；抵销没有溯及力，在通知到达时发生效力。第58条指出，当事人互负债务，一方以其诉讼时效期间已经届满的债权通知对方主张抵销，对方有权提出诉讼时效抗辩，即已过诉讼时效的债权不得作为主动债权抵销；一方的债权诉讼时效期间已经届满，对方可以主张抵销，即已过诉讼时效的债权可以作为被动债权抵销。

关于抵销的顺序规则设计，《民法典合同编通则解释》采纳直接参照清偿抵充规则的思路，其第56条指出，行使抵销权的一方负担的数项债务种类相同，但是享有的债权不足以抵销全部债务的，当事人可以就哪些债权债务关系因抵销而消灭作出约定。当事人没有约定时，由主张抵销的一方指定因抵销而消灭的债务。如果主张抵销的一方也没有作出指定，应当优先抵销主张抵销一方已到期的债务；数项债务均已到期时优先抵销缺乏担保或担保最少的债务；均无担保或担保相同的，优先抵销债务人负担较重的债务；负担相同的，按照债务到期的先后顺序抵销；到期时间相同的，按照债务比例抵销。

行使抵销权的一方享有的债权不足以抵销其负担的包括主债务、利息、实现债权的有关费用在内的全部债务的，当事人可以就主债务、利息、实现债权的有关费用的抵销顺序进行约定，法律尊重当事人的意思自治。当事人没有约定的，按照实现债权的有关费用、利息、主债务的法定顺序抵销。

所谓约定抵销，是指互负债务的当事人经协商一致，使债务在对等的额度内消灭。约定抵销是当事人意思自治的体现，不受法定抵销债务的标的物种类、品质相同等条件的限制，即使当事人互负债务标的物种类、品质不相同，经协商一致，也可以抵销。

3. 提存

提存制度，是指当债务人履行其到期债务时，因债权人的原因导致债务人无法或难以向债权人履行债务时，可依法将履行债务的标的物或者价款送交有关部门，以代替履行消灭自己债务的法律制度。[①]

有下列情形之一，难以履行债务的，债务人可以将标的物提存：（1）债权人无正当理由拒绝受领；（2）债权人下落不明；（3）债权人死亡未确定继承人、遗产管理人，或者丧失民事行为能力未确定监护人；（4）法律规定的其他情形。如果标的物不适于提存或者提存费用过高的，债务人依法可以拍卖或者变卖标的物，提存所得的价款。债务人将标的物或者将标的物依法拍卖、变卖所得价款交付提存部门时，提存成立。提存成立的，视为债务人在其提存范围内已经交付标的物，无论债权人

[①] 最高人民法院民法典贯彻实施工作领导小组：《中华人民共和国民法典合同编理解与适用（一）》，人民法院出版社2020年版，第678页。

是否领取，都不影响提存致使债务消灭的法律后果。

标的物提存后，为使债权人知晓标的物被提存需要及时领取以实现债权，债务人应当及时通知债权人或者债权人的继承人、遗产管理人、监护人、财产代管人，此为法律规定的义务，如果因怠于履行而致使债权人遭受损害的，债务人应当承担赔偿责任。

标的物提存后，毁损、灭失的风险由债权人承担。提存期间，标的物的孳息归债权人所有。提存费用由债权人负担。债权人可以随时领取提存物。但是，债权人对债务人负有到期债务的，在债权人未履行债务或者提供担保之前，提存部门根据债务人的要求应当拒绝其领取提存物。如果提存部门没有按照提存人所附条件即直接给付提存物，造成提存人损失的，应当承担赔偿责任。

债权人领取提存物的权利，自提存之日起五年内不行使而消灭，提存物扣除提存费用后归国家所有。但是，债权人未履行对债务人的到期债务，或者债权人向提存部门书面表示放弃领取提存物权利的，债务人负担提存费用后有权取回提存物。

4. 免除

免除，是指债权人抛弃债权，从而全部或者部分消灭债权债务。免除全部债务的，债务全部消灭，债权及其从权利同时归于消灭。免除部分债务的，免除部分债务不再履行，但未免除部分债务仍然应当履行。

债权人免除债务的意思表示应当直接向债务人或者其代理人明确作出，但是债务人在合理期限内拒绝的，不发生债务免除的法律效果。

5. 混同

债权债务的混同，是指债权人和债务人同归于一人，致使债权债务终止。混同是一种法律事实，债权债务因混同而绝对消灭；但混同损害第三人利益的，债权债务不能因此而消灭。

实务精解

1. 合同约定解除与附条件解除有何区别？

合同的附条件解除，是指当事人在合同中特别约定未来可能发生的某种条件，条件的成就与否，对合同的法律效力具有决定性作用。当条件成就时，合同自动解除，合同所确定的权利义务关系自行消灭。合同的约定解除则是指当事人在合同中约定发生一方或双方享有解除权的事由，当事由出现后，享有解除权的当事人行使解除权消灭合同效力。二者均以有效成立的合同为规范的对象，均是消灭合同效力的制度。

合同约定解除与附条件解除的主要区别是：在合同约定解除权解除的情形下，解除事由发生并不当然发生合同解除的法律效果，解除权人有权决定是否解除合同。解除权人决定行使解除权的，应当向相对方作出解除合同的意思表示；而附解除条件的合同，在条件成就时，合同即当然、自动地解除，无须相关当事人再作出解除合同的意思表示。

2. 违约方能否单方主动解除合同？

司法实务中，一种观点认为，合同解除是非违约方的救济方式之一，该权利只能由非违约方行使，违约方不得单方主动解除合同，毕竟依据民法诚信原则，当事人亦不得因违约而获得利益。经长期司法实践，部分观点认为，特殊情形下，赋予违约方解除合同的权利，有利于破除合同僵局，实现实质正义，促进市场经济发展。《最高人民法院公报》2006年第6期公布的某公司诉冯某商铺买卖合同纠纷案裁判摘要即认为："根据合同法第一百一十条的规定，有违约行为的一方当事人请求解除合同，没有违约行为的另一方当事人要求继续履行合同，当违约方继续履约所需的财力、物力超过合同双方基于合同履行所能获得的利益，合同已不具有继续履行的条件时，为衡平双方当事人利益，可以允许违约方解除合同，但必须由违约方向对方承担赔偿责任，以保证对方当事人的现实既得利益不因合同解除而减少。"

根据法律规定，当事人一方不履行合同义务或者履行合同义务不符合约定的，应当承担继续履行、采取补救措施或者赔偿损失等违约责任。由此可知，当违约情况发生时，继续履行是令违约方承担责任的首选方式。法律之所以这样规定，是由于继续履行比采取补救措施、赔偿损失或者支付违约金，更有利于实现合同目的。但是，当继续履行也不能实现合同目的时，就不应再将其作为判令违约方承担责任的方式。从违约方角度来讲，在非金钱债务法律上或者事实上不能履行等情形下，一概拒绝违约方行使解除合同的权利，可能致使合同陷入僵局，当事人双方权利义务显失公平。为解决合同僵局问题，《全国法院民商事审判工作会议纪要》（法〔2019〕254号）赋予违约方特定条件下起诉请求解除合同的权利：（1）违约方不存在恶意违约的情形；（2）违约方继续履行合同，对其显失公平；（3）守约方拒绝解除合同，违反诚实信用原则。人民法院判决解除合同的，违约方本应当承担的违约责任不因解除合同而减少或者免除。

《民法典》承继1999年《合同法》，并结合司法实践经验，赋予违约方有条件单方申请司法终止合同的权利，并对其法律后果予以明确，即第580条之规定："当事人一方不履行非金钱债务或者履行非金钱债务不符合约定的，对方可以请求履行，但是有下列情形之一的除外：（一）法律上或者事实上不能履行；（二）债务的标的不适于强制履行或者履行费用过高；（三）债权人在合理期限内未请求履行。有前款规定的除外情形之一，致使不能实现合同目的的，人民法院或者仲裁机构可以根据当事人的请求终止合同权利义务关系，但是不影响违约责任的承担。"此种有条件、有限度地允许违约方申请司法终止合同的规定，符合合同法律公平、诚信原则的立法本意。

合同因当事人申请而司法终止时合同终止的时间如何确定？为统一司法认识和裁判尺度，《民法典合同编通则解释》第59条作出明确规定，即当事人一方依据《民法典》第580条第2款的规定请求终止合同权利义务关系的，人民法院一般应当以起诉状副本送达对方的时间作为合同权利义务关系终止的时间。根据案件的具体情况，以其他时间作为合同权利义务关系终止的时间更加符合公平原则和诚信原则的，人民法院可以以该时间作为合同权利义务关系终止的时间，但是应当在裁判文书中充分说明理由。

3. 债务人提存标的物能否终局性消灭债务？

提存，是指在法定条件下，债务人将无法履行的给付提交有关部门，以代替履行消灭自己的债务。提存成立的效力如何？1999年《合同法》未作规定，2009年《合同法司法解释（二）》第25条第2款规定，提存成立的，视为债务人在其提存范围内已经履行债务。根据该规定，标的物提存成立后，不论债权人是否提取，均视为债务已经履行，产生债务消灭的法律后果。债权人仅对提存机关享有提存物领取请求权，而不得请求债务人清偿。但实践中存在的问题是，如果债务人提存的标的物不符合约定，提存是否亦能合法产生代替履行消灭债务的效力？债权人明确表示放弃领取提存物的，提存是否亦当然消灭债务？等等。《民法典》在承继司法解释规定的基础上，吸收司法实践经验，将提存成立的效力规定为：提存成立的，视为债务人在其提存范围内已经交付标的物。相较于司法解释将提存成立视为"已经履行债务"，《民法典》的规定显然更为科学、合理，视为"已经交付标的物"为客观状态的描述，至于标的物交付后产生的效力，则需要依据法律规定和其他客观事实加以判断。譬如，债务人提存的标的物不符合约定，债权人因此拒绝领取的，提存本身即非合法，当然不能产生债务消灭的效力。

同时，为平衡债权人和债务人之间的利益，《民法典》赋予债务人一定条件下提存物取回权，即"债权人未履行对债务人的到期债务，或者债权人向提存部门书面表示放弃领取提存物权利的，债务人负担提存费用后有权取回提存物"。如此，在债务人取回权消灭前，标的物提存亦不能当然终局性消灭债务。

典型案例

1. 不符合法定条件的，违约方不享有单方解除合同的权利[①]

◎ **基本案情**

2017年，某投资公司（甲方）与某广告公司（乙方）签订广告合同，约定由乙方为甲方制作安装、发布户外广告牌，甲方支付广告费。2018年2月，某投资公司通过邮件向某广告公司发送广告画面发布下刊通知，某广告公司回复表示某投资公司未按约定支付广告费已经构成违约，且按照合同约定某广告公司并无下刊义务。2018年3月9日，某投资公司通过电子邮件向某广告公司发送《合同解除通知》，通知合同自2018年3月1日起解除。某投资公司其后将该通知寄出，某广告公司签收后回复表示不同意解除合同。

某广告公司主张现合同已经履行完毕，但某投资公司至今未支付剩余的广告费，故诉至法院，请求支付剩余广告费A元及违约金。某投资公司反诉请求确认广告合同已于2018年3月1日解除。

一审法院判决某投资公司给付某广告公司广告费A元和违约金。同时，驳回某投资公司的全部反诉请求。双方分别提起上诉，二审法院判决驳回上诉，维持原判。

◎ **法院裁判要旨**

一审法院认为，某广告公司为某投资公司制作安装、发布户外广告牌，双方成立广告合同法律关系，某投资公司认为双方实际构成委托合同关系，因而具有法定的任意解除权的答辩意见无事实和法律依据，法院不予采信。关于违约方是否享有法定解除权的问题，现行合同法并未直接赋予违约方解除权，但实践中，违约方即使要解除合同亦应满足以下两个条件：一是违约方不存在恶意违约情形；二是继续履行合同将给

[①] 本案例材料来源：北京市第二中级人民法院（2020）京02民终1197号民事判决。

违约方自身造成重大损害。本案中，首先，某投资公司没有按照约定支付广告费且在 2018 年 1 月由其股东首次发出解除通知，该行为明显构成违约。其次，某投资公司并未提供证据证明该广告合同的继续履行造成了其利益的重大损害，双方合同履行亦不存在现实困难，某投资公司作为违约方，不符合享有法定解除权的要件，本案不符合法定解除的情形。

现合同履行期限届满，某广告公司依约发布广告，某投资公司迟延支付广告费的行为构成违约，应当承担相应的违约责任。某广告公司要求某投资公司支付广告费 A 元及违约金的诉讼请求，理由正当，法院予以支持。

二审法院认为，只有享有法定或者约定解除权的当事人才能以通知方式解除合同。不享有解除权的一方当事人向另一方发出解除通知，另一方当事人即便未在异议期限内提起诉讼，也不发生合同解除的法律效果。本案属于广告合同纠纷，并非委托合同纠纷，某投资公司并不享有法定解除权。作为违约方的某投资公司，不享有单方解除合同的权利。违约方某投资公司即使要解除广告合同亦应符合下列条件：一是违约方不存在恶意违约的情形；二是违约方继续履行合同，对其显失公平；三是守约方拒绝解除合同，违反诚实信用原则。本案中，某投资公司作为违约方，不符合享有法定解除权的要件，不享有单方解除合同的权利。

◎ 律师评析

根据法律规定，在具有法律上或者事实上不能履行、债务的标的不适于强制履行或者履行费用过高、债权人在合理期限内未要求履行等情形，致使不能实现合同目的时，违约方作为合同当事人可以向人民法院或者仲裁机构请求终止合同权利义务关系。参照《全国法院民商事审判工作会议纪要》（法〔2019〕254 号）之规定，违约方起诉请求解除合同应当同时具备三个条件：一是违约方不存在恶意违约的情形；二是违约方继续履行合同，对其显失公平；三是守约方拒绝解除合同，违反诚实信用原则。

同时，人民法院或者仲裁机构根据违约方请求裁决解除合同的，违约方本应当承担的违约责任不能因解除合同而减少或者免除。

2. 当事人互负有效债务、互享有效债权为法定抵销的首要条件①

◎ **基本案情**

2014年11月，某发展公司与某国际集团公司签订《委托代销合同》，约定某发展公司将冻肉运输到某国际集团公司指定的仓库并委托其进行代销，某国际集团公司支付相关货款。双方《往来账款对账函》写明结算日期为2015年9月30日，某国际集团公司欠某发展公司A元。由于某国际集团公司未按约定还款，某发展公司提起诉讼，请求判令支付货款及利息。

相关事实为：某皮革公司是法人独资有限责任公司，股东（发起人）为某国际集团公司。某发展公司与案外人某贸易公司形成合同关系，某发展公司于2011年6月向其交付银行承兑汇票，金额为B元，该汇票已经兑付。之后，某皮革公司于2011年10月28日通过银行汇款支付B元给某发展公司，汇款附言为"代某贸易公司退款"，同日另发《代付款证明》说明该款是代某贸易公司退给某发展公司的款项。其后某皮革公司两次发函，要求某发展公司偿还2011年10月28日借款B元及利息。某发展公司回复函中均称该款账上已作平账处理，重新付款需要向上级申请，请某皮革公司等待。2015年9月5日，某国际集团公司与某皮革公司签订《债权转让合同》，约定某皮革公司将其借给某发展公司的B元及利息的债权转让给某国际集团公司。

某发展公司对某国际集团公司提出的债权债务抵销意见明确表示不同意，并提出了其与某贸易公司的债权债务与本案无关、相关债务的主张超过诉讼时效、没有确认过借款等反驳意见。

---

① 本案例材料来源：广东省广州市中级人民法院（2018）粤01民终18916号民事判决。

◎ 法院裁判要旨

一审法院认为，本案的争议焦点是某国际集团公司受让案外人某皮革公司对某发展公司享有的债权，是否可与本案债权互相抵销。

本案中，某发展公司以其与某国际集团公司的买卖合同法律事实发生的争议起诉，形成本案诉讼，而某国际集团公司所主张的债权，是源于某发展公司与案外人某贸易公司的合同法律事实，以及某国际集团公司与案外人某皮革公司的债权转让法律事实，与本案并非同一法律事实。具体来说，由于某发展公司并没有对某国际集团公司抵销债权的主张予以明确承认，即使在某发展公司回复函件中，也仅表示款项已作平账处理，重新付款需要向上级申请，而非承诺还款；某国际集团公司之主张是否成立，应对债权转让法律关系进行审查，并进而审查某发展公司对债权让与人、债权受让人的抗辩，包括审查某贸易公司应否向某发展公司退款、某皮革公司支付的款项是退款还是借款等内容，由于该部分法律事实与本案缺乏关联性，故一审法院不予采纳某国际集团公司的抗辩主张。

二审法院认为，本案争议的焦点为某国际集团公司主张债务抵销是否成立的问题，对此评析如下：根据法律规定，当事人互负到期债务，该债务的标的物种类、品质相同的，任何一方可以将自己的债务与对方的债务抵销，但依照法律规定或者按照合同性质不得抵销的除外。可见，成立债务抵销应同时具备以下条件：当事人双方互负债务、互享债权，双方债务均已到期，债务的标的物种类相同。本案中，首先，某国际集团公司并未提供证据证明案外人某贸易公司对某发展公司享有合法到期债权；其次，亦未提供证据证明某皮革公司代某贸易公司向某发展公司付款的行为即表明某皮革公司取得了该债权；最后，某发展公司回复函件中对某国际集团公司主张的债权并未确认。因此，某国际集团公司并未提供充分的证据证明其对某发展公司享有到期债权，可以在本案中与某发展公司主张的货款进行抵销，应承担举证不能的不利法律后果。故，法院对某发展公司主张债务抵销已成立的意见，缺乏事实和法律依据，依法不予采纳。

◎ **律师评析**

根据法律规定，法定抵销的积极条件为：第一，当事人互负有效的债务，互享有效的债权；第二，当事人债务的标的物种类、品质相同；第三，抵销相对方的债务已经到期。案例中，对于某国际集团公司而言，基于从某皮革公司受让而来的债权的合法性、真实性尚未得以确认，其在主张抵销时对某发展公司是否享有有效债权未能得到确定。对于某发展公司而言，债权债务是否合法存在尚未能确认，自然谈不上判断是否到期的问题。如此，在某国际集团公司与某发展公司之间即不存在债务能否抵销的问题。某国际集团公司法律和事实认识错误。

需要说明的是，在债务抵销中，1999年《合同法》强调要求"当事人互负到期债务"，《民法典》仅要求相对方的债务已到期即可，皆因对于主动要求抵销当事人而言，其所负债务即使尚未到期，亦可以向相对方主张抵销，此为其对自己期限利益的主动放弃，不会损害相对方的利益。

法条索引

《民法典》

第 557 条—第 576 条

《最高人民法院关于适用〈中华人民共和国民法典〉合同编通则若干问题的解释》

第 52 条—第 58 条

第八章　合同违约责任

理论精要

一、概述

违约责任，即违反合同的民事责任，是指合同当事人一方不履行合同义务或者履行合同义务不符合约定，而应当承担的继续履行、采取补救措施或者赔偿损失等民事责任。依法成立的合同，对当事人均具有法律约束力，当事人应当遵循诚信、公平等原则，按照约定履行各自的义务，当违约情形出现或可能出现时，非违约方可以有效选择适当的救济方式，依法维护己方的合同权益。

违约责任以有效合同关系的存在为前提，只能发生在特定的合同当事人之间，当事人可以在法律规定的范围内在订立合同时事先就违约责任的承担方式等作出约定。

我国法律关于合同违约责任的归责以无过错责任原则为主、以过错责任原则为例外。《民法典》第 577 条规定，当事人一方不履行合同义务或者履行合同义务不符合约定的，应当承担继续履行、采取补救措施或者赔偿损失等违约责任。此即为按照无过错责任原则确定当事人的违约责任。根据《民法典》第 660 条规定，对于经过公证的赠与合同或者依法不得撤销的具有救灾、扶贫、助残等公益、道德义务性质的赠与合同，赠与人不享有任意撤销权。因赠与人故意或者重大过失致使应当交付的赠与财产毁损、灭失的，赠与人应当承担损害赔偿责任。此即为按照过错责任原则确定当事人的违约责任。

违约行为具体形态包括：（1）预期违约，即合同一方当事人在合同有效成立后，履行期限届满前，明确表示或者以自己的行为表明将不履行合同义务，包括明示的预期违约和默示的预期违约。（2）实际违约，包括拒绝履行、不能履行、不适当履行和迟延履行等。

我国合同法律中违约责任免责，是指根据法律明文规定或者合同预先约定，当事人对其不能履行或者不完全履行合同得免除违约责任。免责事由包括免责条件和免责条款。免责条件，是指由法律明确规定的免除当事人不能履行或者不完全履行合同违约责任的条件，包括不可抗力、债权人的过错等；免责条款则是由当事人在合同中事先约定的排除或者限制未来违约责任的条款。当事人约定免责条款不得违反法律法规的强制性规定和诚信原则，不得滥用免责条款侵害国家、集体或者他人的合法权益。

二、违约责任形式

《民法典》规定，当事人一方不履行合同义务或者履行合同义务不符合约定的，应当承担继续履行、采取补救措施或者赔偿损失等违约责任；当事人可以约定一方违约时应当根据违约情况向对方支付一定数额的违约金，也可以约定因违约产生的损失赔偿额的计算方法；当事人可以约定一方向对方给付定金作为债权的担保。

根据上述规定可知，违约责任包括五种形态，即继续履行、采取补救措施、赔偿损失、支付违约金、定金罚则。

1. 继续履行

所谓继续履行，是指合同当事人一方不履行合同义务或者履行合同义务不符合约定时，经合同相对方请求，法律强制其按照合同的约定继续履行合同义务，以期尽可能实现合同目的。

继续履行实为强制继续履行，是由人民法院或者仲裁机构根据合同当事人的请求，裁决合同违约方在指定期限内全面完成自己原来未履行或者未适当履行的合同义务，具有国家强制性，而非单纯地履行原合同义务，是一种法定违约责任形式。

继续履行违约责任的适用条件包括：第一，合同本身合法有效，无效、可撤销合同自然不存在继续履行的合法需要。第二，存在违约行为且该行为不具有法定或者约定免责事由。第三，继续履行具有客观上的可能性，如果合同债务在法律上或者事实上已经不能履行，该违约责任形式当然无法予以适用。第四，继续履行具有可适用性，如果合同债务为具有人身属性的非金钱债务，强制继续履行可能侵犯违约方的人身自由，即不具有可适用性，非违约方理当选择其他违约责任形式寻求救济。第五，继续履行具有经济合理性，如果违约方继续履行合同的代价远高于非违约方因合同履行而获得的利益，则违约救济不适宜采用继续履行方式。第六，法律上或者事实上履行不能等特定情形下，合同非违约方继续履行请求权亦不得行使，但并不妨碍其请求违约方承担赔偿损失、支付违约金或者适用定金罚则等权利。第七，非违约方应当在合理期限内要求违约方继续履行合同。如果非违约方认为合同继续履行已无必要，自然有权主动放弃继续履行请求权，此为对自己权利的有效处分；但其若要求继续履行，亦应当在合理期限内提出主张，此为法律督促债权人及时主张权利的强制性要求，以保障交易秩序的稳定性、安全性。

当事人一方不履行合同义务或者履行合同义务不符合约定，债权人经请求继续履行合同后仍还有其他损失的，有权要求违约方赔偿损失。

2. 采取补救措施

所谓采取补救措施，是指合同当事人一方履行合同义务不符合约定时，另一方当事人有权依据法律规定或者合同约定要求违约方采取变更履行方式、补正标的物瑕疵等措施进行补救，以最终促使合同目的得以实现，此为法定的合同违约责任形式之一。《民法典》第582条规定："履行不符合约定的，应当按照当事人的约定承担违约责任。对违约责任没有约定或者约定不明确，依据本法第五百一十条的规定仍不能确定的，受损害方根据标的的性质以及损失的大小，可以合理选择请求对方承担修理、重作、更换、退货、减少价款或者报酬等违约责任。"《消费者权益保护法》第 52 条规定，经营者提供商品或者服务，造成消费者财产损害的，应当依照法律规定或者当事人约定承担修理、重作、更换、退货、补足商品数量、退还货款和服务费用或者赔偿损失等民事责任。

当事人一方履行合同义务不符合约定，在采取补救措施后还有其他损失的，应当赔偿非违约方损失，即采取补救措施、赔偿损失等违约责任形式可以并用，而非选择性适用。

3. 赔偿损失

所谓赔偿损失，是指合同当事人一方不履行合同义务或者履行合同义务不符合约定，给对方造成财产上的损失，由违约方给予赔偿。

赔偿损失以赔偿债权人实际遭受的全部损失为原则，是最基本的损害补偿，使受到损害的权利得到救济，使受害人能恢复到未受到损害前的状态。《民法典》第 584 条规定，当事人一方不履行合同义务或者履行合同义务不符合约定，造成对方损失的，损失赔偿额应当相当于因违约所造成的损失，包括合同履行后可以获得的利益；但是，不得超过违约一方订立合同时预见到或者应当预见到的因违约可能造成的损失。

违约损害赔偿的补偿性的例外即其惩罚性，《民法典》第 179 条第 2 款规定，法律规定惩罚性赔偿的，依照其规定。《消费者权益保护法》第 55 条、《食品安全法》第 148 条等，即为法定惩罚性赔偿，是在受害人实际损害赔偿之外的增加赔偿，是对违约方故意或者过失实施违约行为的惩罚。

违约损害赔偿的范围包括直接损失和可得利益损失。所谓直接损失，是指非违约方因违约行为而遭受的财产或利益的减损。所谓可得利益损失，是指非违约方因违约行为而遭受的合同履行后可以获得的利益的损失。实践中，直接损失的认定较为简单，而可得利益损失的认定则需要从严掌握违约行为与损害结果之间的因果关系、可得利益损失是否具有确定性等诸多因素加以判断，在全面、充分保护非违约方遭受的财产损失的同时，亦应当兼顾违约方的合理利益，将损失赔偿限定在法律规定的合理范围内。2020年修改后的《买卖合同司法解释》根据法律规定、民法原理以及审判实践经验，对可得利益损失的认定在司法解释层面明确作出具有可操作性的解释和规定，其第22条规定，买卖合同当事人一方违约造成对方损失，对方主张赔偿可得利益损失的，人民法院在确定违约责任范围时，应当根据当事人的主张，依据《民法典》第584条、第591条、第592条、本解释第23条等规定进行认定。即当事人主张可得利益损失，应当受到可预见性规则、减轻损失规则、过失相抵规则和损益相抵规则等的限制。

《民法典合同编通则解释》则在总结审判实践经验、吸收理论研究成果并参考借鉴域外立法的基础上，以第60条至第63条四个条文进一步健全完善细化损失赔偿的计算规则：

（1）在计算可得利益时，可以在扣除非违约方为订立、履行合同支出的费用等合理成本后，按照非违约方能够获得的生产利润、经营利润或者转售利润等计算。

特定条件下，合同的一方当事人违约，非违约方依法行使合同解除权并实施了替代交易的，有权主张按照替代交易价格与合同价格的差额确定合同履行后可以获得的利益。违约方有证据证明替代交易价格明显偏离替代交易发生时当地的市场价格的，有权主张按照市场价格与合同价格的差额确定合同履行后可以获得的利益。

非违约方依法行使合同解除权但是未实施替代交易的，可以主张按照违约行为发生后合理期间内合同履行地的市场价格与合同价格的差额确定合同履行后可以获得的利益。

（2）在以持续履行的债务为内容的定期合同中，一方不履行支付价款、租金等金钱债务，非违约方请求解除合同的，其可得利益可以按照寻找替代交易的合理期限对应的价款、租金等扣除非违约方应当支付的相应履约成本确定，而不得主张按照合同解除后剩余履行期限相应的价款、租金等扣除履约成本确定，除非剩余履行期限少于寻找替代交易的合理期限。

非违约方寻找替代交易的合理期限,可以根据当事人的主张,参考合同主体、交易类型、市场价格变化、剩余履行期限等因素确定。

(3) 实践中,常见非违约方可得利益损失因举证困难等缘由而难以确定,而违约方因合同违约而确定获利的情形,对此,非违约方能否主张直接以违约方所获利益为标准计算己方可得利益损失呢?答案是否定的。司法解释规定,非违约方可得利益只有在根据其他规则诸如利润规则、替代交易规则、市场价格规则、持续性定期合同特别规则难以确定的情形下,人民法院才可以综合考虑违约方因违约获得的利益、违约方的过错程度、其他违约情节等因素,遵循公平原则和诚信原则确定。

(4) 在法律没有特别规定和当事人没有另行约定的情形下,违约方应当赔偿因其违约致使非违约方遭受的全部损失,但不得超过违约一方订立合同时预见到或者应当预见到的因违约可能造成的损失。在认定"违约一方订立合同时预见到或者应当预见到的因违约可能造成的损失"时,应当根据当事人订立合同的目的,综合考虑合同主体、合同内容、交易类型、交易习惯、磋商过程等因素,按照与违约方处于相同或者类似情况的民事主体在订立合同时预见到或者应当预见到的损失予以确定。

除合同履行后可以获得的利益外,非违约方主张还有其向第三人承担违约责任应当支出的额外费用等其他因违约所造成的损失,该损失系违约一方订立合同时预见到或者应当预见到的,亦可以请求违约方赔偿。

在确定违约损失赔偿额时,应当体系化适用法律相关规定,违约方有权主张扣除非违约方未采取适当措施导致的扩大损失、非违约方也有因过错造成的相应损失、非违约方因违约获得的额外利益或者减少的必要支出等。

4. 支付违约金

违约金是当事人在合同中约定的或者由法律直接规定的一方违反合同时应向对方支付的一定数额的金钱,这是违反合同可以采用的承担民事责任的方式,只适用于合同当事人有违约金约定或者法律规定违反合同应支付违约金的情形。① 违约金责任是法律规定或者当事人订立合同时预先设定的,在一方不履行合同义务或者履行合同义务不符合约定后独立于履行行为以外的金钱给付。

《民法典》第585条规定,当事人可以约定一方违约时应当根据违约情况向对方支付一定数额的违约金,也可以约定因违约产生的损失赔偿额的计算方法。约定的违约金低于造成的损失的,人民法院或者仲裁机构可以根据当事人的请求予以增加;约定的违约金过分高于造成的损失的,人民法院或者仲裁机构可以根据当事人的请求予以适当减少。当事人就迟延履行约定违约金的,违约方支付违约金后,还应当履行债务。由此可知,我国合同法律中的违约金制度以补偿性为主,以有限惩罚性为辅:违约金的数额根据"违约情况",以违约"造成的损失"为标准来确定,如果约定的数额低于"造成的损失",当事人可以依法请求予以增加,以使得违约金数额与实际损失额大致相当,此为违约金补偿性规定;该条第2款同时规定,约定的违约金可以高于"造成的损失",只要不是"过分高于"即可,后者也可以依法请求予以适当减少。可见,法律对于违约金数额适当高于造成的损失是予以认可的,此处高于部分显然即具有惩罚性。

实践中,合同一方当事人为追求自身利益最大化,不惜以支付违约金为代价而强行解除合同的情形时有发生,为解决此类现象的反复再现,科学设置惩罚性违约金十分必要。为督促当事人按照约定全面履行合同义务,在惩罚性违约金设置之初,即应当充分预估非违约方可能因违约而遭受的损失,以及违约方因违约而可能获得的利益,从而在确定违约金的具体数额或者损失赔偿额的计算方法时,确保违约赔偿责任大于违约可得利益,防范合同当事人违背公平公正和诚信原则,恶意解除合同,

---

① 李适时主编:《中华人民共和国民法总则释义》,法律出版社2017年版,第557—558页。

以谋求不法利益。

司法实务中,常见当事人以约定的违约金过分高于违约造成的损失为由请求予以调整的情形。当事人一方可以通过反诉或者抗辩的方式,请求调整违约金。

通常而言,违约方主张约定的违约金过分高于违约造成的损失,请求予以适当减少的,应当承担举证责任。非违约方主张约定的违约金合理的,也应当提供相应的证据。在此情形下,若当事人双方均已依法提供相应的证据但有关案件事实仍然不能查明的,违约方应当承担不利的法律后果。

一般来说,违约金调整请求权是法律赋予当事人请求司法保护的法定权利,具有强制性规范效力,当事人仅以合同约定不得对违约金进行调整为由主张不予调整违约金的,不能阻却违约金司法调整请求。

当事人恶意违约的,违约金高额部分具有惩罚性,违约方不得请求减少。

5. 定金罚则

定金,是指以担保债权实现为目的,依据法律规定或双方当事人约定,由一方在合同订立时或订立后至合同履行之前,按照合同标的额的一定比例,预先给付对方的一定数额货币的担保形式。[1] 《民法典》规定,当事人可以约定一方向对方给付定金作为债权的担保。定金合同自实际交付定金时成立。债务人履行债务的,定金应当抵作价款或者收回。给付定金的一方不履行债务或者履行债务不符合约定,致使不能实现合同目的的,无权请求返还定金;收受定金的一方不履行债务或者履行债务不符合约定,致使不能实现合同目的的,应当双倍返还定金。

定金合同是实践性合同,当事人在定金合同中应当约定交付定金的期限,定金合同自实际交付定金时成立。

---

[1] 杨立新主编:《〈中华人民共和国民法典〉条文精释与实案全析》,中国人民大学出版社2020年版,第190页。

定金的数额由当事人约定；但是，不得超过主合同标的额的百分之二十，超过部分不产生定金的效力。实际交付的定金数额多于或者少于约定数额的，视为变更约定的定金数额。收受定金一方提出异议并拒绝接受定金的，定金合同不生效。

定金罚则需要当事人事先明确约定才能予以适用，当事人交付留置金、担保金、保证金、订约金、押金等，但没有约定定金性质的，不得主张适用定金罚则。定金按照其设立目的和效力可以分为立约定金、证约定金、成约定金、违约定金和解约定金，当事人未约定定金类型或约定不明的，该定金应当认定为违约定金。

当事人约定以交付定金作为订立合同的担保，一方拒绝订立合同或者在磋商订立合同时违背诚信原则导致未能订立合同，非违约方可以主张适用定金罚则；当事人约定以交付定金作为合同成立或者生效条件，应当交付定金的一方未交付定金，但是合同主要义务已经履行完毕并为对方所接受的，合同在对方接受履行时已经成立或者生效；当事人约定定金性质为解约定金，交付定金的一方可以丧失定金为代价解除合同，收受定金的一方可以双倍返还定金为代价解除合同。

如果双方当事人均具有致使不能实现合同目的的违约行为的，均不得请求适用定金罚则；当事人一方仅有轻微违约，对方具有致使不能实现合同目的的违约行为，轻微违约方可以主张适用定金罚则。

当事人一方已经部分履行合同，对方接受的，可以主张按照未履行部分所占比例适用定金罚则；如果部分履行致使不能实现合同目的的，非违约方可以主张按照合同整体适用定金罚则。

因不可抗力致使合同不能履行的，非违约方不得主张适用定金罚则。因合同关系以外第三人的过错，致使合同不能履行的，适用定金罚则。受定金处罚的一方当事人，可以依法向第三人追偿。

当事人既约定违约金，又约定定金的，一方违约时，对方可以选择适用违约金或者定金条款。定金不足以弥补一方违约造成的损失的，对方可以请求赔偿超过定金数额的损失。

三、违约责任与侵权责任竞合

一般认为,民事责任的竞合问题,是指某个违反民事义务的行为适合两个或两个以上不同法律规范规定的要件而引起两种或两种以上不同性质的民事法律后果,从而导致在法律上多种民事责任并存和相互冲突,而依法仅能实现其中一种民事责任的法律现象。[1] 其中,违约责任与侵权责任竞合是司法实践中典型的民事责任竞合问题。

所谓违约责任,是指当事人违反合同义务而应当承担的民事责任。违约责任是对期待利益侵害的救济,归责原则以无过错责任为一般,以过错责任为例外。违约责任方式可以由合同当事人在法定范围内自由约定。违约损失赔偿以赔偿债权人实际遭受的全部损失为原则,包括直接损失和间接损失,以使受害人能恢复到未受损害前的状态为准则。

侵权责任即侵害民事权益后应当承担的民事责任。侵权责任是对现有利益侵害的救济,归责原则以过错责任为一般,以无过错责任为例外。侵权责任方式是由法律直接规定的,当事人不得任意约定。侵权责任赔偿范围亦包括直接损失和间接损失,侵害他人生命权、健康权造成伤残或者故意侵害他人人格权、身份权造成他人严重精神损害的,侵权行为人还需要依法承担精神损害赔偿责任。

《民法典》第186条规定,因当事人一方的违约行为,损害对方人身权益、财产权益的,受损害方有权选择请求其承担违约责任或者侵权责任。因此,在违约责任和侵权责任竞合情形下,产生两个请求权,权利人有权选择适用。

在竞合情形下,违约责任请求权和侵权责任请求权之间是否可以相互影响,法律没有作出明确规定。司法实践中采纳有所限制的请求权自由竞合说,譬如两个请求权不能分别转让亦不能同时主张。实践中的一

---

[1] 马俊驹、余延满:《民法原论》,法律出版社1998年版,第1073页。

个焦点问题是：如果一个请求权未被满足时，能否再主张另一个请求权，是否违背"一事不再理"原则？笔者认为，违约责任和侵权责任竞合，实质上是指赔偿损失的竞合，两个请求权所指向的是同一给付，该给付只能因某一请求权得到满足而消灭。若在先请求权未获满足，后一请求权又不得主张，则权利人债权保护因请求权竞合问题而导致难以实现，显然有违立法之目的。因而，权利人在先请求被拒绝的，可以依据另一请求权寻求救济。如此维权行为并不违背"一事不再理"原则，盖因"一事不再理"否定的是依据同一法律关系中的同一事实再次提出请求，而请求权竞合中再次主张权利虽然依据的是同一事实，但却是不同的法律关系。

四、合同违约法律救济

1. 仲裁

仲裁亦称"公断"，是指在一个国家的法律许可或规定的范围内，双方当事人把他们之间的纠纷合意交由他们所选定的非司法机关第三者，依据双方当事人所签订的协议、合同等，在核定事实的基础上，按照一定的程序对纠纷作出裁决的一种活动。从"仲裁"二字的中文含义来讲，"仲"字是指地位居中的意思，"裁"字是决定、判断的意思。由此可见，"仲裁"二字的基本含义是"居中公断"之意。[①]

根据《仲裁法》规定，仲裁适用范围为平等主体的公民、法人和其他组织之间发生的合同纠纷和其他财产权益纠纷，以及涉外经济贸易、运输和海事中发生的纠纷。仲裁适用判断标准包括：其一，纠纷主体是平等的，不存在隶属或从属关系；其二，争议的内容是财产权益。由此进一步推知下列纠纷不能仲裁：婚姻、收养、监护、扶养、继承纠纷，依法应当由行政机关处理的行政争议，劳动争议和农业集体经济组织内部的农业承包合同纠纷。

---

① 宋朝武：《中国仲裁制度：问题与对策》，经济日报出版社2002年版，第1页。

仲裁与诉讼的关系为或裁或审，二者择其一。实践中，常有当事人在合同中约定：本合同项下发生的争议，双方当事人可以申请仲裁，也可以向法院提起诉讼。此种情形下，仲裁协议或条款一般会被认定为无效。仲裁或者诉讼，二者只能择其一。当事人达成有效仲裁协议的，即只能申请仲裁裁决，而不得提起诉讼。当事人达成仲裁协议，一方向人民法院起诉未声明有仲裁协议，人民法院受理后，另一方在首次开庭前提交仲裁协议的，人民法院应当驳回起诉，但仲裁协议无效的除外；另一方在首次开庭前未对人民法院受理该案提出异议的，视为放弃仲裁协议，人民法院应当继续审理。

与人民法院两审终审制度不同，仲裁实行一裁终局的制度。裁决作出后，当事人就同一纠纷再申请仲裁或者向人民法院起诉的，仲裁委员会或者人民法院不予受理。如果从减少纠纷处理所需的人力、财力的角度出发，选择仲裁是合适的。只是在选择仲裁前，当事人需要明白仲裁的特殊性，其救济途径相对于诉讼来讲较为简单，对仲裁裁决只能依法履行，而不能提起上诉或申诉，拒不履行仲裁裁决的，另一方当事人可以依法向人民法院申请执行。当然，仲裁裁决被人民法院依法裁定撤销或者不予执行的，当事人就该纠纷可以根据双方重新达成的仲裁协议申请仲裁，也可以向人民法院提起诉讼。

2. 诉讼

当事人因合同而产生财产权益纠纷，可以依法向人民法院提起诉讼，由人民法院以事实为根据，以法律为准绳，独立进行审判，查明事实，解决争议，以制裁民事违法行为，保护当事人的合法权益。

当事人具有平等的民事诉讼权利。人民法院审理民事案件，应当保障和便利当事人行使诉讼权利，对当事人在适用法律上一律平等。

人民法院审理民事案件，依照法律规定实行合议、回避、公开审判和两审终审制度。

实务精解

1. 默示预期违约是否需要履行中止履行、要求担保等程序才能解除合同?

根据《民法典》第 563 条第 1 款第 2 项规定,在履行期限届满前,当事人一方明确表示或者以自己的行为表明不履行主要债务的,相对方当事人可以解除合同。债务人明确表示不履行主要债务的为明示预期违约,债务人以自己的行为表明不履行主要债务的为默示预期违约。

根据合同履行不安抗辩权理论,在双务合同中,应当先履行债务的当事人,有确切证据证明对方不能履行合同义务,或者有不能履行合同义务的可能时,有权中止履行;当事人中止履行的,应当及时通知对方。对方提供适当担保时,应当恢复履行。中止履行后,对方在合理期限内未恢复履行能力并且未提供适当担保的,中止履行的一方可以解除合同。

在默示预期违约情形下,当事人寻求预期违约法律救济是否需要履行行使不安抗辩权所规定的中止履行、要求担保等程序呢?有观点即认为,在明示预期违约中,权利人可直接向法院诉请追究预期违约人的违约责任;而在默示预期违约中,权利人可要求预期违约人提供适当的担保,在其拒绝提供担保时,权利人有权解除合同主张违约救济。[①] 笔者对此持不同意见,在合同法律中,不安抗辩权制度和预期违约制度是并列关系,而非从属关系,二者适用的救济方式不同:在不安抗辩权制度中,合同当事人在对方不能或有可能不能履行合同义务时所采取的救济措施主要是中止合同的履行;而在预期违约制度中,一方当事人预期违约时,对方当事人有权直接寻求法律救济,要求预期违约方承担违约责任,《民法典》第 578 条即明确规定,当事人一方明确表示或者以自己的行为表明不履行合同义务的,对方可以在履行期限届满前请求其承担违约责任。当然,当事人亦可以采取中止合同履行,等待合同履行期届至,依法依

---

① 李少伟、张晓飞:《合同法理论与实务》,法律出版社 2019 年版,第 224 页。

约追究违约方实际违约责任。

另外，在构成不安抗辩权的情形下，先履行一方能否依据默示预期违约规定直接解除合同呢？答案是否定的。1999年《合同法》没有将不安抗辩权与默示预期违约对应起来，但《民法典》将二者很好地衔接起来，即"中止履行后，对方在合理期限内未恢复履行能力且未提供适当担保的，视为以自己的行为表明不履行主要债务，中止履行的一方可以解除合同并可以请求对方承担违约责任"。也就是说，在构成不安抗辩权的情形下，先履行一方只能采取中止履行措施，如果需要进一步解除合同并主张违约责任，应当以后履行一方在合理期限内未恢复履行能力且未提供适当担保视同默示预期违约为前提条件。

2. 赔偿损失与定金条款能否并用？

赔偿损失，以合同违约方不履行合同义务或者履行合同义务不符合约定，给相对方造成财产上的损失为前提；定金则是合同当事人为担保合同履行而预先给予相对方的金钱，其不以违反合同造成损害为给付前提。二者的目的、作用与适用条件有所不同。从保护当事人合同利益的角度出发，在定金责任与损害赔偿责任并存时，二者可以同时适用；但考虑到定金条款的确定亦是将违约可能导致的损害后果作为评价因素之一，根据损失填补原则，定金与损失赔偿之和应当以实际损害额为限。

2020年修改前的《买卖合同司法解释》第28条即规定，买卖合同约定的定金不足以弥补一方违约造成的损失，对方请求赔偿超过定金部分的损失的，人民法院可以并处，但定金和损失赔偿的数额总和不应高于因违约造成的损失。《民法典》在吸收司法解释规定的基础上作出增加内容，其第588条第2款规定："定金不足以弥补一方违约造成的损失的，对方可以请求赔偿超过定金数额的损失。"

3. 赔偿损失与违约金责任能否同时适用？

有观点认为，在惩罚性违约金的情况下，债权人除可以请求违约金外，还可以请求强制违约人履行主债务或请求赔偿损失。而在补偿性违约金的情况下，债权人只能请求违约人支付违约金，不得再请求强制履行主债务或额外请求赔偿损失。①

另有观点认为，违约金和赔偿金不得并用。其理由有：一是根据《合同法》第 114 条第 2 款的规定，约定的违约金低于造成的损失的，当事人可以请求人民法院或者仲裁机构予以增加；约定的违约金过分高于造成的损失的，当事人可以请求人民法院或者仲裁机构予以适当减少。依此规定，违约金和赔偿金不得并用，受损害的赔偿可以用违约金的高低来调整，以衡平双方当事人的利益。二是违约金本身就具有赔偿的性质。三是合同中未约定违约金的，因一方违约而给对方造成损害，受害方可要求赔偿损失，即由违约方支付赔偿金。②

《合同法司法解释（二）》第 28 条规定："当事人依照合同法第一百一十四条第二款的规定，请求人民法院增加违约金的，增加后的违约金数额以不超过实际损失额为限。增加违约金以后，当事人又请求对方赔偿损失的，人民法院不予支持。"《民法典合同编通则解释》起草过程中亦曾沿袭该规则，但最终没有保留，仅系因"违约金司法酌增案件相对较少，从精简条文的角度考虑，删除了这一规定"。③ 根据该规定违约金司法酌增理论，当事人若未请求增加违约金的，理当有权请求违约方承担损失赔偿责任，但是根据损害填补理论，违约金和损失赔偿额之和不得超过实际损失额。

4. 如何衡量约定的违约金是否过分高于造成的损失？

《合同法》第 114 条第 2 款后半句规定，约定的违约金过分高于造成的损失的，当事人可以请求人民法院或者仲裁机构予以适当减少。《民法典》只是将"当事人可以请求人民法院或者仲裁机构予以适当减少"的

---

① 李少伟、张晓飞：《合同法理论与实务》，法律出版社 2019 年版，第 226 页。
② 何志：《最高人民法院合同法司法解释精释精解》，中国法制出版社 2019 年版，第 488—489 页。
③ 最高人民法院民事审判第二庭、研究室编著：《最高人民法院民法典合同编通则司法解释理解与适用》，人民法院出版社 2023 年版，第 730 页。

表述修改为"人民法院或者仲裁机构可以根据当事人的请求予以适当减少",基本含义没有改变。2020 年修改后的《买卖合同司法解释》亦规定,买卖合同因违约而解除后,守约方主张继续适用违约金条款的,人民法院应予支持;但约定的违约金过分高于造成的损失的,人民法院可以参照《民法典》第 585 条第 2 款的规定处理。

如何判断约定的违约金是否过分高于造成的损失?《合同法司法解释(二)》第 29 条对此明确规定,当事人主张约定的违约金过高请求予以适当减少的,人民法院应当以实际损失为基础,兼顾合同的履行情况、当事人的过错程度以及预期利益等综合因素,根据公平原则和诚实信用原则予以衡量,并作出裁决。当事人约定的违约金超过造成损失的百分之三十的,一般可以认定为《合同法》第 114 条第 2 款规定的"过分高于造成的损失"。在具体计算实际损失数额时,应当以因违约方未能履行双方争议的、含有违约金条款的合同,给守约方造成的实际损失为基础进行计算,将合同以外的其他损失排除在外。

《全国法院民商事审判工作会议纪要》(法〔2019〕254 号)对违约金过高的标准及举证责任亦作出规定,其第 50 条规定,认定约定违约金是否过高,一般应当以《合同法》第 113 条规定的损失为基础进行判断,这里的损失包括合同履行后可以获得的利益。除借款合同外的双务合同,作为对价的价款或者报酬给付之债,并非借款合同项下的还款义务,不能以受法律保护的民间借贷利率上限作为判断违约金是否过高的标准,而应当兼顾合同履行情况、当事人过错程度以及预期利益等因素综合确定。主张违约金过高的违约方应当对违约金是否过高承担举证责任。

《民法典合同编通则解释》第 65 条在总结、吸收前述司法实践经验的基础上,对违约金数额司法酌减的规定进一步予以修改和完善,将当事人主张约定的违约金过分高于违约造成的损失,请求予以适当减少的基础,由《合同法司法解释(二)》规定的"实际损失"修改为"民法典第五百八十四条规定的损失",即因违约所造成的损失,包括合同履行后可以获得的利益。同时违约金司法酌减的参考因素删除"预期利益",保留"合同的履行情况、当事人的过错程度",增加"合同主体、交易类型""履约背景"等因素,仍然"遵循公平原则和诚信原则进行衡量,并作出裁判"。至于"过分高于造成的损失"的判断标准,承袭"约定的违约金超过造成损失的百分之三十"的规定。

实践中,对于违约金数额过分高于违约造成损失的司法酌减,还应当考虑当事人缔约时对可得利益损失的预见、当事人之间的交涉能力是否平衡、是否适用格式合同条款、是否存在减损规则以及损益相抵规则等因素,结合案件的实际情况,综合衡量。①

5. 违约责任与侵权责任竞合的情形下,提起合同违约责任之诉能否主张精神损害赔偿?

《民法典》第186条规定,因当事人一方的违约行为,损害对方人身权益、财产权益的,受损害方有权选择请求其承担违约责任或者侵权责任。此即我国现行民事立法上的违约责任与侵权责任竞合的法律适用规则。

在违约责任与侵权责任竞合的情形下,提起合同违约责任之诉能否主张精神损害赔偿?长期以来主流观点认为,合同违约责任是一种财产责任,是对可预见性的财产损失的赔偿,精神损害为非物质性损失,因而不在赔偿范围之列。精神损害赔偿属于侵权救济的范畴,仅适用于侵权责任。在违约行为与侵权行为竞合时,权利人只有选择适用其一的权利,而不能并行适用违约赔偿与精神损害赔偿。2010年《最高人民法院关于审理旅游纠纷案件适用法律若干问题的规定》(法释〔2010〕13号)原第21条即明确规定,旅游者提起违约之诉,主张精神损害赔偿的,人民法院应告知其变更为侵权之诉;旅游者仍坚持提起违约之诉的,对于其精神损害赔偿的主张,人民法院不予支持。

---

① 参见最高人民法院民事审判第二庭编著:《〈全国法院民商事审判工作会议纪要〉理解与适用》,人民法院出版社2019年版,第327页。

司法实务中，亦有观点认为，财产损害和精神损害在民法中是性质不同、各自独立的两种损害，在加害人的一种行为同时造成这两种损害时，如果只允许受害人择一主张，显然将出现对其不公平的后果；而若允许受害人请求加害人承担违约责任时，可以一并主张精神损害赔偿，符合损害赔偿应当填补受害人遭受的损害的基本法理。以颇为常见的客运合同中违约责任与侵权责任竞合为例，依据合同法律的规定，损害赔偿额以合同订立时预见到或应当预见到的因违反合同可能造成的损失为限，对于承运人而言，其作为专业性营运企业，应当能够预见到如果违约将导致乘客遭受人身损害而带来的各种损失，其中包括精神损害。因此在赔偿乘客因承运人违约行为所遭受的全部损失时，应当将精神损害赔偿包括在内。如果仅仅依照一般违约责任的赔偿原则，只赔偿受害人的直接经济损失，而对精神损害的抚慰性赔偿不予考虑，显然是不符合法律的平衡功能的。

《民法典》突破传统违约赔偿与精神损害赔偿不能一并主张的原则，为责任竞合下的违约精神损害赔偿提供法律依据，其第996条规定："因当事人一方的违约行为，损害对方人格权并造成严重精神损害，受损害方选择请求其承担违约责任的，不影响受损害方请求精神损害赔偿。"即在违约责任与侵权责任竞合的前提下，违约行为造成相对方严重精神损害的，受损害方可以在合同违约诉讼中，一并请求精神损害赔偿。此规定亦为《民法典》的亮点之一。随之，《最高人民法院关于审理旅游纠纷案件适用法律若干问题的规定》2020年修改时亦将原第21条删除。

6. 合同当事人寻求仲裁救济时如何申请证据保全和财产保全？

所谓证据保全，是指在证据可能灭失或者以后难以取得的情况下，人民法院依据当事人的申请或者依据法律赋予的职权，对证据资料进行调查收集、固定保存等方法，以保持其证明作用的行为。

所谓财产保全，是指在诉讼或者仲裁程序中或者程序启动之前，为保障当事人合法权益避免遭受难以弥补的损害，人民法院依据当事人的申请或者依据法律赋予的职权,对当事人的财产作出一些法定的强制性保护措施的情形。

《民事诉讼法》第84条第2款规定,因情况紧急,在证据可能灭失或者以后难以取得的情况下,利害关系人可以在提起诉讼或者申请仲裁前向证据所在地、被申请人住所地或者对案件有管辖权的人民法院申请保全证据。第104条第1款规定,利害关系人因情况紧急,不立即申请保全将会使其合法权益受到难以弥补的损害的,可以在提起诉讼或者申请仲裁前向被保全财产所在地、被申请人住所地或者对案件有管辖权的人民法院申请采取保全措施。申请人应当提供担保,不提供担保的,裁定驳回申请。

《仲裁法》第46条规定:"在证据可能灭失或者以后难以取得的情况下,当事人可以申请证据保全。当事人申请证据保全的,仲裁委员会应当将当事人的申请提交证据所在地的基层人民法院。"

《最高人民法院关于人民法院办理财产保全案件若干问题的规定》(法释〔2016〕22号)第3条规定,仲裁过程中,当事人申请财产保全的,应当通过仲裁机构向人民法院提交申请书及仲裁案件受理通知书等相关材料。人民法院裁定采取保全措施或者裁定驳回申请的,应当将裁定书送达当事人,并通知仲裁机构。

由此可知,因仲裁机构为民间组织,其对当事人合同纠纷的管辖权、裁决权均来自当事人仲裁协议的授权,此种权利与人民法院依据法律赋予而行使的审判权不同,仲裁机构没有采取证据保全和财产保全的强制性措施的权力。故而,在仲裁过程中,当事人申请证据保全或者财产保全的,只能通过仲裁机构将保全申请提交给人民法院,由人民法院对相关证据或财产依法采取保全措施。但在申请仲裁前,因情况紧急而需要采取证据或财产保全的,当事人可以直接向人民法院提出申请。

典型案例

1. 合同非违约方维权诉讼请求应当具有法律依据[①]

◎ **基本案情**

2017年4月9日,赵某填写某置业公司格式的《某商铺认筹申请书》一份,确认有意向购买某商铺,愿意交纳认筹金,以获得认购优惠资格。经双方协商一致,约定客户凭此单原件、认筹金收据签署商品房买卖合同;如购买方未在约定时间内签署合同,则视为放弃此次购买,本申请书随即失效;本申请书自购买方支付认筹金时生效。当日,赵某交纳定金,某置业公司开具收据。其后,因签约不成,赵某提起诉讼,请求判令某置业公司继续履约并签订某商铺商品房买卖合同,承担预期租金利益损失。

◎ **法院裁判要旨**

法院认为,双方签订的《某商铺认筹申请书》系一种预约合同,约定在将来一定期限内订立某商铺商品房买卖合同。该预约合同系双方当事人的真实意思表示,且内容也不违反法律法规的规定,应认定为合法、有效,对双方均具有法律约束力。根据《商品房销售管理办法》第16条规定,商品房销售时,房地产开发企业和买受人应当订立书面商品房买卖合同。商品房买卖合同应当明确商品房基本状况、销售方式等主要内容。本案中,双方签订的认筹申请书中仅明确了当事人情况、商品房基本状况,诉讼中,双方对《某商铺认筹申请书》中载明的优惠房价的约定也存在异议,对照上述条款规定,不能认定本案的《某商铺认筹申请书》已构成商品房买卖合同的本约。综合认定双方未能签订涉案房屋的商品房买卖合同系因诉争房屋被抵押给他人所致,故某置业公司构成违约。仅有预约合同,本约尚未成立,当事人不得请求对方履行本约义务。

[①] 本案例材料来源:江苏省常州市天宁区人民法院(2017)苏0402民初3268号民事判决。

预约合同的标的是签订本约合同的行为，而非金钱或财物的给付行为。现诉争房屋虽已解除抵押，但诉讼中，某置业公司已明确表示不再愿意与赵某签订商品房买卖合同，某置业公司拒不签订本约合同的违约行为，属于《合同法》第110条规定不适用继续履行之情形。2012年《买卖合同司法解释》第2条规定，当事人签订认购书、订购书、预订书、意向书、备忘录等预约合同，约定在将来一定期限内订立买卖合同，一方不履行订立买卖合同的义务，对方请求其承担预约合同违约责任或者要求解除预约合同并主张损害赔偿的，人民法院应予支持。该条司法解释的规定，明确了预约合同违约责任的承担方式为赔偿损失、支付违约金和适用定金罚则，并未规定预约可以强制缔约，亦即未规定继续履行是预约合同违约责任的承担方式。

综上，赵某诉讼请求缺乏法律依据，判决驳回。

◎ **律师评析**

诉讼请求是当事人通过诉讼途径寻求法律救济时根据诉讼标的提出的请求人民法院支持的法律上的利益。诉讼请求是民事诉讼的必要核心条件，证据收集、法庭辩论均应以诉讼请求为中心，法院裁决亦应当根据诉讼请求依法作出。当事人只有根据民事法律关系的实质，依据实体法规定和权益争议事实，准确归纳当事人之间的民事纠纷实质，提出适当的有针对性的诉讼请求，才有可能实现诉讼目的，获得有利于己的法律后果。当然，诉讼请求亦并非一经确定即不得变更。2019年修改后的《最高人民法院关于民事诉讼证据的若干规定》（法释〔2019〕19号）第53条即规定，诉讼过程中，当事人主张的法律关系性质或者民事行为效力与人民法院根据案件事实作出的认定不一致的，人民法院应当将法律关系性质或者民事行为效力作为焦点问题进行审理。但法律关系性质对裁判理由及结果没有影响，或者有关问题已经当事人充分辩论的除外。存在前款情形，当事人根据法庭审理情况变更诉讼请求的，人民法院应当准许并可以根据案件的具体情况重新指定举证期限。

案例为预约合同纠纷，根据实体法规定和合同约定，在某置业公司拒绝订立商品房买卖合同的情况下，赵某应当请求其承担预约合同违约责任或者要求解除预约合同并主张损害赔偿，但请求判令某置业公司继续履约并签订某商铺商品房买卖合同，承担预期租金利益损失，显然没有法律依据，难以获得法律的支持。

2. 违约责任与侵权责任竞合情况下，受损害方有权选择提起侵权之诉或合同之诉[①]

◎ **基本案情**

2018 年 9 月 18 日，岳某驾驶重型半挂牵引车与相对方向行驶的陈某驾驶的中型客车相撞，造成中型客车驾驶人陈某死亡、乘客曹某等及重型半挂牵引车驾驶人岳某等人受伤，两车不同程度损坏。交警部门出具道路交通事故认定书，认定岳某负事故的全部责任，曹某于此事故中无责任。中型客车的所有人为某公交公司，该车在某保险公司投保有客运承运人责任险，事故发生在保险期间内。曹某提起诉讼，请求赔偿医疗费、精神抚慰金等。被告某公交公司辩称，公司在事故中不负责任，建议原告以侵权案由起诉事故责任方以及某保险公司，如以道路运输合同纠纷诉讼，精神抚慰金不属于赔偿范围；公交车在某保险公司投保有客运承运人责任险，原告的合理损失应当由某保险公司承担。被告某保险公司辩称，经交警队认定，承保车辆无责，某保险公司不应该赔付；本案属于道路交通事故，按照我国法律适用的原则和规定，只能适用《道路交通安全法》《侵权责任法》等法律进行起诉和审判；侵权主体是重型半挂牵引车一方，客运运输合同的承运主体是承运人，此种情况显然不属于《合同法》规定的违约与侵权竞合的情况，原告没有选择法律的权利；客运承运人责任险的合同之债的性质决定保险公司不承担赔偿精神抚慰金的责任。

---

① 本案例材料来源：河南省漯河市源汇区人民法院（2020）豫 1102 民初 845 号民事判决。

◎ 法院裁判要旨

法院认为，原告曹某与被告某公交公司系客运服务合同关系，某公交公司应承担将曹某安全送达目的地的义务。某公交公司在履行合同过程中，因交通事故致曹某受到伤害，属违约行为，应承担违约赔偿责任。被告某保险公司辩称主体不适格，法院认为，曹某是在乘坐公交车的途中发生交通事故，此时发生侵权责任和违约责任的竞合，曹某既可以选择按合同纠纷起诉，也可以选择按侵权纠纷起诉，本案中曹某选择按合同纠纷起诉，只列某公交公司、某保险公司为被告并无不当。某公交公司为车辆在某保险公司投保有客运承运人责任险，且事故发生在保险期限内，某保险公司作为承保人应当在保险限额内对曹某的合理损失承担赔偿责任。某保险公司辩称，即使承运人有合同责任，按照保险合同条款的约定，保险人也不应承担赔付责任。法院认为，某公交公司作为承运人承担的法律责任主要是客运合同责任，某保险公司在免责条款中约定对"被保险人应该承担的合同责任"不负责赔偿，实际是以格式条款的形式免除其应当承担的主要责任，根据《保险法》第19条和《合同法》第41条的规定，该条款无效。

◎ 律师评析

因当事人一方的违约行为，损害对方人身权益、财产权益的，除法律有特别规定或者当事人已有相关约定外，受损害方有权在综合损害赔偿范围、诉讼时效、举证责任、责任形式等诸多因素的基础上，选择请求相对方承担违约责任或者侵权责任，此为法律赋予受损害方的权利，理应得到尊重。对于违约方来说，无论受损害方选择何种请求，其都应对自己的违约行为承担法定的责任，没有限制受损害方选择的权利。需要明确的是，若受损害方所选择请求权得以实现，则另一请求权自然消灭；若受损害方所选择请求权行使未果，而另一请求权尚具备法律规定的行使条件的，受损害方可以选择后者，以求维护己方的合法权益。

3. 如何有效识别"或裁或审"条款中仲裁约定的效力[①]

◎ 基本案情

2014年1月,某科技公司与某数码公司签订《购销合同》,合同第12条中约定:"因执行本合同而发生的或与本合同有关的一切纠纷,由双方协商解决。若不能协商解决,任一方可向中国国际经济贸易仲裁委员会申请仲裁,由该会按其有效的仲裁诉讼规则在北京仲裁。仲裁裁决或诉讼应为终局的,并对双方均有约束力。"2016年12月,某数码公司依据上述购销合同中的仲裁条款申请仲裁,要求某科技公司支付货款及延期付款的利息损失。2017年4月,某科技公司向法院提出确认仲裁协议效力的申请。

◎ 法院裁判要旨

法院认为,某科技公司与某数码公司签订的《购销合同》第12条约定条款中,具有请求仲裁的意思表示、仲裁事项、选定的仲裁委员会,符合《仲裁法》第16条关于仲裁协议形式及要件及《最高人民法院关于适用〈中华人民共和国仲裁法〉若干问题的解释》第2条关于"当事人概括约定仲裁事项为合同争议的,基于合同成立、效力、变更、转让、履行、违约责任、解释、解除等产生的纠纷都可以认定为仲裁事项"的规定,且双方当事人均未提出上述约定条款具有《仲裁法》第17条规定的"约定的仲裁事项超出法律规定的仲裁范围的;无民事行为能力人或者限制民事行为能力人订立的仲裁协议""一方采取胁迫手段,迫使对方订立仲裁协议的"仲裁协议无效的情形。因此,上述约定的仲裁条款为有效的仲裁协议条款。上述仲裁条款中的其他内容并不影响该仲裁协议条款的效力。

虽然涉案仲裁条款中出现"诉讼"一词,但从该仲裁条款的全部内容来看,请求仲裁的意思表示清楚,仲裁事项明确,选定的仲裁机构名

[①] 本案例材料来源:北京市第二中级人民法院(2017)京02民特130号民事裁定。

称准确，而未呈现有关"诉讼"的具体约定，故出现上述"诉讼"一词属于瑕疵，但该瑕疵并不导致该仲裁条款无效，涉案仲裁条款不属于《最高人民法院关于适用〈中华人民共和国仲裁法〉若干问题的解释》第7条规定的"当事人约定争议可以向仲裁机构申请仲裁也可以向人民法院起诉的，仲裁协议无效"的情形。

◎ **律师评析**

仲裁，一般是指当事人根据相互间订立的仲裁协议，自愿将争议提交仲裁机构进行评判、作出裁决，并受该裁决约束的一种解决争议的制度。仲裁与诉讼的关系为或裁或审，二者只能择其一。当事人达成有效仲裁协议的，即只能申请仲裁裁决，而不得提起诉讼；但仲裁协议无效的，可以依法提起诉讼。当事人对仲裁协议的效力有异议的，可以请求仲裁机构作出决定或者请求人民法院作出裁定。

根据《最高人民法院关于适用〈中华人民共和国仲裁法〉若干问题的解释》的规定，当事人约定争议可以向仲裁机构申请仲裁也可以向人民法院起诉的，仲裁协议无效。案例中的争议解决条款仅就申请仲裁作出了约定，并没有诉讼救济的约定，并非司法解释"或裁或审"条款中仲裁约定无效的情形。实务中，另有优先适用仲裁方式解决纠纷，仲裁解决不成的，可以依法提起诉讼之类的约定，即仲裁与诉讼的适用有先后而非并列，亦不属于司法解释"或裁或审"条款中仲裁约定无效的情形。

司法实践中的另一争议是：仲裁协议无效的效力仅止于仲裁约定无效，还是"或裁或审"条款整体无效？有观点认为，"或裁或审"条款同时约定两种互相排斥的纠纷解决方式，应当认定该条款整体无效，只能依据法定管辖原则确定管辖法院。有观点则认为，"或裁或审"条款中关于仲裁与诉讼的约定是可分的，仲裁约定无效，但若诉讼约定符合法律规定则应当是有效的。人民法院审判实践中，亦未有效统一认识，同类事实裁判各异的现象时有出现。为维护法律的严肃性，有必要在国家层面对"或裁或审"条款的效力作出统一解释。

法条索引

《民法典》

第 186 条、第 527 条、第 528 条、第 563 条、第 577 条—第 580 条、第 582 条—第 588 条、第 590 条、第 593 条、第 1165 条—第 1167 条

《最高人民法院关于适用〈中华人民共和国民法典〉合同编通则若干问题的解释》

第 60 条—第 68 条

下 编

常用典型合同法律适用理论精要与实务指引

第九章　买卖合同

理论精要

一、概述

买卖合同,是出卖人转移标的物的所有权于买受人,买受人支付价款的合同。买卖合同的主体是出卖人和买受人。交付标的物并转移其所有权的为出卖人,受领标的物并支付价款的为买受人。买卖合同是一种双务、有偿、典型合同。一般买卖合同自当事人意思表示达成一致即可成立,此为诺成合同;若当事人约定以标的物交付或者价款给付为合同成立生效的条件,则为实践合同。一般买卖合同的形式法律不作要求,当事人可以自主选择,此为不要式合同;若法律对合同形式有特别的要求,则为要式合同。

买卖合同的内容一般包括标的物的名称、数量、质量、价款、履行期限、履行地点和方式、包装方式、检验标准和方法、结算方式、合同使用的文字及其效力等条款。

二、买卖合同的效力

1. 出卖人的义务

(1) 交付标的物

出卖人应当按照约定向买受人交付标的物或者交付提取标的物的单证,此为其最基本的义务。交付,是指标的物占有的转移。民法理论将标的物的交付分为现实交付和拟制交付两种。现实交付，是指出卖人将标的物的占有直接转移于买受人，使标的物处于买受人的实际管领和支配之下。拟制交付，是指出卖人将对标的物占有的权利转移于买受人，以替代现实的交付。① 动产物权设立和转让前，权利人已经占有该动产的，物权自民事法律行为生效时发生效力。此为简易交付，其实质为以当事人之间生效的变更物权的合意代替动产的现实转移占有。动产物权设立和转让前，第三人占有该动产的，负有交付义务的人可以通过转让请求第三人返还原物的权利代替交付。此为动产物权的指示交付，使得物的交换价值与使用价值在同一时间得以实现；动产物权转让时，当事人又约定由出让人继续占有该动产的，物权自该约定生效时发生效力。此为动产物权的占有改定，其实质为使受让人取得对标的物的间接占有以代替实际交付。

出卖人在履行交付标的物或者交付提取标的物的单证这一主义务之外，还应当按照约定或者交易习惯向买受人交付提取标的物单证以外的有关单证和资料，主要包括保险单、保修单、普通发票、增值税专用发票、产品合格证、质量保证书、原产地证明书、使用说明书等。

如果标的物为无须以有形载体交付的电子信息产品，则依照当事人约定的方式进行交付；当事人对交付方式约定不明确，经协议补充、按照合同相关条款或者交易习惯仍不能确定的，买受人收到约定的电子信息产品或者权利凭证即为交付。

实务中，常见买卖合同当事人在纠纷中以发票作为履行交付义务的证明，如何认定其法律效力呢？2020 年修改后的《买卖合同司法解释》第 5 条对此明确作出规定，即出卖人仅以增值税专用发票及税款抵扣资料证明其已履行交付标的物义务，买受人不认可的，出卖人应当提供其他证据证明交付标的物的事实。合同约定或者当事人之间习惯以普通发

---

① 最高人民法院民法典贯彻实施工作领导小组主编：《中华人民共和国民法典合同编理解与适用（二）》，人民法院出版社 2020 年版，第 866 页。

票作为付款凭证，买受人以普通发票证明已经履行付款义务的，人民法院应予支持，但有相反证据足以推翻的除外。

（2）转移标的物所有权

取得标的物所有权是买受人的主要交易目的，出卖人应当在向买受人交付标的物或者交付提取标的物的单证时，将标的物的所有权转移给买受人。

动产物权的设立和转让，自交付时发生效力，但法律另有规定的除外。船舶、航空器和机动车等"准不动产"物权的设立、变更、转让和消灭，采登记对抗主义原则，即其物权变动亦以当事人意思表示一致为要件，但未经登记，不得对抗善意第三人。

不动产物权的设立、变更、转让和消灭，应当依照法律规定登记。经依法登记，自记载于不动产登记簿时发生效力；未经登记，不发生效力，但法律另有规定的除外。

在买卖合同中，有些标的物可能具有知识产权，该标的物的知识产权除法律另有规定或者当事人另有约定外不属于买受人。即具有知识产权标的物的买卖和知识产权的买卖不同，在前者中买受人所追求的是物的实用性，在后者中买受人所追逐的是知识产权本身所附带的利益。

（3）瑕疵担保责任

出卖人对其所交付的标的物，应担保其权利完整无缺并且有依通常交易观念或当事人的意思，认为应当具有价值、效用或品质。如果出卖人违反或未履行此项担保义务，则应承担法律后果。这种后果就是瑕疵担保责任。[①] 瑕疵担保责任为法定责任，不以出卖人存在过错为要件，只要出卖人交付的标的物存在质量瑕疵或权利瑕疵，即应依法承担瑕疵担保责任。

当事人约定减轻或者免除出卖人对标的物瑕疵承担的责任，因出卖人故意或者重大过失不告知买受人标的物瑕疵的，出卖人无权主张减轻或者免除责任。

---

① 崔建远：《合同法学》，法律出版社2015年版，第327页。

(4) 旧物回收

为实践绿色发展理念,《民法典》第 625 条规定:"依照法律、行政法规的规定或者按照当事人的约定,标的物在有效使用年限届满后应予回收的,出卖人负有自行或者委托第三人对标的物予以回收的义务。"

2. 买受人的义务

(1) 支付价款

买卖合同中,按照约定支付取得标的物所有权的对价是买受人最基本的义务。买受人应当按照约定的数额、时间、地点和方式支付价款,没有约定或者约定不明确的,可以协议补充;不能达成补充协议的,按照合同相关条款或者交易习惯确定。依据前述办法仍然不能确定的,按照法律相关规定确定。

(2) 受领标的物或提取标的物的单证

买受人应当按照合同约定受领标的物或提取标的物的单证,因买受人的原因受领迟延的,构成违约,买受人应当自违反约定时起承担标的物毁损、灭失的风险。但因标的物不符合质量要求,致使不能实现合同目的的,买受人可以拒绝接受标的物。买受人拒绝接受标的物的,标的物毁损、灭失的风险由出卖人承担。

买受人因标的物不符合约定而拒绝受领的,应当将标的物不符合约定的情形通知出卖人。

出卖人多交标的物的,买受人可以接收或者拒绝接收多交的部分。买受人接收多交部分的,按照约定的价格支付价款;拒绝接收多交部分的,应当及时通知出卖人。如果标的物为异地交付且出卖人在此异地无代理人的,基于诚信原则在合同履行中产生的附随义务,买受人应当尽善良管理人之义务,采取合理措施或者根据出卖人的指示暂时保管标的物,代为保管期间的合理费用由出卖人承担。

(3) 检验标的物

买受人收到标的物时应当在约定的检验期限内检验。没有约定检验期限的，应当及时检验。

当事人约定检验期限的，买受人应当在检验期限内将标的物的数量或者质量不符合约定的情形通知出卖人。买受人怠于通知的，视为符合约定。当事人没有约定检验期限的，买受人应当在发现或者应当发现标的物的数量或者质量不符合约定的合理期限内通知出卖人。买受人在合理期限内未通知或者自收到标的物之日起二年内未通知出卖人的，视为符合约定；但是，对标的物有质量保证期的，适用质量保证期，不适用该二年的规定。出卖人知道或者应当知道提供的标的物不符合约定的，买受人不受前述规定的通知时间的限制。

当事人约定的检验期限过短，根据标的物的性质和交易习惯，买受人在检验期限内难以完成全面检验的，该期限仅视为买受人对标的物的外观瑕疵提出异议的期限。约定的检验期限或者质量保证期短于法律、行政法规规定期限的，应当以法律、行政法规规定的期限为准。

当事人对检验期限未作约定，买受人签收的送货单、确认单等载明标的物数量、型号、规格的，推定买受人已经对数量和外观瑕疵进行检验，但是有相关证据足以推翻的除外。

在法律规定的检验期限、合理期限、两年期限经过后，买受人主张标的物的数量或者质量不符合约定的，人民法院不予支持。

三、标的物毁损、灭失风险的负担

标的物风险负担，系指标的物因不可归责于双方当事人的事由而毁损、灭失的风险应当由谁承担的规则。标的物毁损、灭失的风险负担问题事关买卖合同当事人的利益损失分配，是买卖合同法律关系中的关键性问题之一。《合同法》采交付风险移转原则，即标的物毁损、灭失的风险以交付作为移转的时间标准，交付之前由出卖人承担，交付之后由买受人承担。《民法典》承继《合同法》风险交付移转的规则，相关条文未作实质性改动。

1. 标的物风险负担的原则性规定

《民法典》第 604 条规定："标的物毁损、灭失的风险，在标的物交付之前由出卖人承担，交付之后由买受人承担，但是法律另有规定或者当事人另有约定的除外。"此为标的物风险移转的原则性规定。"法律另有规定"，譬如《民法典》第 606 条，出卖人出卖交由承运人运输的在途标的物，除当事人另有约定外，毁损、灭失的风险自合同成立时起由买受人承担。"当事人另有约定"，此为合同自由原则的体现，法律尊重当事人的意思自治，承认当事人约定优先于标的物风险依交付而移转规则适用的效力。

2. 标的物风险在买受人违约情形下的负担

（1）因买受人的原因致使标的物未按照约定的期限交付的，买受人应当自违反约定时起承担标的物毁损、灭失的风险。

例如，2020 年修改后的《商品房买卖合同司法解释》第 8 条第 2 款规定，房屋毁损、灭失的风险，在交付使用前由出卖人承担，交付使用后由买受人承担；买受人接到出卖人的书面交房通知，无正当理由拒绝接收的，房屋毁损、灭失的风险自书面交房通知确定的交付使用之日起由买受人承担，但法律另有规定或者当事人另有约定的除外。

（2）《民法典》第 608 条规定，出卖人按照约定或者依据本法第 603 条第 2 款第 2 项的规定将标的物置于交付地点，买受人违反约定没有收取的，标的物毁损、灭失的风险自违反约定时起由买受人承担。

所谓"依据本法第 603 条第 2 款第 2 项的规定"，是指出卖人应当按照约定的地点交付标的物。当事人没有约定交付地点或者约定不明确，经协议补充、按照合同相关条款或者交易习惯仍不能确定的，标的物不需要运输的，出卖人和买受人订立合同时知道标的物在某一地点的，出卖人应当在该地点交付标的物；不知道标的物在某一地点的，应当在出卖人订立合同时的营业地交付标的物。

3. 标的物风险在出卖人违约情形下的负担

（1）涉及标的物运输的买卖合同中，出卖人按照约定未交付有关标的物的单证和资料的，不影响标的物毁损、灭失风险的转移。即标的物有关单证和资料的交付与标的物风险的转移没有直接的关系。

（2）因标的物不符合质量要求，致使不能实现合同目的的，买受人可以拒绝接受标的物或者解除合同。买受人拒绝接受标的物或者解除合同的，标的物毁损、灭失的风险由出卖人承担。但是，如果买受人以标的物不符合质量要求而拒绝受领的理由不成立的，即应当自行承担标的物毁损、灭失的风险，同时应当承担受领迟延的违约责任。

（3）标的物毁损、灭失的风险由买受人承担的，不影响因出卖人履行义务不符合约定，买受人请求其承担违约责任的权利。也就是说，在出卖人履行义务不符合约定但尚未影响标的物风险移转的情形下，其虽然不需要承担标的物毁损、灭失的风险，但应当按照法律规定或者合同约定承担违约责任。

4. 在途货物买卖中标的物的风险负担

出卖人出卖交由承运人运输的在途标的物，除当事人另有约定外，毁损、灭失的风险自合同成立时起由买受人承担。此为买卖合同标的物风险交付移转规则的例外规定。根据2020年修改后的《买卖合同司法解释》第10条的规定，出卖人出卖交由承运人运输的在途标的物，在合同成立时知道或者应当知道标的物已经毁损、灭失却未告知买受人，应当自行负担标的物毁损、灭失的风险。

5. 标的物交付承运人中风险的负担

《民法典》第607条规定："出卖人按照约定将标的物运送至买受人指定地点并交付给承运人后，标的物毁损、灭失的风险由买受人承担。当事人没有约定交付地点或者约定不明确，依据本法第六百零三条第二款第一项的规定标的物需要运输的，出卖人将标的物交付给第一承运人后，标的物毁损、灭失的风险由买受人承担。"

所谓"依据本法第六百零三条第二款第一项的规定",是指当事人没有约定交付地点或者约定不明确,经协议补充、按照合同相关条款或者交易习惯仍不能确定,标的物需要运输的,出卖人应当将标的物交付给第一承运人以运交给买受人。所谓"标的物需要运输的",根据2020年修改后的《买卖合同司法解释》第8条的规定,是指标的物由出卖人负责办理托运,承运人系独立于买卖合同当事人之外的运输业者的情形。

6. 试用期内标的物风险的负担

在试用买卖法律关系中,标的物虽经交付,但买受人并未取得其所有权,而只是取得试用的权利,标的物仍然属于出卖人所有,故而标的物在试用期内毁损、灭失的风险由出卖人承担。此为《民法典》根据理论研究的共识和司法实践的需要增补的规定。

7. 标的物为种类物风险的负担

2020年修改后的《买卖合同司法解释》第11条规定,当事人对风险负担没有约定,标的物为种类物,出卖人未以装运单据、加盖标记、通知买受人等可识别的方式清楚地将标的物特定于买卖合同,买受人主张不负担标的物毁损、灭失的风险的,人民法院应予支持。

四、买卖合同的解除

买卖合同为典型合同之一种,其解除适用合同解除的一般规则,譬如因标的物不符合质量要求,致使不能实现合同目的的,买受人可以解除合同。

同时,买卖合同解除基于其自身特性又具有一些特殊性规则:(1)因出卖人交付标的物的主物不符合约定而解除合同的,解除合同的效力及于从物,买受人需要将标的物主物与从物一并返还,出卖人亦应当一并返还收受的主物与从物的价款。因标的物的从物不符合合同约定被解除的,解除的效力不及于主物,关于主物部分的买卖仍然有效。(2)标的物为数物,其中一物不符合约定的,买受人可以就该物解除合同。但是,该物与他物分离使标的物的价值显受损害的，买受人可以就数物解除合同。（3）出卖人分批交付标的物的，出卖人对其中一批标的物不交付或者交付不符合约定，致使该批标的物不能实现合同目的的，买受人可以就该批标的物解除合同。出卖人不交付其中一批标的物或者交付不符合约定，致使之后其他各批标的物的交付不能实现合同目的的，买受人可以就该批以及之后其他各批标的物解除合同。买受人如果就其中一批标的物解除合同，该批标的物与其他各批标的物相互依存的，可以就已经交付和未交付的各批标的物解除合同。

五、买卖合同中标的物所有权保留

所有权保留，是指在买卖合同中，买受人虽先占有使用标的物，但在双方当事人约定的特定条件成就以前，出卖人对标的物仍然保留所有权，条件成就后，标的物的所有权移转于买受人。[①] 1999年《合同法》第133条规定："标的物的所有权自标的物交付时起转移，但法律另有规定或者当事人另有约定的除外。"第134条规定："当事人可以在买卖合同中约定买受人未履行支付价款或者其他义务的，标的物的所有权属于出卖人。"此为我国在立法上对买卖合同法律关系中所有权保留制度的原则性规定。2020年修改前的《买卖合同司法解释》第六部分用四个条文就所有权保留的范围、出卖人取回权及其限制、买受人赎回权、出卖人再出卖权及清算相关规定予以完善明确。《民法典》在保留《合同法》关于所有权保留原则性规定的基础上，增加所有权保留登记对抗规则，并在立法上对出卖人取回权、买受人赎回权、出卖人再出卖权等规定予以明确，2020年修改后的《买卖合同司法解释》则保留了所有权保留排除不动产适用的规则、出卖人取回权的限制规则。

《民法典》第641条规定，当事人可以在买卖合同中约定买受人未履

[①] 最高人民法院民法典贯彻实施工作领导小组：《中华人民共和国民法典合同编理解与适用（二）》，人民法院出版社2020年版，第1089页。

行支付价款或者其他义务的,标的物的所有权属于出卖人。出卖人对标的物保留的所有权,未经登记,不得对抗善意第三人。

《民法典》第642条规定:"当事人约定出卖人保留合同标的物的所有权,在标的物所有权转移前,买受人有下列情形之一,造成出卖人损害的,除当事人另有约定外,出卖人有权取回标的物:(一)未按照约定支付价款,经催告后在合理期限内仍未支付;(二)未按照约定完成特定条件;(三)将标的物出卖、出质或者作出其他不当处分。出卖人可以与买受人协商取回标的物;协商不成的,可以参照适用担保物权的实现程序。"需要强调的是本条第1款第1项相较于2020年修改前的《买卖合同司法解释》相对应的规定,增加了"经催告后在合理期限内仍未支付"这一行使取回权的条件,司法解释规定买受人只要未按照约定支付价款,造成出卖人损害的,出卖人即可行使标的物取回权。在买受人"将标的物出卖、出质或者作出其他不当处分"的情形下,第三人依据《民法典》第311条的规定已经善意取得标的物所有权或者其他物权,出卖人主张取回标的物的,人民法院不予支持。买受人已经支付标的物总价款的百分之七十五以上,出卖人主张取回标的物的,人民法院不予支持。

关于第2款中的"担保物权的实现程序",《民事诉讼法》第十五章"特别程序"第八节"实现担保物权案件"有所明确:申请实现担保物权,由担保物权人以及其他有权请求实现担保物权的人向担保财产所在地或者担保物权登记地基层人民法院提出。人民法院受理申请后,经审查,符合法律规定的,裁定拍卖、变卖担保财产,当事人依据该裁定可以向人民法院申请执行;不符合法律规定的,裁定驳回申请,当事人可以向人民法院提起诉讼。

鉴于出卖人行使取回权的目的系为实现剩余价金债权,而非消灭买卖合同关系,法律赋予买受人在一定期限内消除出卖人取回标的物的事由进而重新占有标的物的权利,即回赎权。根据《民法典》规定,买受人有未按照约定完成特定条件等情形的,出卖人有权取回标的物,买受人在双方约定或者出卖人指定的合理回赎期限内,消除出卖人取回标的物的事由的，可以请求回赎标的物。如果买受人拒绝回赎标的物，出卖人为实现己方买卖合同的目的，可以合理价格将标的物出卖给第三人，出卖所得价款扣除买受人未支付的价款以及必要费用后仍有剩余的，应当返还买受人；不足部分由买受人清偿。

实务精解

在商品房买卖合同中能否适用标的物所有权保留规则？

关于买卖合同所有权保留是否适用于不动产的问题，《民法典》没有予以规定。理论界与实务界，否定者有之，肯定者亦有之，且意见纷呈，皆有依据。

2020年修改前的《买卖合同司法解释》第34条规定，买卖合同所有权保留规则不适用于不动产，理由为：一是是否允许不动产所有权保留很大程度上取决于不动产物权变动模式，《民法典》物权编确立了债权形式主义的不动产物权变动模式，这种模式下原则上无不动产所有权保留之必要。二是不动产所有权保留的制度功能可以被预告登记、不动产物权变更登记等制度取代，没有必要多此一举。三是从实践层面来看，不动产主要是指土地和房屋，因土地所有权公有而就土地所有权买卖设定所有权保留的空间较小；而房屋买卖中，通常采用的方式是买受人从银行按揭贷款，银行对房屋享有抵押权。这一制度运作比较顺畅，也没有必要创设房屋所有权保留的方式来保障银行利益。[1]

王利明教授则在肯定司法解释规定合理性的同时，认为所有权保留可以适用于各类财产，不必绝对禁止所有权保留在不动产中的适用。理由为：第一，所有权保留是出卖人保全自己权利的一种方法，虽然就不动产交易而言，有预告登记等相关制度予以保护，但在法律上仍可以给当事人更多的选择，由当事人根据具体的情况采取相应的权利保障措施。

---

[1] 黄薇主编：《中华人民共和国民法典释义及适用指南》，中国民主法制出版社2020年版，第967页。

第二，所有权保留是当事人的合意。在不动产买卖中，所有权保留条款的功能虽可为其他制度所替代，但当事人仍应有选择是否进行所有权保留的自由。只要当事人的约定没有损害国家、社会公共利益，法律没有必要予以禁止。第三，在涉及不动产的情形下，如果双方既未登记也未交付，此时，当事人即便约定所有权保留，在性质上也仅具有债权性质。如果双方已经交付不动产但尚未登记，当事人此时仍可以根据意思自治原则对所有权保留进行约定。第四，所有权保留作为一种非典型担保，禁止在不动产买卖中约定所有权保留，可能不利于发挥所有权保留的担保功能。[1]

在司法实践中，有观点则认为：买卖合同所有权保留同样适用于不动产。所有权保留是当事人双方的合意，根据合同自由原则，在不涉及第三人时，针对标的物是动产还是不动产，当事人双方合意约定所有权保留均无问题。即使我国不动产变动的方式是登记生效主义，在买受人未付清全部价款前出卖人可以通过不办理权属变更来保障所有权保留，但是也不影响所有权保留的合意。因此不必特别区分所有权保留制度在动产还是不动产上的设置。2012年《买卖合同司法解释》第34条存在的意义不大，应当删除。[2]

2020年修改后的《买卖合同司法解释》采纳所有权保留排除不动产适用的立法模式，其第25条规定，买卖合同当事人主张《民法典》第641条规定关于标的物所有权保留的规定适用于不动产的，人民法院不予支持。因而在商品房买卖合同中，出卖人与买受人不得约定商品房所有权保留相关条款。

从出卖人权利保障的角度来看，在不动产物权的设立、变更、转让和消灭，经依法登记才得发生效力规则下，在买受人未给付全部购房款

---

[1] 王利明：《所有权保留制度若干问题探讨——兼评〈买卖合同司法解释〉相关规定》，载《法学评论》2014年第1期。
[2] 潘静：《民法典时代合同法司法解释的入典、清理与保留》，法律出版社2020年版，第240页。

的情况下，出卖人若有意保留商品房所有权，只要不办理不动产权属变更登记即可，而不必在商品房买卖合同中对所有权保留进行约定。根据《民法典》第641条第2款的规定，假设出卖人对商品房所有权保留成立，但若意图对抗善意第三人，亦需办理登记始能产生法律效力。如此操作，显然不符合商品房买卖经济规则。

典型案例

1. 所有权保留买卖中，在一定条件下，出卖人可以选择行使标的物取回权或者合同解除权[①]

◎ **基本案情**

2011年10月21日，某机械公司（供方）与某矿业公司（需方）签订《设备买卖合同》一份，约定需方购买供方的综采工作面设备一套；供方应自收到预付款后将设备全部运送至某煤矿并交付需方。其间供方可根据需方要求分批发货，双方确认未支付价款部分的设备所有权属于供方。

合同签订后，某机械公司按照约定实际提供货物运送到某煤矿，安装调试完毕后由某煤矿使用。后某矿业公司支付部分货款，尚欠某机械公司部分货款未付。某机械公司因此提起诉讼，请求判令依法解除所签订的《设备买卖合同》、返还未支付货款设备并承担因返还设备所产生的相关费用、支付逾期付款违约金并赔偿其他经济损失、支付设备使用费用等可得利益损失。

◎ **法院裁判要旨**

法院认为，所有权保留，是指双务合同尤其是分期付款买卖合同中出卖人依约定以保留标的物所有权的方式来担保买受人价金之给付或其他义务之履行；所有权保留是一种非典型担保物权，其主旨在于通过保

[①] 本案例材料来源：山东省新泰市人民法院（2019）鲁0982民初7859号民事判决。

留标的物所有权以期保障买受人能按期支付价款或履行其他义务。因此，当买受人不履行支付价款之义务时，出卖人享有两种选择权，即要求支付价款的请求权和标的物的取回权；而取回标的物是所有权保留买卖中出卖人作为标的物所有权人所享有的一项权利，实质为恢复占有之物上请求权，其本身并无独立存在价值，与买卖合同之存续及终止属于两层关系，取回标的物只是出卖人为避免自己受到更大的损失而采取的一种保全措施，这一权利的行使使得整个合同恢复到同时履行之状态，本身并不必然导致合同的失效和解除。因此，按照权利可以放弃、义务必须履行的原则，出卖人当然可以自由选择是否行使此项权利。本案中，某机械公司与某矿业公司签订的《设备买卖合同》明确约定，未支付价款部分的设备所有权属于某机械公司。某机械公司依约提供货物后，某矿业公司迟延履行支付货款义务，致使双方买卖合同目的不能实现。根据《合同法》第94条第4项规定，有下列情形之一的，当事人可以解除合同：当事人一方迟延履行债务或者有其他违约行为致使不能实现合同目的。现某机械公司就未支付货款的设备要求部分解除《设备买卖合同》，并行使标的物的取回权，要求某矿业公司返还未支付货款的设备，符合双方合同约定与法律规定，法院予以支持。对某机械公司主张的由被告支付返还设备所产生的相关费用，因双方合同中无约定，法院不予支持。

关于某矿业公司是否支付违约金、赔偿经济损失及可得利益损失问题。2012年《买卖合同司法解释》第26条规定，买卖合同因违约而解除后，守约方主张继续适用违约金条款的，人民法院应予支持。某矿业公司在收到货物后，未依照合同约定支付相应货款，构成违约。某机械公司主张违约金，不违背法律规定，法院予以支持。对某机械公司主张的其他经济损失及可得利益损失，因其未提交证据予以证实，法院不予支持。

◎ **律师评析**

所有权保留买卖合同中，出卖人行使标的物取回权是为了撤回先行给付以恢复同时履行的状态，并在一定条件下就标的物清偿价款债权，取回权的行使本身并不必然导致合同的失效和解除。此种情形下，出卖人能否以买受人未履行支付价款或其他义务为由选择直接解除合同呢？如果双方当事人协商约定此种情形为合同解除的事由，在该事由发生时，解除权人可以解除合同。或者根据《民法典》第 563 条第 1 款第 4 项之规定，在买受人一方迟延履行债务或者有其他违约行为致使不能实现合同目的时，依法解除合同。

在分期付款买卖中，若当事人在合同中约定所有权保留，买受人未按照约定支付价款，经催告后在合理期限内仍未支付的，出卖人可以取回标的物；买受人未支付到期价款的数额达到全部价款的五分之一时，出卖人可以依法行使标的物取回权请求买受人支付全部价款或者解除合同。

2. 当事人约定的过短检验期限视为外观瑕疵检验期限，买受人在质量保证期内提出隐蔽质量瑕疵，属于在合理期限内提出异议通知[①]

◎ **基本案情**

2015 年 3 月 4 日，某光公司（乙方）与某实业公司（甲方）签订《销售合同》，约定甲方向乙方采购室内 LED 全彩显示屏，产品免费保修一年。质量异议期为收到货物五个工作日内。

2015 年 3 月 17 日，某光公司（甲方）与某电公司（乙方）签订买卖合同及《技术要求》，约定由甲方向乙方购买 LED 显示屏；质量异议期为收到货物三十个工作日内，质保期为二年（自甲方客户终验合格之日起计算）。同年 4 月，产品经质量验收合格移交给某光公司。

2015 年 7 月，某光公司（甲方）与某电公司（乙方）签订《关于 P4 室内屏的补充协议》，约定客户退货，来回运费等由乙方承担；货期十五天，甲方初验货品，最终验收由甲方终端客户终验。质保期自甲方

---

① 本案例材料来源：广东省高级人民法院（2019）粤民再 248 号民事判决。

终端客户验收合格之日起二年。同年9月，某光公司验收产品质量合格，裁决出货。

2016年9月10日，某实业公司向某光公司发出退货函，退回全部P4显示屏及相关设备，双方签订的《销售合同》解除。

某光公司诉讼请求：解除与某电公司签订的买卖合同；某电公司立即退还货款及利息损失、赔偿经济损失。

◎ **法院裁判要旨**

一审法院认为，某光公司是在双方约定的质量异议期间经过后，主张合同标的物的质量不符合约定，该主张法院不予支持；某实业公司在涉案产品重新投入使用近一年后才就产品的质量提出异议，涉案产品已过异议期间，某光公司所举证据无法证明产品出现的问题是自身质量存在问题所致，还是使用不当所致。综上，某光公司主张某电公司的行为构成根本违约致使不能实现合同目的，应解除合同，无事实及法律依据，法院不予支持，其据此提出的退还货款及赔偿经济损失的诉请，法院亦不予支持。

二审法院经审理查明，判决驳回上诉，维持原判。

再审法院认为，某光公司与某电公司之间约定的质量异议期仅为三十天，由于产品质量问题存在外观瑕疵和隐蔽瑕疵之分，对于外观瑕疵可以在短时间内经外部查看或简单检测发现，而对于隐蔽瑕疵需要特殊检验或者使用之后才能发现。综合本案合同同时约定三十天的质量异议期和二年的质保期的情形，依照2012年《买卖合同司法解释》第18条规定，法院认定三十天质量异议期为买受人对外观瑕疵提出的异议期间，买受人在收货三十天内没有提出质量问题，应当认定出卖人交付的该批货物没有外观瑕疵的质量问题。但该三十天质量异议期不得适用于货物隐蔽瑕疵的质量问题，在二年的质保期内，对于买受人正常使用涉案产品的情况下，因产品本身存在的隐蔽瑕疵而使之不符合约定质量标准的，出卖人应当承担瑕疵担保责任。涉案产品因自身设计和制作原因，屏幕刷新频率不符合《技术要求》参数要求的质量问题，难以借助外部查看或简单测量发现，是需要特殊检验或者使用之后才能发现的，应属于隐蔽瑕疵。某实业公司在实际使用之后才发现该质量问题，且无法修复，某光公司根据终端客户某实业公司的异议，在不超过二年质保期的前提下提出货物存在隐蔽质量问题尚属在合理期限内，某电公司应对该质量问题承担责任符合合同约定及法律规定。

由于某电公司交付的产品存在质量问题，其行为已构成违约，应当承担违约责任。

◎ **律师评析**

涉案补充协议第8条约定，补充协议与原合同相关联，需同时使用，补充协议与原合同有冲突的条款以本协议条款为准，原合同的其他条款仍具有法律效力。补充协议没有就质量异议期另行作出约定，因而质量异议期未变。根据《民法典》规定，标的物的数量或者质量不符合约定的，买受人应当在约定的检验期限内通知出卖人。买受人怠于通知的，视为标的物的数量或者质量符合约定。但如果当事人约定的检验期限过短，根据标的物的性质和交易习惯，买受人在检验期限内难以完成全面检验的，法律排除当事人约定的适用，仅将该期限视为买受人对标的物的外观瑕疵提出异议的期限。对于隐蔽质量瑕疵，买受人则应当在合理期限内通知出卖人。当然，如果出卖人知道或者应当知道提供的标的物不符合约定的，买受人不受前述规定的通知时间的限制。

在合同中仅约定质量保证期间的，不能简单地直接将质量保证期间认定为有效检验期间。检验期间是对标的物在交付时存在的瑕疵提出异议的期间。而质量保证期间是对标的物在使用过程中出现质量问题承诺予以处理的期限。超过检验期间没有提出异议，仅仅是视为标的物在交付时不存在瑕疵，并不妨碍买受人针对使用中出现的质量问题在质量保证期间内要求出卖人履行承诺。

法条索引

《民法典》

第 595 条—第 647 条

《最高人民法院关于审理买卖合同纠纷案件适用法律问题的解释》（法释〔2012〕8 号）

第 2 条—第 5 条、第 8 条—第 16 条、第 18 条—第 26 条

《最高人民法院关于适用〈中华人民共和国民法典〉物权编的解释（一）》

第 4 条

《最高人民法院关于审理商品房买卖合同纠纷案件适用法律若干问题的解释》（法释〔2003〕7 号）

第 9 条、第 10 条

第十章 赠与合同

理论精要

一、概述

赠与合同是赠与人将自己的财产无偿给予受赠人,受赠人表示接受赠与的合同。赠与合同为转移财产权的单务、无偿、诺成合同。赠与合同是双方法律行为,需要赠与人与受赠人就赠与达成一致意思表示,赠与人不得单方强迫赠与,受赠人拒绝接受赠与的,赠与合同不能成立。

二、赠与合同的效力

赠与合同为单务合同,其法律效力主要表现为赠与人的义务。

1. 交付赠与物并移转其财产权

赠与人应当按照约定将赠与物交付受赠人。经过公证的赠与合同或者依法不得撤销的具有救灾、扶贫、助残等公益、道德义务性质的赠与合同,赠与人不交付赠与财产的,受赠人可以请求交付。

赠与的财产依法需要办理登记或者其他手续的,应当办理有关手续。赠与财产是动产的,一般以交付来明确财产所有权的转移,但对于船舶、航空器和机动车等特殊动产来说,赠与人还应当依法办理登记手续,以产生物权变动的法律效果,对抗第三人。赠与财产是不动产的,因登记是不动产物权变动的法定充分必要条件,未经登记虽然并不影响当事人已经订立的赠与合同的效力，但不能产生物权变动的效果，故而赠与人应当依法办理登记手续，交付有关权属证书。

2. 瑕疵担保责任

因赠与合同系无偿合同，受赠人取得赠与物无须作出相应给付，故而一般情况下，赠与人对赠与财产的瑕疵不承担责任。但如果赠与人在交付赠与物之前已知赠与物具有瑕疵，却故意不告知受赠人相关情况，主观上具有恶意，受赠人因此遭受损失的，赠与人应当承担赔偿责任。如果赠与人就赠与物无瑕疵作出保证的，亦应当在其所保证的无瑕疵的范围内承担损失赔偿责任，无论其是否知晓赠与物瑕疵的存在。

对于附义务的赠与，受赠人在受有利益的同时，亦需要履行约定的义务，此时其类似于买卖合同中的买受人，如果因赠与的财产有瑕疵而致使受赠人所受利益减损的，赠与人在附义务的限度内应当承担与出卖人相同的责任。

3. 法定损失赔偿责任

对于一般赠与合同而言，赠与人在赠与财产的权利转移之前可以撤销赠与，受赠人此时对于赠与财产尚没有享有所有权，赠与财产损毁、灭失的风险应当由赠与人自行承担。但对于经过公证的或者具有公益、道德义务性质的赠与合同而言，合同一经订立即应当履行，赠与人不得行使任意撤销权。如果因赠与人故意或者重大过失致使应当交付的赠与财产毁损、灭失的，赠与人应当承担赔偿责任。如果赠与财产毁损、灭失非因赠与人过失或者是因赠与人轻微过失，赠与人不负赔偿责任。

三、赠与撤销与履行抗辩

1. 赠与合同的任意撤销

赠与合同是单务合同，仅赠与人负有将自己的财产无偿给予受赠人的义务，受赠人系纯获利益者，根据权利义务对等原则，法律赋予赠与人与其义务相适应的权利，即在赠与财产的权利转移之前享有撤销赠的权利,该撤销行为仅需赠与人单方意思表示即可实施,无须征得受赠人同意。

经过公证的赠与合同或者依法不得撤销的具有救灾、扶贫、助残等公益、道德义务性质的赠与合同,赠与人不得任意撤销赠与,此为例外。盖因公证文书具有法定的证据效力和强制执行力,具有债权内容的合同经过公证,即具有申请法院强制执行的效力,为维护公证文书的严肃性,也为保障受赠人因公证而获得的信赖利益,法律规定经过公证的赠与合同不得任意撤销。而具有公益、道德义务性质的赠与合同,事关社会公共利益的发展、社会良好风气的形成等,法律为此将其列为不可撤销的情形。

2. 赠与合同的法定撤销

鉴于赠与合同系单务、无偿合同,仅赠与人承受不利益,受赠人纯获利益,基于公平和诚信原则,法律规定在受赠人具有法定的过错或者违约行为时,无论赠与合同是否经过公证或者具有公益性质、无论是否交付或者转移权利,赠与人或其继承人、法定代理人均享有在法定期限内撤销赠与的权利。撤销权人撤销赠与的,可以向受赠人请求返还赠与的财产。

(1)赠与人的法定撤销事由

受赠人有下列情形之一的,赠与人可以自知道或者应当知道撤销事由之日起一年内撤销赠与:严重侵害赠与人或者赠与人近亲属的合法权益、对赠与人有扶养义务而不履行、不履行赠与合同约定的义务。

(2)赠与人的继承人或者法定代理人的法定撤销事由

因受赠人的故意或者过失违法行为致使赠与人死亡或者丧失民事行为能力的,赠与人的继承人或者法定代理人可以自知道或者应当知道撤销事由之日起六个月内撤销赠与。

3. 赠与合同的履行抗辩

在赠与合同成立并生效后尚未完全履行前,赠与人的经济状况显著恶化，严重影响其生产经营或者家庭生活的，基于公平、公正原则，赠与人可以不再履行赠与义务。

实务精解

离婚协议中将夫妻共同所有的房产赠与子女的约定可以撤销吗？

离婚协议是夫妻双方对解除婚姻关系、子女抚养、共同财产分割、债权债务处理等问题达成的共同意思表示。其中，子女抚养、共同财产分割、债权债务处理等问题以离婚为前提条件，只有婚姻关系解除，相关约定才能发生法律效力。

夫妻双方在离婚协议中将共同所有的房产赠与子女的约定，是一种为子女利益所作的具有道德义务性质的承诺，是夫妻双方协商订立的以第三人即子女作为履行对象的条款，而非与子女订立的赠与合同，子女并非合同的相对方。故而，此种房产赠与约定，是夫妻双方对其共同财产的处分行为，该种行为具有特殊性，是一种发生在特定当事人之间的，以解除双方身份关系为动机和目的的附条件赠与行为，与合同法律规定的无偿、单务、单纯的赠与行为不同。在夫妻双方根据离婚协议约定到民政部门办理离婚登记、解除婚姻关系后，赠与行为所附条件已经成就，相关约定发生法律效力，任何一方均无权行使任意撤销权撤销赠与。《民法典婚姻家庭编解释（一）》规定，当事人依照《民法典》规定签订的离婚协议中关于财产以及债务处理的条款，对男女双方均具有法律约束力。男女双方协议离婚后就财产分割问题反悔，请求撤销财产分割协议的，人民法院审理后，未发现订立财产分割协议时存在欺诈、胁迫等情形的，应当依法驳回当事人的诉讼请求。

关于离婚协议中将夫妻共同所有的房产赠与子女的约定是否可以撤销的问题，应当优先适用《民法典婚姻家庭编解释（一）》的规定。如果夫妻双方已经按照协议经法定程序离婚，与解除婚姻关系密不可分的房产赠与条款即已生效，当事人均应当按照约定全面履行自己的义务，基于诚信的基本原则，也不能撤销赠与。例外情形是，在财产权利转移之前，一方申请撤销赠与约定，另一方同意的，赠与约定即可撤销，《民法典婚姻家庭编解释（二）》第 20 条第 1 款对此明确作出规定。

关于离婚协议中将夫妻共同所有的房产赠与子女约定的履行问题，根据《民法典婚姻家庭编解释（二）》的规定，如果一方不履行协议约定的赠与义务，另一方有权请求其继续履行或承担因无法履行而产生的赔偿损失等民事责任，此为有效保障协议实际履行和受损方权利救济的措施。如果离婚协议中明确约定子女可以就相关财产直接主张权利的，在一方不履行义务的情况下，子女作为真正利益第三人亦可以自己的名义直接请求该方承担继续履行或者因无法履行而赔偿损失等民事责任，此举有利于强化对子女合法权益的特别保护。

典型案例

合法婚姻当事人能否要求第三者返还配偶赠送的房产

◎ **基本案情**

常某与朱女于 2006 年年初登记结婚，2007 年 10 月生一女。2017 年 2 月，朱女发现常某与公司职员丁女有婚外情，丁女所住阳光小区 B-3-301 室即为常某购置，产权登记在丁女名下。朱女诉至法院，要求丁女返还购房款 130 万元、赔偿精神损害抚慰金 5 万元。诉讼中，丁女出示与常某签订的协议书一份，内有"常某出资 130 万元所购阳光小区 B-3-301 室赠与丁女"的约定，主张赠与系对自己青春损失的赔偿。经法院主持调解，在考虑到常某与丁女非婚生子常常（化名）的基础上，双方达成调解协议解决纠纷。

◎ **律师评析**

合法婚姻当事人是否有权要求第三者返还配偶赠送的房产？法律对此没有明文规定。2010 年 11 月发布的《最高人民法院关于适用〈中华人民共和国婚姻法〉若干问题的解释（三）（征求意见稿）》第 2 条规定："有配偶者与他人同居，为解除同居关系约定了财产性补偿，一方要求支付该补偿或支付补偿后反悔主张返还的，人民法院不予支持；但合法婚姻当事人以侵犯夫妻共同财产权为由起诉主张返还的，人民法院应当受理并根据具体情况作出处理。"司法解释正式实施时，该争议条款被删除。最高人民法院积极回应社会热点和审判需求，以司法解释形式提供法律指引，对违背公序良俗目的处分夫妻共同财产的行为予以否定性评价，以引导人们树立正确的婚姻观和价值观，维护社会基本道德秩序和公序良俗。《民法典婚姻家庭编解释（二）》第7条规定，夫妻一方为重婚、与他人同居以及其他违反夫妻忠实义务等目的，将夫妻共同财产赠与他人或者以明显不合理的价格处分夫妻共同财产，另一方主张该民事法律行为违背公序良俗无效的，人民法院应予支持并依照《民法典》第157条规定处理。夫妻一方存在前款规定情形，另一方以该方存在转移、变卖夫妻共同财产行为，严重损害夫妻共同财产利益为由，依据《民法典》第1066条规定请求在婚姻关系存续期间分割夫妻共同财产，或者依据《民法典》第1092条规定请求在离婚分割夫妻共同财产时对该方少分或者不分的，人民法院应予支持。

根据我国现行婚姻法律规定，如果在婚姻关系存续期间，夫妻双方没有特别约定，则除个人特有财产外，夫妻双方或一方所得的财产，均归夫妻共同所有，夫妻共同所有的财产系一个不可分割的整体，夫妻对全部共同财产不分份额地共同享有所有权，夫妻双方无法对共同财产划分个人份额，在没有重大理由时也无权于共有期间请求分割共同财产。夫妻双方享有平等的财产所有权、平等地处理夫妻共同财产的权利。因日常生活需要而处分夫妻共同财产的，任何一方均有权决定；非因日常生活需要对夫妻共同财产作重要处理决定，夫妻双方应当平等协商，取得一致意见。在夫妻财产共同所有期间，夫妻一方擅自处分共有财产的，一般应当认定为无效。而夫妻一方在婚姻关系存续期间，为重婚、与他人同居及其他违反夫妻忠实义务等目的处分夫妻共同财产，不仅侵害夫妻另一方的共同财产权，更与社会主义核心价值观背道而驰，理所当然应当否定其法律效力。

即使夫妻双方特别约定在婚姻关系存续期间所得的财产以及婚前财产归各自所有，夫妻一方亦不得擅自将其所有的财产赠与第三者。因为众所周知，夫妻相互忠实是婚姻关系的本质要求。同时，夫妻有相互扶养的义务，需要扶养的一方，在另一方不履行扶养义务时，有权要求其给付扶养费。夫妻一方与第三者产生婚外情，违反夫妻忠实义务；擅自赠送财产，减损其承担扶养义务的能力，损害配偶的合法权益。

案例中，常某系因婚外情而赠与丁女房产，赠送约定是为满足不正当的个人私欲，此种行为违背社会公序良俗，破坏正常的婚姻家庭秩序和社会道德风尚，朱女有权主张该行为无效。因夫妻双方对共同所有的财产不分份额地享有权利、承担义务，故而擅自处分的效力应当及于共有财产的整体，处分行为全部无效，丁女理当返还实际取得的财产，案件经调解以丁女退回部分款项结案，则是在考虑对未成年人法律保护的基础上作出的理性方案。当然，朱女亦可以常某婚外情赠送行为严重损害夫妻共同财产利益为由，请求在婚姻关系存续期间分割夫妻共同财产；或者在离婚分割夫妻共同财产时，请求对常某少分或者不分财产。

法条索引

《民法典》

第 657 条—第 666 条

第十一章 借款合同

理论精要

一、概述

借款合同是借款人向贷款人借款，到期返还借款并支付利息的合同。借款合同的标的是种类物货币，合同以转让货币所有权为目的。按照订立主体的不同，借款合同可以分为金融机构借款合同和自然人之间的借款合同。

借款合同应当采用书面形式，但是自然人之间借款另有约定的除外。借款合同的内容一般包括借款种类、币种、用途、数额、利率、期限和还款方式等条款。上述借款合同条款系提示性而非强制性的，如若借款合同欠缺某些条款，并不能当然认定合同无效。

二、借款合同的效力

（一）贷款人的义务

1. 按照约定提供借款

依法成立的合同，对当事人具有法律约束力。借款合同订立后，按照约定的日期、数额提供借款，是贷款人的主要义务。如果贷款人没有按照约定提供借款，影响借款人的使用，造成损失的，贷款人应当承担赔偿责任。

2. 借款利息不得预先在本金中扣除

利息，是借款人占有、支配出借款项所应当承担的成本。一般情况下，利息只有在借款人实际占有、支配出借款项一定时间后才会产生，如果预先从本金中扣除利息，借款人能够占有、使用的资金就会少于初始计划，实现合同全部经济利益就会受到阻碍，有损借款人的合法权益，有违法律公平原则。利息预先在本金中扣除的，应当按照实际借款数额返还借款并计算利息。

(二) 借款人的义务

1. 提供与借款有关的真实情况

订立借款合同，借款人应当按照贷款人的要求提供与借款有关的业务活动和财务状况的真实情况。为保障资金安全，确保出借款项能够返还，利息能够达到预期，贷款人通常会严格审查借款人的主体资格、经营和资信状况等，借款人应当如实提供相关资料。如果借款人提供的有关情况是虚假的，贷款人可以依法请求变更或者撤销借款合同，并依法主张损害赔偿。

2. 按照约定收取借款

借款人应当按照约定的日期、数额收取借款，这是其权利也是其义务，如果借款人没有按照约定收取借款，则会损害贷款人的合法利益，造成其利息损失，故而为保障公平，借款人应当按照约定的日期、数额支付利息。

3. 接受贷款人的检查、监督

为保障资金安全，贷款人在借款期间有权按照约定检查、监督借款的使用情况，进而动态评定借款人的借款偿还能力。借款人应当按照约定向贷款人定期提供有关财务会计报表或者其他资料，配合贷款人的检查、监督。如果借款人没有按照约定接受贷款人的检查、监督，或者没有按照约定提供财务会计报表等资料，即构成违约，应当依法或依照约定承担违约责任。

4. 按照约定的用途使用借款

借款用途是贷款人评判借款人能否按期偿还借款的重要因素之一，是借款合同的主要内容。如果借款人没有按照约定的用途使用借款，则可能增加贷款人到期不能收回借款的风险，针对借款人的违约行为，贷款人可以停止发放借款、提前收回借款或者解除合同，以维护自身的合法权益。

5. 按照约定支付利息

（1）借款人应当按照约定期限支付利息，如果当事人对支付利息的期限没有约定或者约定不明确，经协议补充、按照合同相关条款或者交易习惯仍不能确定，借款期间不满一年的，应当在返还借款时一并支付；借款期间一年以上的，应当在每届满一年时支付，剩余期间不满一年的，应当在返还借款时一并支付。

（2）借款合同对支付利息没有约定的，视为没有利息。借款合同对支付利息约定不明确，当事人不能达成补充协议的，按照当地或者当事人的交易方式、交易习惯、市场利率等因素确定利息。

自然人之间借款对支付利息没有约定的，在《民间借贷司法解释》施行前，一般是比照银行同类贷款利率计息。《民法典》采纳司法解释的观点，将其视为没有利息。

6. 按照约定期限返还借款

借款期限是借款合同的主要条款之一，借款期限与借款人占有资金的时间、利息数额、还款付息时间节点、诉讼时效的起算等息息相关，借贷双方当事人应当在订立借款合同时，根据借款的种类、币种、用途、数额等明确约定借款使用期限，以确保借款合同的顺利履行，防止产生相关纠纷。

在借款合同关系中，对于借款人来说，按照约定的期限返还借款即为其主要义务。如果合同对借款期限没有约定或者约定不明确，经协议补充、按照合同相关条款或者交易习惯仍不能确定的，借款人可以随时返还；贷款人可以催告借款人在合理期限内返还。借款人未按照约定的期限返还借款的，构成违约，应当按照约定或者国家有关规定支付逾期利息。

实践中，一定情形下，借款人可能主动要求提前偿还借款，对此应当如何处理？《民法典》第677条规定，借款人提前返还借款的，除当事人另有约定外，应当按照实际借款的期间计算利息。由此可知，法律尊重当事人意思自治，赋予当事人约定优先适用的地位，借贷双方可以在合同中对提前偿还借款明确作出约定，如双方直接约定借款不得提前偿还，或者约定提前偿还借款利息仍然按照约定期限计算等。如此，借贷双方均应当按照合同约定履行义务。在借贷合同没有前述相关约定的情况下，借款人提前履行其偿还借款的义务，通常不会损害贷款人的利益，应当予以准许。出于公平原则，借款人提前偿还借款的，应当按照实际借款的期间计算利息。而如果提前还款行为给贷款人增加费用的，该费用理当由借款人负担。

在履行期限届满之前，借款人一方如果明确表示或者以自己的行为表明不履行主要债务的，贷款人也有权解除借款合同，要求借款人提前返还借款，并按照实际借款期间支付利息。

实务精解

1. 民间借贷合同关系中，出借人预先在本金中扣除借款利息的行为如何认定？

本金数额和利率利息是民间借贷合同或借条的核心条款之一，正常情况下，按照约定提供足额款项是出借人的主要义务，依照约定返还借款本金、支付利息是借款人的主要义务。但在民间借贷实践中，常常出现出借人利用其当然的优势地位，在交付借款时预先将利息从本金中扣除的情况，此为违反法律禁止性规定的行为。《民法典》第670条即规定："借款的利息不得预先在本金中扣除。利息预先在本金中扣除的，应当按照实际借款数额返还借款并计算利息。"利息，就其性质而言，是借款人实际使用出借款项而应向出借人支付的对价，是按照约定的利率计算得来的孳息，实质上是利润的一部分，是剩余价值的特殊转化形式。一般情况下，利息只有在借款人实际占有、支配出借款项一定时间后才会产生，如果预先扣除利息，借款人实际取得的借款就会低于约定数额，致使其不能实现合同的全部利益，损害了借款人的合法权益，有违交易习惯，有违法律公平原则。

如果借款人自愿接受利息预先扣除行为，双方当事人的约定是否有效呢？一般情况下，如果借贷行为已经履行，双方没有发生争议，法律尊重当事人的意思自治，"不告不理"，不会加以干预。如果借贷双方因预先将利息计入本金或者在本金中预先直接扣除利息的行为发生纠纷而寻求法律救济，则利息预先扣除行为会因有违自然人之间民间借贷的实践性，属于变相提高利率的行为，而为法律所禁止，即便借款人同意也因存在实质不公平而不被准许，当属无效约定。

利息预先扣除的情况应当如何处理呢？根据法律规定，一则应当按照实际出借的金额认定本金；二则应当按照实际出借的金额计算利息。

民间借贷案件中，在出借人提供借条请求借款人归还借款并支付利息的情况下，人民法院一般会据此认定双方当事人已就借贷达成合意，且借贷事实已经发生，实际收取的借款金额即借条上载明的金额。但若借款人抗辩借条载明的借款金额包含利息在内，且提供的证据足以使法官对借条载明的本金数额产生合理怀疑的，可以确定由出借人就借款本金数额的真实性承担举证责任。对双方当事人提交的全部证据，人民法院应当依法全面、客观地审核，从各证据与案件事实的关联程度、各证据之间的联系等方面进行综合审查判断，查明事实真相，依法保护合法的借贷利息，规范民间融资秩序。

2. 民间借贷合同中同时约定了逾期利息和违约金，出借人应当如何主张？

民间借贷中的逾期利息，是指借款人没有按照约定的还款期限返还借款而应当按照借贷双方的约定或者法律规定向出借人支付的利息。根据法律规定，按照约定期限返还借款并支付利息是民间借贷关系中借款人的主要实体义务,若其逾期不能返还借款,则违反了借款合同的主要义务,严重损害出借人的合法权益,属于一种严重的违约行为,应当承担相应的违约责任,逾期利息的支付本身即为承担违约责任的方式之一。按照法律和司法解释的规定,支付逾期利息是对出借人的合理补偿,其不以借贷双方事先是否有明确的约定为前提,这是法律赋予出借人的权利。

在民间借贷关系中,逾期利息、违约金以及其他费用同时存在时,是否可以一并主张?在《民间借贷司法解释》施行之前,司法实践中各地人民法院没有统一的裁判依据,处理不一。《浙江省高级人民法院关于审理民间借贷纠纷案件若干问题的指导意见》(浙高法〔2009〕297号)第23条规定:"借贷双方对逾期还款的责任既约定了逾期利率,又约定了违约金的,出借人可以选择主张逾期利息或者违约金,但均以不超过四倍利率为限。出借人同时主张逾期利息和违约金,折算后的实际利率没有超出四倍利率的,法院可以予以支持。"《江苏省南京市中级人民法院关于审理民间借贷纠纷案件若干问题的指导意见》(宁中法审委〔2010〕4号)第25条规定:"借贷双方对逾期还款的责任既约定了逾期利率,又约定了违约金的,出借人可以选择主张逾期利息或者违约金,但均以不超过四倍利率为限。出借人同时主张逾期利息和违约金的,人民法院应向出借人释明,只能选择主张逾期利息或者违约金。"

最高人民法院针对我国民间借贷的现状,根据现行法律的规定,结合审判实践,在《民间借贷司法解释》中对逾期利息、违约金或者其他费用竞合时的适用问题作出统一规定:一是赋予出借人选择权,在借款人逾期还款的情况下,出借人可以一并主张逾期利息、违约金或者其他费用,也可以选择其中任一部分提出请求。二是设定法定限制标准。最高人民法院为逾期利息、违约金或者其他费用的主张设定了一个最高数额的限制,即无论是一并主张还是主张其中一部分,总计不得超过以合同成立时一年期贷款市场报价利率四倍为标准计算得出的数额,对于超过的部分,法院不予支持。

3. 民间借贷合同中的复利条款是否具有法律效力？

复利是与单利相对应的经济概念，是利息的计算方法之一，单利的计算不用把利息计入本金，复利则由出借人将前一计息周期应得而未得的利息加入后期本金再计算利息。

传统观点认为，复利是"利生利""利滚利""驴打滚"，是与高利贷一样的剥削工具，严重扰乱经济社会秩序，应当加以禁止。其实不然，在民间借贷关系中，利息是借款人实际占有、使用出借款项一定时间而应向出借人支付的对价，是剩余价值的特殊转化形式，借款人如果不能按照约定期限给付利息，将致使出借人不能实现合同利益，影响其资金的再利用，损害其合法权益，经借贷双方核算并协商一致，将没有及时给付的利息计入本金计算复利，一定程度上能够弥补出借人的相关损失，具有一定的合理性。

我国现行法律对民间借贷复利问题没有明确规定，最高人民法院司法解释有关复利问题的规定，则历经从完全禁止到有条件保护的过程。

1988年《最高人民法院关于贯彻执行〈中华人民共和国民法通则〉若干问题的意见（试行）》（现已失效）第125条规定："公民之间的借贷，出借人将利息计入本金计算复利的，不予保护；在借款时将利息扣除的，应当按实际出借款数计息。"该解释对自然人之间民间借贷"将利息计入本金计算复利"的做法持完全的否定态度，一律不予保护。

《最高人民法院关于人民法院审理借贷案件的若干意见》〔法（民）发〔1991〕21号，现已失效〕第7条规定："出借人不得将利息计入本金谋取高利。审理中发现债权人将利息计入本金计算复利的，其利率超出第六条规定的限度时，超出部分的利息不予保护。"根据该条规定可知，法律对于复利问题不再持完全的禁止态度，只是禁止"将利息计入本金谋取高利"。所谓"高利"，即为当时司法保护的"银行同类贷款利率的四倍（包含利率本数）"的限度。出借人将利息计入本金计算复利，其利率不违反国家有关借款利率限制的规定时，均会受到法律的保护；如果利率超出法定限度，超出部分的利息法律不予保护。至此，司法解释对于民间借贷复利问题从完全禁止转变为有条件、有限度地予以保护，以体现法律公平的原则。

《民间借贷司法解释》沿袭前述有限度保护民间借贷复利的思路，结合司法审判实践，对复利保护问题进一步进行细化：首先，对于借贷双方对前期借款本息进行结算，将借款人没有按照约定应当支付的利息计入后期借款本金并重新出具债权凭证的行为，法律尊重当事人的真实意思表示，给予有条件地认可，尽量将重新出具的债权凭证载明的金额认定为后期借款本金，只要其前期利息的计算没有违反法律关于利率上限的规定，对于超过利率上限部分的利息不能计入后期借款本金。

其次，为防止包含复利因素的实际利率畸高，司法解释对借款人在借款期间届满后应当支付的本息之和作出限制，即不能超过以最初借款本金与以最初借款本金为基数、以合同成立时一年期贷款市场报价利率四倍计算的整个借款期间的利息之和。出借人请求借款人支付超过部分的，人民法院不予支持。

典型案例

借款合同中没有清晰约定利息的，如何明确[①]

◎ **基本案情**

2012年12月3日，唐某出具借条，载明：今借张某250万元整，月息75000元整，每月付清。本金于2013年6月30日前一次还清。该借条除唐某签字外，还加盖某工程公司公章。因部分款项没有偿还，张某提起诉讼，请求判令唐某、某工程公司归还剩余借款本金并支付利息。庭审查明，张某出借款项为197.5万元，唐某、某工程公司已还款187.5万元。

◎ **法院裁判要旨**

一审法院认为，借款合同是借款人向贷款人借款，到期返还借款并

[①] 本案例材料来源：上海市第一中级人民法院（2019）沪01民终12304号民事判决。

支付利息的合同。借款本金应以银行转账的197.5万元为实际金额。张某认为借款利率为月息3%，但唐某、某工程公司在首次借款75万元后四个月均以每月25000元还款，无法与张某所述月息相匹配，加上所有"借条"均未明确利率，而在后期的还款中更无法显示月息，故双方对于借款利率属有约定，但不明确。由此结合本案的具体案情，根据双方交易的方式、习惯及市场利率等因素确定年利率为6%。唐某、某工程公司已还款187.5万元，由于双方对本金、利息归还顺序未作约定，依据相关法律规定，债务人的给付不足以清偿全部债务时，应先清偿利息，再清偿主债务，故截至2013年11月1日，唐某、某工程公司尚欠张某借款本金为23万余元，同时就此本金在清偿之前还应支付相应的利息。

二审法院认为，唐某、某工程公司出具的第一份借条载明借款本金250万元及月息75000元，足以推定双方约定的借款利率为月利率3%（年利率36%），且根据之后两份借条载明或推算的利息金额，亦仅略低于上述利率标准计算的利息金额，亦可予以印证。据此，法院认定双方就借款利息并非约定不明，而是明确约定为年利率36%。根据2015年《最高人民法院关于审理民间借贷案件适用法律若干问题的规定》的相关规定，对于按照年利率36%计算的已支付利息，唐某、某工程公司无权要求返还，而对于未付利息的利率标准则应以年利率24%为限。据此计算，按照年利率36%，以张某分期出借的借款本金共计197.5万元为基数计算所得利息，再分段扣除已归还款项（先扣利息再抵本金），截至2013年11月1日（最后一笔还款之日），唐某、某工程公司尚欠借款本金84万余元，之后借期内利息及逾期利息均应以年利率24%计算至实际清偿之日。

◎ **律师评析**

收取借款利息，是贷款人借款的重要目的之一；对于借款人来说，支付借款利息是其获得、使用借款的对价。因此，一般情况下，借贷双方在借款合同中对借款数额、利息多少及其支付均会明确作出约定。借款合同对支付利息没有约定的，推定借贷双方协商确定不需计付利息，视为没有利息。借款合同对支付利息约定不明确的，除自然人之间借款直接视为没有利息外，当事人首先可以就利息支付问题再行协商，以达成补充协议；当事人不能达成补充协议的，按照当地或者当事人的交易方式、交易习惯、市场利率等因素确定利息。一审法院就是在认定借贷双方对利率约定不明的情况下，结合具体案情、交易方式、市场利率等因素确定年利率为6%。实际上，本案当事人之间既非对利息没有约定，也不是约定不明确，而是因其专业素养有所欠缺，对支付利息的相关约定没有作出清晰精确的表述而已，二审法院的认定符合案件实际。

法条索引

《民法典》

第667条—第680条

《最高人民法院关于审理民间借贷案件适用法律若干问题的规定》

第2条、第3条、第9条、第13条、第14条、第20条、第22条、第24条—第30条

第十二章　保证合同

理论精要

一、概述

保证合同是为保障债权的实现，保证人和债权人约定，当债务人不履行到期债务或者发生当事人约定的情形时，保证人履行债务或者承担责任的合同。保证合同是以保证人的不特定财产担保债权人债权实现的人的担保，以债务人不履行到期债务或者发生当事人约定的情形为承担保证责任的前提，其中"发生当事人约定的情形"为《民法典》相较于《担保法》而言新增加的内容，体现在保证合同关系中法律尊重当事人意思自治的原则。

保证合同的当事人是主债权人和保证人，鉴于保证人在保证合同中的纯受不利益性，法律对其资格条件有所限制，《民法典》第683条规定，机关法人不得为保证人，但是经国务院批准为使用外国政府或者国际经济组织贷款进行转贷的除外。以公益为目的的非营利法人、非法人组织不得为保证人。

保证合同的内容一般包括被保证的主债权的种类、数额，债务人履行债务的期限，保证的方式、范围和期间等条款。

保证合同可以是单独订立的书面合同，也可以是主债权债务合同中的保证条款。实践中，一种常见情形是没有保证合同，亦没有保证条款，只是在主债权债务合同中有保证人栏目，保证人在此处签名或者盖章，此种情形下，保证合同是否成立？笔者认为，保证栏目的名称是明确的，没有歧义的，保证人在此签名或者盖章，表明其同意对主债权人债权的实现提供担保，意思表示明确，保证合同成立。

第三人单方以书面形式向债权人作出保证，是为要约；债权人接收且未提出异议，是为承诺，保证合同成立。此为《民法典》新增加的保证合同的形式。

《民法典》第682条第1款规定："保证合同是主债权债务合同的从合同。主债权债务合同无效的，保证合同无效，但是法律另有规定的除外。"《担保法》第5条第1款规定："担保合同是主合同的从合同，主合同无效，担保合同无效。担保合同另有约定的，按照约定。"二者相比较，可知《民法典》将《担保法》"担保合同另有约定的，按照约定"修改为"但是法律另有规定的除外"，排除当事人对担保合同效力的除外约定。故而，当事人在担保合同中约定担保合同的效力独立于主合同，或者约定担保人对主合同无效的法律后果承担担保责任，该有关担保独立性的约定无效。主合同有效的，有关担保独立性的约定无效不影响担保合同的效力；主合同无效的，应当认定担保合同无效，但是法律另有规定的除外。

二、保证方式

保证的方式包括一般保证和连带责任保证。当事人在保证合同中对保证方式没有约定或者约定不明确的，按照一般保证承担保证责任。关于保证的方式，《民法典》相较于《担保法》，未作实质性改变。但关于当事人在保证合同中对保证方式没有约定或者约定不明确时保证方式如何推定的问题，《民法典》相较于《担保法》作出了颠覆性的改变。《担保法》第19条规定，当事人对保证方式没有约定或者约定不明确的，按照连带责任保证承担保证责任。《民法典》从保证制度的主旨、作用、发展趋势及民法公平原则出发，将保证方式没有约定或者约定不明确的推定规则，由推定为"连带责任保证"改为"一般保证"。此举显然有利于保障保证人权益，但对于债权人而言，其保障债权实现的风险显然有所增大。

所谓一般保证，是指当事人在保证合同中约定，债务人不能履行债务时，由保证人承担保证责任的保证。《民法典担保制度解释》规定，当事人在保证合同中约定了保证人在债务人不能履行债务或者无力偿还债务时才承担保证责任等类似内容，具有债务人应当先承担责任的意思表示的，人民法院应当将其认定为一般保证。一般保证的保证人在主合同纠纷未经审判或者仲裁，并就债务人财产依法强制执行仍不能履行债务前，有权拒绝向债权人承担保证责任，但是有下列情形之一的除外：（1）债务人下落不明，且无财产可供执行；（2）人民法院已经受理债务人破产案件；（3）债权人有证据证明债务人的财产不足以履行全部债务或者丧失履行债务能力；（4）保证人书面表示放弃本款规定的权利。

所谓连带责任保证，是指当事人在保证合同中约定保证人和债务人对债务承担连带责任的保证。《民法典担保制度解释》规定，当事人在保证合同中约定了保证人在债务人不履行债务或者未偿还债务时即承担保证责任、无条件承担保证责任等类似内容，不具有债务人应当先承担责任的意思表示的，人民法院应当将其认定为连带责任保证。与一般保证不同，连带责任保证中的保证人不享有先诉抗辩权，在债务人不履行到期债务或者发生当事人约定的情形时，债权人可以请求债务人履行债务，也可以请求保证人在其保证范围内承担保证责任。

保证人与债权人可以协商订立最高额保证的合同，约定在最高债权额限度内就一定期间连续发生的债权提供保证。最高额保证除适用《民法典》中保证合同的一般规定外，可以参照适用《民法典》物权编最高额抵押权的有关规定。

三、保证责任

1. 保证范围

《民法典》第 691 条规定："保证的范围包括主债权及其利息、违约金、损害赔偿金和实现债权的费用。当事人另有约定的，按照其约定。"据此，保证合同当事人可以协商约定保证的范围，可大于亦可小于法定范围，在法律适用上，约定范围优先于法定范围。当事人对保证担保的范围没有约定或者约定不明确的，保证人应当对全部债务承担责任。

2. 保证期间

保证期间，又称"保证责任的存续期间""承担保证责任的期间"，是指在保证合同的当事人之间约定，或者依法律规定，保证人在此期间内才承担保证责任，超过该期限，保证人不再承担保证责任的期间。准确地说，保证期间是保证合同约定或者法律规定的保证债务的履行期限。①《民法典》第692条规定："保证期间是确定保证人承担保证责任的期间，不发生中止、中断和延长。债权人与保证人可以约定保证期间，但是约定的保证期间早于主债务履行期限或者与主债务履行期限同时届满的，视为没有约定；没有约定或者约定不明确的，保证期间为主债务履行期限届满之日起六个月。债权人与债务人对主债务履行期限没有约定或者约定不明确的，保证期间自债权人请求债务人履行债务的宽限期届满之日起计算。"

与《担保法司法解释》规定在没有约定和约定不明的情况下，保证期间分别为"主债务履行期届满之日起"六个月和二年不同，《民法典》将没有约定或者约定不明确情形下的保证期间，统一规定为"主债务履行期限届满之日起六个月"。

在保证期间内，如果债权人没有依法主张权利，将导致保证责任消灭，保证人得以不再承担保证责任。对于一般保证而言，债权人未在保证期间对债务人提起诉讼或者申请仲裁的，保证人不再承担保证责任。即鉴于一般保证的保证人享有先诉抗辩权，债权人主张权利，必须按照法律规定的方式提起诉讼或者申请仲裁，以其他方式向债务人主张权利

---

① 最高人民法院民法典贯彻实施工作领导小组：《中华人民共和国民法典合同编理解与适用（二）》，人民法院出版社2020年版，第1342页。

的，不能产生对抗保证人保证责任消灭的法律效力；对于连带责任保证而言，债权人未在保证期间请求保证人承担保证责任的，保证人不再承担保证责任。

3. 保证期间与诉讼时效

一般保证的债权人在保证期间届满前对债务人提起诉讼或者申请仲裁的，从保证人拒绝承担保证责任的权利消灭之日起，开始计算保证债务的诉讼时效。所谓"保证人拒绝承担保证责任的权利消灭之日"，是指债权人经过仲裁或者诉讼，并就债务人财产依法强制执行仍不能获得债权实现之日。该诉讼时效起算点规定修改了《担保法司法解释》第34条以"判决或者仲裁裁决生效之日"为一般保证合同诉讼时效起算点的规定，以期与先诉抗辩权制度契合。

连带责任保证的债权人在保证期间届满前请求保证人承担保证责任的，从债权人请求保证人承担保证责任之日起，开始计算保证债务的诉讼时效。

4. 主债权债务变动与保证责任承担

（1）主合同当事人未经保证人书面同意变更主合同内容与保证责任承担

根据《担保法》第24条规定，在债权人与债务人未经保证人书面同意变更主债权债务合同内容的情形下，无论主合同债务加重抑或减轻，保证人一概不再承担保证责任。该规定显然是不科学、不合理的。《民法典》则采纳《担保法司法解释》的观点，以主合同变化是否加重保证人的保证责任，是否超出保证人所承诺的保证范围为标准，判断主合同变化对保证人保证责任的效力，其第695条规定："债权人和债务人未经保证人书面同意，协商变更主债权债务合同内容，减轻债务的，保证人仍对变更后的债务承担保证责任；加重债务的，保证人对加重的部分不承担保证责任。债权人和债务人变更主债权债务合同的履行期限，未经保证人书面同意的，保证期间不受影响。"

（2）债权转让与保证责任承担

债权人转让全部或者部分债权，未通知保证人的，该转让对保证人不发生效力，保证人在原保证担保的范围内承担保证责任。如果保证人与债权人约定禁止债权转让，法律尊重当事人的意思自由，债权人未经保证人书面同意转让债权的，保证人对受让人不再承担保证责任。

（3）债务转移与保证责任承担

一般情况下，保证人承担保证责任以债务人不履行到期债务或者发生约定的情形为前提，故而债务人的财产状况直接决定保证人应否承担保证责任以及承担保证责任后的追偿权能否得以实现，如果债权人未经保证人书面同意，允许债务人转移全部或者部分债务，保证人对未经其同意转移的债务不再承担保证责任，但是债权人和保证人另有约定的除外。第三人加入债务的，保证人的保证责任不受影响。

5. 保证人主动提供债务人财产信息与保证责任承担

《民法典》第698条规定："一般保证的保证人在主债务履行期限届满后，向债权人提供债务人可供执行财产的真实情况，债权人放弃或者怠于行使权利致使该财产不能被执行的，保证人在其提供可供执行财产的价值范围内不再承担保证责任。"需要明确的是，本条规定仅适用于一般保证，一般保证的保证人虽然享有先诉抗辩权，但仅为延期的抗辩，若债权人能够证明主合同纠纷业经审判或者仲裁并就债务人财产依法强制执行仍不能履行债务的，保证人仍然需要承担保证责任。因此保证人如果有意免除或减轻保证责任，即应当积极自救，主动向债权人提供债务人的财产信息即为有效措施之一，若债权人放弃或者怠于行使权利，致使该财产不能被执行的，保证人有权请求在该财产价值范围内免除保证责任。

6. 共同保证中保证责任承担

共同保证，是指两个或者两个以上的保证人为同一债权人的同一债权向债权人所提供的担保，包括按份共同保证和连带共同保证。

《担保法》第12条规定，同一债务有两个以上保证人的，保证人应当按照保证合同约定的保证份额，承担保证责任。没有约定保证份额的，保证人承担连带责任，债权人可以要求任何一个保证人承担全部保证责任，保证人都负有担保全部债权实现的义务。已经承担保证责任的保证人，有权向债务人追偿，或者要求承担连带责任的其他保证人清偿其应当承担的份额。

与《担保法》相比，对于"没有约定保证份额"的情形，《民法典》改"债权人可以要求任何一个保证人承担全部保证责任"为"债权人可以请求任何一个保证人在其保证范围内承担保证责任"；至于"保证人承担连带责任"的问题则没有加以规定。其第699条规定，同一债务有两个以上保证人的，保证人应当按照保证合同约定的保证份额，承担保证责任；没有约定保证份额的，债权人可以请求任何一个保证人在其保证范围内承担保证责任。

《民法典担保制度解释》第13条规定，同一债务有两个以上第三人提供担保，担保人之间约定相互追偿及分担份额，承担了担保责任的担保人请求其他担保人按照约定分担份额的，人民法院应予支持；担保人之间约定承担连带共同担保，或者约定相互追偿但是未约定分担份额的，各担保人按照比例分担向债务人不能追偿的部分。同一债务有两个以上第三人提供担保，担保人之间未对相互追偿作出约定且未约定承担连带共同担保，但是各担保人在同一份合同书上签字、盖章或者按指印，承担了担保责任的担保人请求其他担保人按照比例分担向债务人不能追偿部分的，人民法院应予支持。除前两款规定的情形外，承担了担保责任的担保人请求其他担保人分担向债务人不能追偿部分的，人民法院不予支持。

7. 保证人权利

（1）保证人追偿权及相关权利

《民法典》第700条规定："保证人承担保证责任后，除当事人另有约定外，有权在其承担保证责任的范围内向债务人追偿，享有债权人对债务人的权利，但是不得损害债权人的利益。"与《担保法》规定相比较,仅肯定已经承担保证责任的保证人有权向债务人追偿,而删除了"或者要求承担连带责任的其他保证人清偿其应当承担的份额"的规定,应当是对共同保证人之间享有追偿权理论的否定。当然,如果共同保证人之间明确约定相互之间享有追偿权,法律亦尊重当事人的意思自治。

(2) 保证人抗辩权

保证合同是主债权债务合同的从合同,保证人是在主合同债务人不履行义务或者发生约定情形时,替代履行债务或者承担责任。因此,主合同债务人对债权人的抗辩权利,保证人均可以主张;主合同债务人放弃抗辩的,保证人仍有权向债权人主张抗辩。

(3) 债务人抵销权或撤销权与保证责任承担

保证合同是从合同,保证人承担保证责任的范围以主债务人债务为限。如果主债务人对债权人享有抵销权或者撤销权,主债务人的债务即应当相应减少,保证人保证责任范围亦随之减少,保证人即可以在相应范围内拒绝承担保证责任。

实务精解

1. 同一债权既有保证又有物的担保的,保证责任如何承担?

保证是以人的信誉担保债务的履行,物的担保则以物担保债务的履行。同一债权既有保证又有物的担保的,如何处理二者之间的关系?根据《民法典》第392条规定可知,第一,在当事人对保证和物的担保有约定的情况下,应当尊重当事人的意思自治,按照约定处理。第二,没有约定或者约定不明确,债务人自己提供物的担保的,债权人应当先就该物的担保实现债权,如此可以免去保证人承担保证责任后再向债务人行使追偿权的程序,减少纠纷处理经济成本。第三,没有约定或者约定不明确,如果物的担保是由第三人提供的,债权人享有选择请求保证人或者物的担保人承担担保责任的权利。该保证人或者第三人均非偿还债务的最终义务人,均可以在承担担保责任后向债务人追偿。

同一债权既有债务人自己提供的物的担保,又有第三人提供的担保,承担了担保责任或者赔偿责任的第三人，主张行使债权人对债务人享有的担保物权的，人民法院应予支持。

2. 如何认定法定代表人代表公司签订的对外保证合同的效力？

法人的法定代表人是依照法律或者法人章程的规定，代表法人从事民事活动的负责人，其以法人名义从事民事活动的法律后果由法人承受。法人章程或者法人权力机构对法定代表人代表权的限制，不得对抗善意相对人。《公司法》第 15 条规定，公司向其他企业投资或者为他人提供担保，按照公司章程的规定，由董事会或者股东会决议；公司章程对投资或者担保的总额及单项投资或者担保的数额有限额规定的，不得超过规定的限额。公司为公司股东或者实际控制人提供担保的，应当经股东会决议。前款规定的股东或者受前款规定的实际控制人支配的股东，不得参加前款规定事项的表决。该项表决由出席会议的其他股东所持表决权的过半数通过。

由此可知，对于法定代表人对外订立保证合同的代表权，法律、公司章程或有所限制，法定代表人超越权限订立保证合同的行为是否具有法律效力，司法实践中争议不断，或认为公司章程对法定代表人权限的限制属于公司内部约定，不得对抗第三人，超越权限订立的保证合同有效；或认为未经公司有权决策机构同意，法定代表人超越权限订立的保证合同未经公司追认的，对公司没有法律效力。为定分止争，统一裁判标准，《全国法院民商事审判工作会议纪要》（法〔2019〕254 号）对法定代表人对外订立担保合同的问题予以明确，其第 17 条规定，为防止法定代表人随意代表公司为他人提供担保给公司造成损失，损害中小股东利益，《公司法》第 16 条（现第 15 条）对法定代表人的代表权进行了限制。根据该条规定，担保行为不是法定代表人所能单独决定的事项，而必须以公司股东（大）会、董事会等公司机关的决议作为授权的基础和来源。法定代表人未经授权擅自为他人提供担保的，构成越权代表，人民法院应当根据《合同法》（现已失效）第 50 条关于法定代表人越权代表的规定，区分订立合同时债权人是否善意分别认定合同效力；债权人善意的，合同有效；反之，合同无效。

《民法典担保制度解释》第 7 条规定："公司的法定代表人违反公司法关于公司对外担保决议程序的规定，超越权限代表公司与相对人订立担保合同，人民法院应当依照民法典第六十一条和第五百零四条等规定处理：（一）相对人善意的，担保合同对公司发生效力；相对人请求公司承担担保责任的，人民法院应予支持。（二）相对人非善意的，担保合同对公司不发生效力；相对人请求公司承担赔偿责任的，参照适用本解释第十七条的有关规定。法定代表人超越权限提供担保造成公司损失，公司请求法定代表人承担赔偿责任的，人民法院应予支持。第一款所称善意，是指相对人在订立担保合同时不知道且不应当知道法定代表人超越权限。相对人有证据证明已对公司决议进行了合理审查，人民法院应当认定其构成善意，但是公司有证据证明相对人知道或者应当知道决议系伪造、变造的除外。"

关于善意的认定问题，《全国法院民商事审判工作会议纪要》（法〔2019〕254 号）亦予以明确，其第 18 条规定，前条所称的善意，是指债权人不知道或者不应当知道法定代表人超越权限订立担保合同。《公司法》第 16 条（现第 15 条，下同）对关联担保和非关联担保的决议机关作出了区别规定，相应地，在善意的判断标准上也应当有所区别。一种情形是，为公司股东或者实际控制人提供关联担保，《公司法》第 16 条明确规定必须由股东（大）会决议，未经股东（大）会决议，构成越权代表。在此情况下，债权人主张担保合同有效，应当提供证据证明其在订立合同时对股东（大）会决议进行了审查，决议的表决程序符合《公司法》第 16 条的规定，即在排除被担保股东表决权的情况下，该项表决由出席会议的其他股东所持表决权的过半数通过，签字人员也符合公司章程的规定。另一种情形是，公司为公司股东或者实际控制人以外的人提供非关联担保，根据《公司法》第 16 条的规定，此时由公司章程规定是由董事会决议还是股东（大）会决议。无论章程是否对决议机关作出规定，也无论章程规定决议机关为董事会还是股东（大）会，根据《民法总则》第 61 条第 3 款关于"法人章程或者法人权力机构对法定代表人代表权的限制，不得对抗善意相对人"的规定，只要债权人能够证明其在订立担保合同时对董事会决议或者股东（大）会决议进行了审查，同意决议的人数及签字人员符合公司章程的规定，就应当认定其构成善意，但公司能够证明债权人明知公司章程对决议机关有明确规定的除外。债权人对公司机关决议内容的审查一般限于形式审查，只要求尽到必要的注意义务即可，标准不宜太过严苛。公司以机关决议系法定代表人伪造或者变造、决议程序违法、签章（名）不实、担保金额超过法定限额等事由抗辩债权人非善意的，人民法院一般不予支持。但是，公司有证据证明债权人明知决议系伪造或者变造的除外。

根据法律规定，公司法定代表人代表公司订立的保证合同有效的，债权人有权请求公司承担担保责任；保证合同无效的，债务人、保证人、债权人有过错的，应当根据其过错各自承担相应的民事责任。公司如能举证证明债权人明知法定代表人超越权限或者机关决议系伪造或者变造，不必承担保证合同无效的民事责任。

典型案例

主债权债务合同无效的，保证合同无效，但是法律另有规定的除外[①]

◎ **基本案情**

2011 年，某房地产公司某苑项目部（无营业执照）负责人孙某以项目部的名义与第三人李某签订购房合同。2011 年 6 月 1 日，李某与某银行支行订立《个人住房借款合同》，双方约定：银行给李某提供按揭贷款 47 万元，李某用某苑房作为借款抵押担保。该款由银行以李某名义直接汇入某苑项目部账户。孙某用同样的方法，共获取银行贷款九笔。嗣后，孙某又以某苑项目部名义，将上述九套房屋出卖给案外人。2018 年 7 月，法院刑事判决认定孙某构成骗取贷款罪。

---

① 本案例材料来源：湖南省常德市中级人民法院（2018）湘 07 民终 2265 号民事判决。

2010年12月25日，银行与某房地产公司订立《个人住房借款最高额保证合同》，双方约定：对于购买某苑项目房屋的购房人，因购房所欠银行的借款，某房地产公司向银行提供总额不超过1500万元的连带责任保证，合同的效力独立于主合同，主合同不成立、不生效、无效，或部分无效、被撤销、被解除，不影响本合同的效力。2018年5月，银行以第三人李某未向其偿还借款为由提起诉讼，要求保证人对李某借款承担清偿责任。一审法院确认某房地产公司应承担债务人不能清偿部分的20%。双方分别提起上诉。二审法院经审理撤销一审判决，判令某房地产公司偿还银行借款本息，并按合同约定的利率给付利息。

◎ **法院裁判要旨**

一审法院认为，本案主合同即银行与第三人订立的借款合同，因当事人意思表示不真实而无效，主合同无效，作为从合同的银行与某房地产公司订立的保证合同也无效。在主合同的订立过程中，某房地产公司与第三人订立的购房合同，是银行与第三人订立借款合同的前提和必要条件，故某房地产公司与第三人订立购房合同的行为，对于主合同无效有过错，某房地产公司应承担民事责任。依照《担保法司法解释》第8条"主合同无效导致从合同无效……担保人有过错的，担保人承担民事责任的部分，不应超过债务人不能清偿部分的三分之一"的规定，结合本案的具体情形，一审法院确认某房地产公司应承担债务人不能清偿部分的20%。

二审法院认为，本案所涉主合同《个人住房借款合同》系第三人以欺诈的手段订立且以合法形式掩盖非法目的，符合法律规定的合同无效的情形，该合同为无效合同。

《担保法》第5条第1款规定："担保合同是主合同的从合同，主合同无效，担保合同无效。担保合同另有约定的，按照约定。"在《个人住房借款最高额保证合同》中，双方约定：对于购买某苑项目房屋的购房人，因购房所欠银行的借款，某房地产公司向银行提供总额不超过1500

万元的连带责任保证，合同的效力独立于主合同，主合同不成立、不生效、无效，或部分无效、被撤销、被解除，不影响本合同的效力。故虽本案所涉主合同《个人住房借款合同》无效，依照上述法律规定，某房地产公司亦应承担保证责任，依法偿还银行借款本息等。一审判决适用法律错误，应予纠正。

◎ **律师评析**

《担保法》第5条第1款规定，担保合同是主合同的从合同，主合同无效，担保合同无效。担保合同另有约定的，按照约定。《民法典》第682条第1款规定，保证合同是主债权债务合同的从合同。主债权债务合同无效的，保证合同无效，但是法律另有规定的除外。法律对于保证合同的从属性一以贯之，认为保证在成立、移转、消灭等方面均从属于主债权债务关系，但《担保法》认为当事人可以就担保合同的效力作出例外约定，而《民法典》则只认可法律的另行规定。故而，在民法典时代，若法律没有另行规定，当事人有关排除担保合同从属性的约定，应当认为没有法律效力。此与独立保函的法律效力规定不同，所谓独立保函，是指银行或非银行金融机构作为开立人，以书面形式向受益人出具的，同意在受益人请求付款并提交符合保函要求的单据时，向其支付特定款项或在保函最高金额内付款的承诺。独立保函独立于基础交易法律关系，不受其效力的影响，其性质是以相符交单为条件的付款承诺，不属于《民法典》保证合同调整的范围。

法条索引

《民法典》

第681条—第702条

《最高人民法院关于适用〈中华人民共和国民法典〉有关担保制度的解释》

第7条、第17条、第25条、第28条、第32条、第33条

第十三章　租赁合同

理论精要

一、概述

租赁合同是出租人将租赁物交付承租人使用、收益，承租人支付租金的合同。租赁合同的标的物包括动产和不动产。在租赁合同中，承租人的直接目的是取得租赁物的使用、收益权，出租人转让的也只是租赁物的使用、收益权，而非所有权。因此，在租赁合同终止后，承租人应当返还租赁物。

一般情况下，租赁合同的内容包括当事人的名称或者姓名、租赁物的名称、数量、用途、租赁期限、租金及其支付期限和方式、租赁物维修等条款，其中前三项为租赁合同最主要的内容，决定合同是否成立；其他内容缺少的，并不当然导致合同不成立或者无效，当事人可以协议补充，不能达成补充协议的，按照合同相关条款或者交易习惯确定。

租赁合同的期限，一般由出租人和承租人根据租赁物的性质和租赁目的协商约定，但最长不得超过二十年。超过二十年的，超过部分无效。租赁期限六个月以上的，应当采用合同书、数据电文等书面形式。当事人未采用书面形式，无法确定租赁期限的，视为不定期租赁。

二、租赁合同的效力

（一）出租人的义务

1. 交付租赁物并保持租赁物符合约定的用途

租赁合同中，出租人最基本的义务即按照合同约定的时间、地点、方式和数量交付特定租赁物予承租人，以使得承租人占有租赁物进而实现租赁目的。出租人未按照合同约定交付租赁物的，应当承担继续履行、采取补救措施、支付违约金等违约责任，致使承租人不能实现合同目的的，承租人有权解除合同并主张赔偿损失。

租赁合同存续期间，出租人应当积极地保持租赁物符合约定的用途，包括维修租赁物、排除第三人权利障碍等，以保障承租人能够按照合同目的使用租赁物，并取得收益。

2. 租赁物维修

租赁期间，在租赁物出现不符合约定的使用问题时，出租人应当履行租赁物的维修义务，以保证承租人能够正常使用该租赁物而获得利益，此为出租人交付租赁物派生的附随义务。

出租人维修租赁物，可以是出于保持租赁物约定用途的需要而主动为之，亦可以是因承租人请求而为之。出租人在合理期限内未履行维修义务的，承租人可以自行维修，维修费用由出租人负担。承租人未经催告即径直自行维修的，法律不予支持。因维修租赁物影响承租人使用的，应当相应减少租金或者延长租期。如果租赁物因维修缺失而毁损、灭失，致使租赁合同目的无法实现的，承租人有权请求解除合同并要求出租人承担违约责任。

如果租赁物是因承租人的过错而需要维修的，依据过错责任原则，出租人的维修义务得因承租人过错而免除。

当事人经协商约定由承租人承担租赁物维修义务的，法律尊重当事人的意思自治，排除出租人的法定维修义务。

3. 瑕疵担保责任

出租人所负物的瑕疵担保，是指应担保所交付的租赁物能为承租人依约使用、收益，若不能为依约使用、收益，出租人得容忍承租人解除合同或减少租金或不支付租金。① 在租赁物存在危及承租人的安全或者健康的问题时，出租人应当承担租赁物质量瑕疵担保责任，即使承租人订立合同时明知该租赁物质量不合格，承租人仍然可以随时解除合同。如果承租人或者其他使用人因租赁物安全质量瑕疵造成人身、财产损害的，可以依法或者依据合同约定请求出租人承担合同违约责任或者侵权损害赔偿责任。

所谓出租人的权利瑕疵担保，是指出租人担保承租人按照合同约定对租赁物使用、收益的权利，不因任何第三人对租赁物主张权利而受影响。所谓出租人的权利瑕疵担保责任，是指第三人对租赁物主张权利时，出租人所应承担的责任。② 因第三人主张权利，致使承租人不能对租赁物使用、收益的，承租人可以请求减少租金或者不支付租金。如果承租人租金已经预先支付，则可以请求出租人退还租赁物不能使用、收益对应期间的租金。

4. 出租人出卖、拍卖租赁房屋应当通知承租人

为保障承租人法定优先购买权的行使，出租人出卖租赁房屋的，应当在出卖之前的合理期限内通知承租人。出租人履行通知义务后，承租人在十五日内未明确表示购买的，视为承租人放弃优先购买权。出租人委托拍卖人拍卖租赁房屋的，应当在拍卖五日前通知承租人。承租人未参加拍卖的，可视为放弃优先购买权。

出租人未通知承租人而妨害承租人行使优先购买权的，承租人可以请求出租人承担赔偿责任，赔偿范围包括承租人期待利益损失和其他附带损失。

---

① 崔建远：《合同法学》，法律出版社2017年版，第371页。
② 最高人民法院民法典贯彻实施工作领导小组：《中华人民共和国民法典理解与适用（三）》，人民法院出版社2020年版，第1536—1537页。

(二) 承租人的义务

1. 支付租金

租赁合同中，承租人最基本的义务即按照约定的期限支付租金。对支付租金的期限没有约定或者约定不明确，经协议补充、按照合同相关条款或者交易习惯仍不能确定的，租赁期限不满一年的，应当在租赁期限届满时支付；租赁期限一年以上的，应当在每届满一年时支付，剩余期限不满一年的，应当在租赁期限届满时支付。

具有下列情形之一的，承租人可以请求减少租金或者不支付租金：（1）因维修租赁物而影响承租人使用的；（2）因第三人主张权利，致使承租人不能对租赁物使用、收益的；（3）因不可归责于承租人的事由，致使租赁物部分或者全部毁损、灭失的。

收取租金是出租人出租租赁物的目的所在，承租人无正当理由未支付或者迟延支付租金的，属于违约，出租人可以请求承租人在合理期限内支付；承租人经催告后逾期仍不支付的，出租人可以解除合同。

2. 按照合同约定的方法或者根据租赁物的性质使用租赁物

为防止承租人滥用租赁物而致使租赁物受损，当事人双方通常会在租赁合同中约定租赁物的使用方法，承租人应当按照约定使用租赁物。对租赁物的使用方法没有约定或者约定不明确，经协议补充、按照合同相关条款或者交易习惯仍不能确定的，承租人应当根据租赁物的性质加以使用。

承租人按照约定的方法或者根据租赁物的性质使用租赁物，致使租赁物受到损耗的，不承担赔偿责任；反之，致使租赁物受到损失的，出租人可以解除合同并请求赔偿损失。

3. 妥善保管租赁物

租赁期间，出租人所有的租赁物由承租人占有、使用、收益，承租人由此产生保管义务。承租人应尽善良管理人的注意，按照租赁物的性质予以保管，包括进行正常的维护，协助出租人维修或排除妨碍等。如果因保管不善造成租赁物毁损、灭失的,承租人应当承担赔偿责任。

4. 不得擅自对租赁物进行改善或者增设他物

承租人在占有、使用租赁物时,应当尽量维持租赁物的初始状态,防止因不当行为对租赁物的价值、效能造成减损。对租赁物进行改善或者增设他物,租赁物的价值、效能可能有所增强,但亦可能造成减损,或者违背出租人的原始意愿,因此,承租人意欲行为的,应当征得出租人的同意;未经同意即对租赁物进行改善或者增设他物的,出租人可以请求承租人恢复原状或者赔偿损失。

5. 不得擅自转租

租赁期间,承租人未经出租人同意,不得将租赁物转租给第三人。其一,租赁关系中,出租人对承租人通常是有所选择的,当事人之间存在一种信赖关系,若承租人擅自将租赁物转交给第三人占有使用,即破坏了此种信赖关系;其二,承租人擅自转租,可能侵害出租人对租赁物的实际控制权,损害出租人权益。因而承租人未经出租人同意擅自转租的,违反法定义务,出租人可以解除合同。

当然,针对承租人擅自转租租赁物的行为,出租人行使合同解除权是有期限限制的,如果出租人知道或者应当知道承租人转租,但是在六个月内未提出异议的,视为出租人同意转租。

6. 返还租赁物

租赁期限届满,承租人即丧失继续占有租赁物的权利,而应当将租赁物返还给出租人。返还的租赁物应当符合按照约定或者根据租赁物的性质使用后的状态。如果承租人在租赁期限届满后没有返还租赁物,而是继续使用租赁物,出租人没有提出异议的,原租赁合同继续有效,但是租赁期限为不定期。

7. 瑕疵通知

租赁期间,有下列情形之一的,承租人应当通知出租人:租赁物非因承租人过错需要维修的;第三人对租赁物主张权利的;其他依据诚信原则应当通知的情形。

三、租赁合同的解除

租赁合同为典型合同之一种,其解除适用合同解除的一般规则,譬如当事人一方迟延履行债务或者有其他违约行为致使不能实现合同目的,相对方可以解除合同。基于自身特性,租赁合同解除又具有一些特殊性规则,譬如对于不定期租赁,出租人或承租人在合理期限之前通知对方的,即可随时解除合同。

具有下列情形之一的,出租人可以解除合同:(1)承租人未按照约定的方法或者未根据租赁物的性质使用租赁物,致使租赁物受到损失的;(2)承租人未经出租人同意转租的;(3)承租人无正当理由未支付或者迟延支付租金的,经出租人请求在合理期限内支付,逾期仍不支付的。

具有下列情形之一的,承租人可以解除合同:(1)有租赁物被司法机关或者行政机关依法查封扣押、租赁物权属有争议、租赁物具有违反法律或行政法规关于使用条件的强制性规定等非因承租人原因致使租赁物无法使用情形的;(2)因不可归责于承租人的事由,租赁物部分或者全部毁损、灭失,致使不能实现合同目的的;(3)租赁物危及承租人的安全或者健康的。

实务精解

1. 如何理解"买卖不破租赁"原则?

《民法典》第725条规定:"租赁物在承租人按照租赁合同占有期限内发生所有权变动的,不影响租赁合同的效力。"此即为对传统民法上"买卖不破租赁"制度的肯定,以保护相对弱势承租人的权益,保障市场经济秩序的稳定。

所谓"买卖不破租赁"原则,即在租赁合同的有效期内,出租人将租赁物的所有权转让给第三人时,承租人的权利不因租赁物所有权的转移而消灭或者受到妨碍。① 在此种情形下，第三人即房屋受让人承继原出租人的权利和义务，成为租赁合同关系中新的出租人，租赁合同的法律约束力不受影响，第三人（房屋受让人）不得以原出租人已非租赁物所有权人为由，终止租赁合同的权利义务关系，或者阻碍承租人行使租赁物使用、收益权益。

根据《城市房地产管理法》规定，房屋租赁，出租人和承租人应当签订书面租赁合同，并向房产管理部门登记备案。如果房屋租赁合同没有依法备案，对"买卖不破租赁"原则是否有影响呢？2005年《上海市高级人民法院关于处理房屋租赁纠纷若干法律适用问题的解答（一）》（沪高法民一〔2005〕14号）即规定，租赁合同登记与否，不影响租赁合同效力。但未经登记的租赁合同，不得对抗第三人。也就是说如果租赁未经备案，则第三人（房屋买受人）可以其所有权对抗承租人的租赁权，终止房屋租赁合同关系。但该解答中关于未经登记的租赁合同对抗效力的规定，与2009年《城镇房屋租赁合同司法解释》第24条第4项规定不一致，在最高人民法院司法解释施行后，即不得再行适用。

2020年修改后的《城镇房屋租赁合同司法解释》则对"买卖不破租赁"原则适用的例外情形有所明确，其第14条规定，租赁房屋在承租人按照租赁合同占有期限内发生所有权变动，承租人请求房屋受让人继续履行原租赁合同的，人民法院应予支持。但租赁房屋具有下列情形或者当事人另有约定的除外：（一）房屋在出租前已设立抵押权，因抵押权人实现抵押权发生所有权变动的；（二）房屋在出租前已被人民法院依法查封的。

关于房屋在出租前已设立抵押权的情形，2007年《物权法》第190条规定，订立抵押合同前抵押财产已出租的，原租赁关系不受该抵押权的影响。抵押权设立后抵押财产出租的，该租赁关系不得对抗已登记的

---

① 最高人民法院民法典贯彻实施工作领导小组：《中华人民共和国民法典理解与适用（三）》，人民法院出版社2020年版，第1548页。

抵押权。《民法典》第405条虽然删除了抵押权设立后出租抵押财产，租赁权不得对抗抵押权的规定，但其第406条第1款规定，抵押期间，抵押人可以转让抵押财产。当事人另有约定的，按照其约定。抵押财产转让的，抵押权不受影响。由此可知，抵押财产在设立抵押权后出租的，抵押权击破租赁关系，不再适用"买卖不破租赁"原则。

房屋被查封的，其所有人或使用权人即丧失了相应的处分权，擅自出租的，处分行为无效。就承租人来说，其明知租赁物有可能被变卖，却仍然与出租人订立租赁合同，由此带来的风险只能自行承受。《最高人民法院关于人民法院办理执行异议和复议案件若干问题的规定》第31条第1款即规定，承租人请求在租赁期内阻止向受让人移交占有被执行的不动产，在人民法院查封之前已签订合法有效的书面租赁合同并占有使用该不动产的，人民法院应予支持。依据该规定，房屋在被人民法院依法查封之后出租的，承租人的相应请求，人民法院即不予支持。

"买卖不破租赁"原则的适用在破产程序中亦有所限制。《企业破产法》规定，人民法院受理破产申请后，管理人对破产申请受理前成立而债务人和对方当事人均未履行完毕的合同有权决定解除或者继续履行，并通知对方当事人。故而，对于企业破产宣告时尚未履行完毕的房屋租赁合同，管理人有权通知承租人予以解除，此为对"买卖不破租赁"原则的限制适用。因为如果坚持"买卖不破租赁"原则，则将致使破产财产的价值遭到贬损，亦影响拍卖竞买人参与竞买的意愿，最终损害债权人的权益。再者，若继续履行租赁合同，则将导致租赁债权的实现优先于法定优先权、抵押权等在先权利，破坏法定的企业破产清偿顺位。因此，为实现破产财产的价值稳定，在企业破产程序中限制"买卖不破租赁"原则的适用，是必要的。

《北京市高级人民法院审理民商事案件若干问题的解答之五（试行）》（京高法发〔2007〕168号）观点则更具有合理性，其第51条规定，破产企业出租的房屋土地无租赁期限的，可以随时解除租赁合同，但应留给承租人合理的时间。破产企业出租的房屋土地有租赁期限但未到期的，应区别情况处理：（1）如果承租人的各项财产情况表明可以继续使用，且该位置适于承租人发展的，则可以考虑继续履行租赁合同。继续履行的，拍卖时应向竞拍人做出说明，适用买卖不破租赁的原则。（2）如果该地点作其他开发更有价值，解除合同更有利于财产变现的，应解除合同。解除合同的补偿属于共益债权性质，在解除合同时向承租人优先支付。根据该规定，由管理人分别情况决定是否解除租赁合同，显然更有利于实现破产财产价值的最大化，在考虑承租人租赁权物权性的同时，有效保护债权人权益，符合民法公平公正原则。

2. 房屋租赁合同当事人能否书面协议选择管辖法院？

对于因合同纠纷包括合同的订立、履行、变更、终止等争议而提起的诉讼，根据《民事诉讼法》的规定，由被告住所地或者合同履行地人民法院管辖。同时，法律赋予合同当事人协议选择管辖法院的权利，即合同纠纷的当事人可以书面协议选择合同签订地、原告住所地、标的物所在地等与争议有实际联系的地点的人民法院管辖，但不得违反法律对级别管辖和专属管辖的规定。房屋租赁合同亦为合同之一种，出租人和承租人能否书面协议选择管辖法院呢？《民事诉讼法司法解释》第28条第2款明确规定，农村土地承包经营合同纠纷、房屋租赁合同纠纷、建设工程施工合同纠纷、政策性房屋买卖合同纠纷，按照不动产纠纷确定管辖。不动产纠纷如何确定管辖？《民事诉讼法》第34条第1项规定，因不动产纠纷提起的诉讼，由不动产所在地人民法院管辖。此为专属管辖规定，即法律强制性规定不动产纠纷只能由特定的法院管辖，其他法院均无权管辖，当事人亦不能协议选择其他法院。由此可知，房屋租赁合同当事人不得协议选择管辖法院。

但如果房屋出租合同当事人均有意追求意思自治、公平裁决和节约成本，可依法约定仲裁管辖，只要该仲裁约定不存在法定无效的情形，法律即尊重当事人的意思自治，该协议仲裁管辖得以对抗诉讼法定专属管辖。

3. 未经出租人同意的房屋转租合同是否有效？

房屋转租，是指承租人在租赁期间将其承租房屋的部分或者全部再出租给他人使用、收益的行为。《民法典》第 716 条规定，承租人经出租人同意，可以将租赁物转租给第三人。承租人转租的，承租人与出租人之间的租赁合同继续有效；第三人造成租赁物损失的，承租人应当赔偿损失。承租人未经出租人同意转租的，出租人可以解除合同。根据该规定，经出租人同意的转租行为，合法有效，此时存在两个租赁关系，即出租人与承租人之间、承租人与次承租人之间的租赁关系，两份租赁合同均合法有效。对于未经出租人同意的转租行为，法律规定的救济方法是出租人可以解除合同，出租人当然也可以不采取此一措施。而对于转租合同的效力如何，是有效合同，效力待定合同，还是无效合同？法律没有作出明确规定，司法实务中理解各异，没有统一认识。

《民法典》第 718 条规定："出租人知道或者应当知道承租人转租，但是在六个月内未提出异议的，视为出租人同意转租。"该规定源自 2020 年修改前的《城镇房屋租赁合同司法解释》第 16 条第 1 款，对于转租行为的效力问题仍然不够明晰：出租人若在六个月内对承租人擅自转租行为提出异议，是请求解除合同，还是认定转租合同无效？法理依据何在？部分地方法院原本是有明确意见的，如《上海市高级人民法院关于处理房屋租赁纠纷若干法律适用问题的解答（一）》（沪高法民一〔2005〕14 号）指出，在没有其他无效原因存在的情况下，未经出租人同意的房屋转租合同有效。但在最高人民法院司法解释出台后，在判断转租合同效力时，是否需考虑出租人对转租行为的态度这个因素，解答与司法解释不一致，故不得再行适用。笔者认为，承租人在租赁期间将其承租房屋转租他人，只是对其由租赁而取得的对房屋占有、使用、收益权益的再处分，而非对房屋的处分，不涉及出租人的所有权利益，是为有权处分，只要双方当事人意思表示真实，不违反法律、行政法规的强制性规定，不损害国家和社会公共利益，合同即有效成立。出租人认为转租行为侵害自己的信赖利益等权益的，按照合同法律的规定，可以采取解除原租赁合同，要求承租人返还房屋的救济措施，而非请求宣告转租合同无效。因租赁合同解除而致次承租人不能继续使用租赁物的损失，次承租人可以依据转租合同约定要求承租人承担履约不能的违约责任或损害赔偿责任。

根据法律规定，如果承租人与次承租人系恶意串通以损害出租人合法权益而签订转租合同，则出租人可以依法提起诉讼，请求认定转租合同无效。

4. 经出租人同意装饰装修的，合同解除时，承租人能否要求予以补偿？

实践中，承租人在租赁房屋后，为满足自身居住或者经营之需要，往往会对房屋进行装饰装修，如此在租赁合同期限届满或因故无效、解除时引发装饰装修物处理、装饰装修费用负担、损害赔偿等争议的现象经常出现，成为房屋租赁矛盾冲突中的热点问题。

《民法典》第715条规定，承租人经出租人同意，可以对租赁物进行改善或者增设他物。承租人未经出租人同意，对租赁物进行改善或者增设他物的，出租人可以请求承租人恢复原状或者赔偿损失。但该规定较为简单粗放，对上述装饰装修物的处理等问题没有作出可操作性具体规定，最高人民法院在综合理论界学说和司法实践经验的基础上，在《城镇房屋租赁合同司法解释》中确立了处理此类纠纷的规则：

在租赁合同无效的情形下，对经出租人同意的装饰装修物的处理按照其是否形成附合予以区别对待：其一，装饰装修物与房屋的结合尚未达到不可分离的程度，没有形成附合的，其物权没有产生变动，承租人可以自行拆除，但不得由此造成房屋损毁，否则，出租人有权要求恢复原状。出租人如果同意利用的，可折价归出租人所有。其二，装饰装修物已与房屋结合在一起，成为房屋不可分离的组成部分而形成附合的，出租人如果同意利用的，可折价归出租人所有；不同意利用的，装饰装修成果没有得到完全利用，造成实际损失，由双方各自按照导致合同无效的过错分担现值损失。

在租赁合同解除的情形下，对经出租人同意的装饰装修物的处理同样按照其是否形成附合予以区别对待：其一，未形成附合的，如果当事人事先对装饰装修物的处理有约定的,只要该约定不违反法律法规的强制性规定,不损害国家和社会公共利益,即为合法有效,法律尊重当事人意思自治,可以按照约定处理问题;没有相关约定的,装饰装修物与房屋相互之间具有独立性,作为装饰装修物所有权人的承租人,可以自由享有处分权,无论租赁是履行期满,还是合同解除,均可自行取回或放弃,与其他租赁合同权利义务隔离开来。其二,已形成附合的,在当事人没有相关约定的情况下,根据双方当事人对合同解除存在的过错程度或不可归责于当事人的原因分别处理:(1)因出租人违约导致合同提前解除的,承租人不能按照原合同约定享有其装饰装修的利益,应根据已证明的出租人导致合同解除的违约程度,来确定其分担装饰装修物残值损失的具体比例。所谓残值即指合同解除时装饰装修物的剩余"价值",合同履行期间已经摊销的装饰装修费用,不应列入合同解除的损失范围。(2)因承租人违约导致合同提前解除的,不能按照原合同约定享有装饰装修利益的后果应当由承租人自行承担,无权要求出租人对于剩余租赁期内装饰装修物的残值予以补偿。但如果出租人自愿同意利用装饰装修物的,应在利用价值范围内予以适当补偿。(3)因双方当事人违约导致合同解除的,应当根据各自的过错分担剩余租赁期内的装饰装修残值损失。(4)因不可归责于双方的事由导致合同解除的,剩余租赁期内的装饰装修残值损失,将由双方按照公平原则分担。法律另有规定的,适用其规定。

在租赁合同因期间届满而终止的情形下,依照租赁行业惯例、交易习惯,装饰装修物一般视为在租赁期满后其使用价值基本耗尽,装修费用已摊销完毕,承租人无权要求出租人补偿附合装饰装修费用。如果双方当事人对此另有约定的,按照其约定处理。

承租人未经出租人同意擅自装饰装修的,违反租赁合同约定,构成对出租人物权的侵害,应当承担因侵权产生的不利后果,由此发生的费用,应当由承租人自行承担,对租赁物造成损害的,出租人有权主张排除妨害、恢复原状并赔偿损失。

典型案例

出租人将房屋转让给近亲属的，承租人不得主张优先购买权

◎ **基本案情**

刘某平在某市有房屋两套，2012年7月，刘某平应退休前老同事请求，将某路一套住房出租给老同事的儿子黄某居住，租期三年。2014年，刘某平决定搬家与儿子同住，以颐养天年。处理财产时，刘某平将某路住房以低于市价50%的价格卖给妹妹刘某琳，同时要求黄某将剩余没有给付的租金直接交给刘某琳。黄某认为自己作为承租人享有以同等条件优先购买房屋的权利，刘某平在出卖房屋前未提前通知自己，侵犯了自己的优先购买权，要求以相同价格购买该房屋，遭到刘某平拒绝。黄某有意通过司法途径维权，经咨询律师后，放弃提起诉讼的想法。

◎ **律师评析**

房屋承租人优先购买权是指在房屋租赁关系存续期间，出租人出卖租赁房屋时，承租人在同等条件下，依照法律规定享有优先于其他人购买该房屋的权利。承租人优先购买权制度是牺牲出租人与第三人的交易自由，来换取对作为特殊社会群体的承租人居住权的特别保护，以满足社会需求，实现公平正义。《民法典》第726条规定，出租人出卖租赁房屋的，应当在出卖之前的合理期限内通知承租人，承租人享有以同等条件优先购买的权利；但是，房屋按份共有人行使优先购买权或者出租人将房屋出卖给近亲属的除外。出租人履行通知义务后，承租人在十五日内未明确表示购买的，视为承租人放弃优先购买权。

为定分止争，出租人履行出卖租赁房屋通知义务时，最好以书面方式通知承租人本人或者授权的代理人。出租人以在租赁房屋处张贴告示、在新闻媒体上刊登公告等方式告知的，不发生通知的法律后果，但出租人有证据证明无法通知承租人本人及其授权的代理人的除外。

出租人以书面方式通知承租人时，应当告知出卖租赁房屋的事实、

时间及相关条件。出租人虽然以书面方式通知承租人出卖租赁房屋的事实，但未告知具体出卖条件或告知内容不真实、不全面或者在出卖条件发生变化后未及时告知承租人的，应当认定为未履行通知义务。

何谓履行通知义务的"合理期限"，法律并没有明确具体的规定，《最高人民法院关于贯彻执行〈中华人民共和国民法通则〉若干问题的意见（试行）》第118条曾规定："出租人出卖出租房屋，应提前三个月通知承租人，承租人在同等条件下，享有优先购买权；出租人未按此规定出卖房屋的，承租人可以请求人民法院宣告该房屋买卖无效。"但最高人民法院2008年12月18日《关于废止2007年底以前发布的有关司法解释（第七批）的决定》以"与物权法有关规定冲突"为由废止了该条规定。《民法典》亦沿袭《合同法》中"合理期限"的概念，没有作出明确规定，因而需要在具体案件中根据租赁房屋的实际情况、交易习惯等因素综合确定期限时间。

所谓同等条件，主要包括价格、价款支付方式等，是保障出租人所有权、限制承租人行使优先购买权的基本条件。其他对出租人利益没有根本性影响的交易条件，不能用来对抗承租人优先购买权。

出租人与抵押权人协议折价、变卖租赁房屋偿还债务，应当在合理期限内通知承租人，承租人有权请求以同等条件优先购买房屋。

出租人委托拍卖人拍卖租赁房屋的，应当在拍卖五日前通知承租人。承租人未参加拍卖的，视为放弃优先购买权。拍卖过程中，有最高应价时，优先购买权人可以表示以该最高价买受，如无更高应价，则拍归优先购买权人；如有更高应价，而优先购买权人不作表示的，则拍归该应价最高的竞买人。

承租人优先购买权的行使并非没有任何限制，下列情形下，承租人不得主张优先购买权：一是房屋共有人行使优先购买权。从法理方面来讲，共有人的优先购买权源于共有关系，而承租人的优先购买权则基于租赁合同关系而产生，根据民法物权优先于债权的理论，在原共有权人与承租人的优先购买权发生竞合时，共有人优先于承租人。

二是出租人将房屋出卖给近亲属，包括配偶、父母、子女、兄弟姐妹、祖父母、外祖父母、孙子女、外孙子女。出租人将房屋出卖给近亲属时，往往带有浓厚的亲情关系色彩，与纯粹的买卖关系终究有所不同，承租人因与出租人不存在特殊的人身关系而不具备同等条件，不能主张优先购买权。

三是出租人履行通知义务后，承租人在十五日内未明确表示购买的，无权再主张优先购买权，此为对出租人合法权益的保护。

出租人出卖租赁房屋未在合理期限内通知承租人或者存在其他侵害承租人优先购买权的情形，承租人如何寻求法律救济呢？《最高人民法院关于贯彻执行〈中华人民共和国民法通则〉若干问题的意见（试行）》第118条曾规定，出租人未按规定出卖房屋侵害承租人优先购买权的，承租人可以请求人民法院宣告该房屋买卖无效。但该规定因与《物权法》的规定相冲突而被废止。《民法典》第728条规定："出租人未通知承租人或者有其他妨害承租人行使优先购买权情形的，承租人可以请求出租人承担赔偿责任。但是，出租人与第三人订立的房屋买卖合同的效力不受影响。"

案例中，刘某平是基于亲属关系才将住房以低于市价50%的价格卖给妹妹刘某琳，黄某与刘某平之间并无这种特殊的身份与情感关系，并不具备购买房屋的同等条件，因而无权主张优先购买权。

法条索引

《民法典》

第703条—第734条

《最高人民法院关于审理城镇房屋租赁合同纠纷案件具体应用法律若干问题的解释》

第2条—第15条

第十四章　融资租赁合同

理论精要

一、概述

融资租赁合同是出租人根据承租人对出卖人、租赁物的选择，向出卖人购买租赁物，提供给承租人使用，承租人支付租金的合同。融资租赁合同兼具融资与融物双重属性，涉及三个主体、两个合同：出租人、承租人、出卖人；出租人与承租人间的融资租赁合同、出租人与出卖人间的买卖合同。融资租赁合同出租人系根据承租人的要求购买租赁物再出租给承租人，与租赁合同中出租人系将自有的或者根据自己意愿购买的租赁物用于出租不同。

融资租赁合同的内容一般包括租赁物的名称、数量、规格、技术性能、检验方法，租赁期限，租金构成及其支付期限和方式、币种，租赁期限届满租赁物的归属等条款。

二、融资租赁合同的效力

（一）出租人的义务

1. 购买租赁物

出租人应当根据承租人对出卖人、租赁物的选择订立买卖合同，向出卖人支付标的物的价金。如果出租人没有按照约定支付价金，出卖人即有权拒绝按照约定向承租人交付标的物，承租人即不能受领并占有、使用标的物实现融资租赁合同目的。

2. 保证承租人对租赁物的占有和使用

承租人订立融资租赁合同的目的为通过占有、使用租赁物而获得利益，因此出租人应当保证承租人对租赁物的占有和使用，除非因承租人违约等情形而正当行使收回权。

出租人有下列情形之一的，承租人有权请求其赔偿损失：（1）无正当理由收回租赁物；（2）无正当理由妨碍、干扰承租人对租赁物的占有和使用；（3）因出租人的原因致使第三人对租赁物主张权利；（4）不当影响承租人对租赁物占有和使用的其他情形。

3. 协助承租人向出卖人行使索赔权利

根据合同相对性原则，承租人并非标的物买卖合同的当事人，通常情况下不能行使合同当事人的权利，但鉴于融资租赁合同的特殊性，出租人、出卖人、承租人可以在合同中约定，出卖人不履行买卖合同义务的，由承租人直接行使索赔的权利，以节约权利行使成本。承租人行使索赔权利的，出租人应当协助。

出租人有下列情形之一，致使承租人对出卖人行使索赔权利失败的，承租人有权请求出租人承担相应的责任：（1）明知租赁物有质量瑕疵而不告知承租人；（2）承租人行使索赔权利时，未及时提供必要协助。出租人怠于行使只能由其对出卖人行使的索赔权利，造成承租人损失的，承租人有权请求出租人承担赔偿责任。

4. 不得擅自变更与承租人有关的买卖合同内容

与一般的买卖合同不同，融资租赁合同关系中，出租人订立买卖合同并非自主决定，而是根据承租人对出卖人、租赁物的选择而订立。因此，未经承租人同意，出租人不得变更与承租人有关的合同内容，以保证融资租赁合同目的的实现。

5. 一定条件下的租赁物瑕疵担保责任

与一般租赁合同中出租人应当承担租赁物瑕疵担保责任不同，在融资租赁合同关系中，由于租赁物通常是由承租人依据自己的需要而选择确定，出租人只是承担支付货款的义务而已，对于租赁物的瑕疵出租人不承担担保责任。例外情况是，租赁物是承租人依赖出租人的技能而确定的，或者出租人干预选择租赁物的，出租人应当对租赁物的瑕疵承担担保责任。

（二）承租人的义务

1. 受领租赁物

根据融资租赁合同的特殊性，出租人作为买卖合同的买受人的主要义务是支付价款，而标的物由出卖人直接交付承租人，承租人应当按照约定受领并验收标的物。有下列情形之一的，承租人可以拒绝受领出卖人向其交付的标的物：（1）标的物严重不符合约定；（2）未按照约定交付标的物，经承租人或者出租人催告后在合理期限内仍未交付。

承租人拒绝受领标的物的，应当及时通知出租人；迟延通知或者未通知造成出租人损失的，应当承担损失赔偿责任。

2. 支付租金

根据约定向出租人支付租金，是承租人融资应当支付的对价，是其最基本的义务。通常情况下，融资租赁合同的租金，应当根据购买租赁物的大部分或者全部成本以及出租人的合理利润确定，除非当事人另有约定。

融资租赁合同中，出卖人履行标的物交付义务不符合买卖合同的约定时，承租人有权直接向出卖人行使索赔权，但不得以标的物质量瑕疵为由对抗出租人的租金请求权。如果承租人是依赖出租人的技能确定租赁物或者出租人干预选择租赁物的，承租人可以请求减免相应租金。

租赁期限内，承租人没有按照约定支付租金时，出租人可以催告在合理期限内支付已经到期未付的租金。如果承租人仍不支付的，出租人可以采取下列救济措施：一是请求承租人支付全部租金，此系主张加速租金到期，合同并未解除。作为支付租金的对价，承租人可继续占有、使用租赁物，直至租赁期届满。至于租赁期满后租赁物的归属问题，则应根据融资租赁合同的约定处理；二是解除合同，收回租赁物，承租人丧失对租赁物的占有、使用权益。对于上述两种救济措施，出租人不得同时主张，而只能根据承租人的履行能力和诚信情况，作出最具债权实现可能的选择。若出租人选择加速租金到期的，应当以承租人构成实质违约，且该违约对出租人造成重大损害；承租人未支付租金呈连续状态或者声明拒绝支付今后的租金；法律有所规定或者合同有所约定为条件。若出租人选择主张解除合同收回租赁物的，同时有权向承租人主张损失赔偿。若合同约定租赁期限届满后承租人以支付象征性价款取得租赁物所有权的，损失的范围应是全部未付租金及其他费用与收回租赁物价值的差额。

租赁期间，承租人因实际占有租赁物而负担租赁物损毁、灭失的风险，此与租赁合同中出租人因拥有所有权而负担租赁物的风险有所不同。租赁物在租赁期间毁损、灭失的，承租人应当继续履行合同义务，出租人有权请求继续支付租金，法律另有规定或者当事人另有约定的除外。

3. 保管、使用、维修、返还租赁物

承租人应当按照约定的方式或者租赁物的性质以善良管理人的注意义务保管、使用租赁物。

与一般租赁合同出租人负有租赁物维修义务不同，融资租赁合同租赁物占有期间，承租人享有实质意义上的所有人权益，因此负有依照租赁物的性质和使用状况履行维修保养的义务。

如果当事人对租赁物的归属没有约定或者约定不明确，依据法律规定仍不能确定的，租赁期限届满后租赁物的所有权归出租人，承租人即应当将租赁物返还给出租人。

（三）出卖人的义务

1. 按照约定向承租人交付标的物

在融资租赁合同中，租赁物即买卖合同的标的物，是出租人根据承租人的要求而选择，出租人只是支付货款，购买标的物的目的亦非自用而是出租给承租人，承租人实际享有占有、使用权益，因此出卖人应当按照约定向承租人交付标的物，承租人享有与受领标的物有关的买受人的权利。

2. 对租赁物的瑕疵担保责任

一般买卖合同中，出卖人应当对买受人承担标的物瑕疵担保责任。融资租赁合同具有特殊性，出卖人和标的物系由承租人选择确定，标的物由承租人直接验收受领，因而出卖人应当向承租人负担瑕疵担保责任，因标的物瑕疵造成承租人利益损失的，承租人可以根据约定直接行使索赔的权利。

三、融资租赁合同的解除

融资租赁合同为典型合同之一种，其解除适用合同解除的一般规则，譬如当事人一方迟延履行债务或者有其他违约行为致使不能实现合同目的，相对方可以解除合同。基于自身特性，融资租赁合同解除又具有以下特殊性规则：

有下列情形之一的，出租人或者承租人可以解除融资租赁合同：（1）出租人与出卖人订立的买卖合同解除、被确认无效或者被撤销，且未能重新订立买卖合同。融资租赁合同因买卖合同解除、被确认无效或者被撤销而解除，出卖人、租赁物系由承租人选择的，出租人有权请求承租人赔偿相应损失；但是，因出租人原因致使买卖合同解除、被确认无效或者被撤销的除外。出租人的损失已经在买卖合同解除、被确认无效或者被撤销时获得赔偿的，承租人不再承担相应的赔偿责任。（2）租赁物因不可归责于当事人的原因毁损、灭失，且不能修复或者确定替代物。融资租赁合同因租赁物意外毁损、灭失等不可归责于当事人的原因解除的，出租人可以请求承租人按照租赁物折旧情况给予补偿。（3）因出卖人的原因致使融资租赁合同的目的不能实现。在典型的融资租赁合同中，买卖合同系为融资租赁合同而订立，二者相互联系，在一定意义上以对方的存在为条件。若出卖人逾期违约、拒绝履行等，必将致使融资租赁合同丧失履行的基础，出租人和承租人因此均可解除融资租赁合同。

有下列情形之一的，出租人可以解除融资租赁合同：（1）承租人未按照合同约定的期限和数额支付租金，符合合同约定的解除条件，经出租人催告后在合理期限内仍不支付的；（2）合同对于欠付租金解除合同的情形没有明确约定，但承租人欠付租金达到两期以上，或者数额达到全部租金百分之十五以上，经出租人催告后在合理期限内仍不支付的；（3）承租人未经出租人同意，将租赁物转让、抵押、质押、投资入股或者以其他方式处分的；（4）承租人违反合同约定，致使合同目的不能实现的其他情形。

因出租人的原因致使承租人无法占有、使用租赁物，承租人可以请求解除融资租赁合同。

实务精解

1. 承租人未经出租人同意将租赁物转租的，出租人能否请求解除融资租赁合同？

2020年修改前的《融资租赁合同司法解释》第12条第1项规定，承租人未经出租人同意，将租赁物转让、转租、抵押、质押、投资入股或者以其他方式处分租赁物的，出租人请求解除融资租赁合同的，人民法院应予支持。《民法典》吸收该司法解释入典，列为第753条："承租人未经出租人同意，将租赁物转让、抵押、质押、投资入股或者以其他方式处分的，出租人可以解除融资租赁合同。"二者对照，可以发现《民法典》删除了"转租"这一租赁物处分方式，是否即意味着承租人擅自转租租赁物不在出租人解除合同理由之列？在租赁合同中，《民法典》对于承租人擅自转租的行为可是不论是否构成根本性违约而一概予以否定的，其第716条第2款规定，承租人未经出租人同意转租的，出租人可以解除合同。

笔者认为，此系因融资租赁合同的特性所致。在租赁合同中，出租人系基于对承租人的信赖而将租赁物交其占有，承租人擅自转租行为违背诚信原则，损害出租人的所有权和处分权，即便转租行为尚未构成根本违约而致合同目的不能实现，根据权责适当的原则，赋予出租人解除合同的权利亦是正当的。

融资租赁合同是融资与融物相结合，融资为融物服务，出租人实质上是为承租人购买租赁物提供资金，承租人支付的租金并非使用收益租赁物的对价，而是出租人提供资金融通的代价。在融资租赁合同中，对于出租人和承租人来说，中途不可解约是一个均当遵守的重要规则。

在融资租赁合同中，租赁物系由承租人选择，对出租人而言主要功能是担保租金债权实现，并没有太大使用价值，出租人中途解约收回租赁物，一定期间内可能都难以再次出租或者转让，对最大限度实现其合同目的一般没有帮助。

因此，在承租人转租行为能够保障租赁物效用的正常发挥，亦未直接严重侵犯出租人的所有权或其就租赁物的担保利益的情况下，不宜一概将承租人转租行为作为出租人解除合同的法定理由。当然，若承租人转租行为严重侵犯出租人权益，构成根本性违约，致使合同目的不能实现的，出租人当然有权依法或依约解除融资租赁合同。

2. 融资租赁期限届满租赁物的归属如何确定？

融资租赁合同中，租赁物由出租人根据承租人的选择而购买并由承租人实际占有。租赁期限届满，对于租赁物的归属问题，出租人与承租人可以协商约定。没有约定或者约定不明确的，可以协议补充；不能达成补充协议的，按照合同相关条款或者交易习惯确定。依据上述规定仍不能确定的，租赁物的所有权归出租人。如果当事人约定租赁期限届满，承租人仅需向出租人支付象征性价款的，视为约定的租金义务履行完毕后租赁物的所有权归承租人。

当事人约定租赁期限届满租赁物归承租人所有，承租人已经支付大部分租金，但是无力支付剩余租金，出租人因此解除合同收回租赁物，收回的租赁物的价值超过承租人欠付的租金以及其他费用的，承租人可以请求相应返还。

当事人约定租赁期限届满租赁物归出租人所有，因租赁物毁损、灭失或者附合、混合于他物致使承租人不能返还的，承租人对此没有过错的，出租人有权请求给予合理补偿；如果租赁物毁损、灭失是因承租人过错造成的，出租人可以请求违约损害赔偿。

融资租赁合同无效，当事人就该情形下租赁物的归属有约定的，按照其约定；没有约定或者约定不明确的，租赁物应当返还出租人。但是，因承租人原因致使合同无效，出租人不请求返还或者返还后会显著降低租赁物效用的，租赁物的所有权归承租人，由承租人给予出租人合理补偿。

典型案例

融资租赁承租人未按照约定支付租金，经催告后仍未支付的，出租人有权请求支付全部租金[①]

◎ **基本案情**

2019年7月，某融资租赁公司（甲方）、罗某（乙方）签署《汽车融资租赁合同》《车辆买卖协议书》等一系列合同文件，约定甲方购买乙方具有所有权的某品牌机动车一辆，然后回租给乙方使用，租期为36个月，每月租金为A元。《汽车融资租赁合同》第十八条第一款约定：乙方连续10天未向甲方支付租金或累计两期未按时向甲方支付租金或者拖欠款项累计达到应付款项的15%的，甲方有权提前终止合同，并向乙方追索本合同项下所有到期未付租金、所有未到期租金等款项。合同签署后，某融资租赁公司向罗某支付了购车款，罗某签署了《所有权转移证明》。某融资租赁公司按照合同约定向罗某交付租赁车辆，罗某签署车辆交接单。罗某在2019年8月26日付租金A元，之后没有再付。

鉴于罗某已经严重违约，根据合同约定，某融资租赁公司主张加速

---

① 本案例材料来源：广东省广州市南沙区人民法院（2020）粤0115民初430号民事判决。

合同到期，要求罗某一次性支付到期未付租金和所有未到期租金，并为此提起诉讼。

◎ **法院裁判要旨**

法院认为，本案为融资租赁合同纠纷。原、被告签订的《汽车融资租赁合同》系双方当事人的真实意思表示，未违反法律、行政法规的禁止性规定，应属有效，各方当事人应恪守约定。原告依约履行了交付租赁物的合同义务，被告应当依照约定支付租金。被告欠付租金，属于违约，应承担相应的违约责任。原告有权宣布合同项下的租金全部到期，并向被告主张支付全部租金及违约金。

◎ **律师评析**

在融资租赁合同中，租金是承租人根据约定向出租人支付的融资的对价，包括出租人购买租赁物本身的价格和出租人提供资金融通作用所支付的必要费用及其正常利润，此亦为承租人最基本的义务。租赁期限内，承租人没有按照约定支付租金时，出租人可以催告在合理期限内支付到期未付的租金。如果承租人仍不支付的，出租人可以请求承租人支付全部租金包括合同中所约定的全部已经到期而未支付的租金和依照约定尚未到期的租金，此系主张加速租金到期，即剥夺承租人的期限利益，惩罚其违约行为。此时，合同本身并未解除，仍然处于履行状态。在支付融资对价的情形下，承租人可继续占有、使用租赁物，直至租赁期届满。

法条索引

《民法典》
第 735 条—第 760 条
《最高人民法院关于审理融资租赁合同纠纷案件适用法律问题的解释》
第 1 条—第 14 条

第十五章　承揽合同

理论精要

一、概述

承揽合同是承揽人按照定作人的要求完成工作，交付工作成果，定作人支付报酬的合同。承揽包括加工、定作、修理、复制、测试、检验等工作。承揽合同的标的是承揽人完成并交付的工作成果，而非承揽人提供的劳务。承揽人提供劳务，但没有按照定作人的要求完成一定的工作，不得请求定作人支付报酬，只有将其劳务物化成"工作成果"并交付，承揽合同订立目的始得实现。

承揽合同的内容一般包括承揽的标的、数量、质量、报酬，承揽方式，材料的提供，履行期限，验收标准和方法等条款。

二、承揽合同的效力

（一）承揽人的义务

1. 按照约定完成承揽工作

因定作人系基于对承揽人工作能力和条件的认可而选择与其订立合同，故而对于承揽的主要工作，承揽人应当以自己的设备、技术和劳力亲自完成，但是当事人另有约定的除外。承揽人也可以将其承揽的主要工作交由第三人完成，定作人对此可以作两种选择：一是主张主要承揽工作转交未经己方同意，承揽人违反法定或约定义务，定作人据此解除合同；二是定作人已知主要工作系由第三人完成，但并不因此解除合同，而是要求承揽人就该第三人完成的工作成果向己方负责。

对于辅助性工作，承揽人无须经定作人同意即可以交由第三人完成，但其应当就该第三人完成的工作成果向定作人负责。

2. 按照约定选用材料并接受检验

在承揽合同中，法律并未强制规定材料是由定作人提供还是由承揽人提供。如果承揽人提供材料的，应当按照约定选用符合要求的材料，并接受定作人检验；定作人未能及时检验的，视为承揽人提供的材料符合要求。

3. 接受并合理使用定作人提供的材料

由于材料直接决定工作成果的质量，承揽人对定作人提供的材料应当及时检验，发现不符合约定时，应当及时通知定作人更换、补齐或者采取其他补救措施。承揽人不得擅自更换定作人提供的材料，也不得更换不需要修理的零部件。

4. 妥善保管

承揽合同履行过程中，在工作成果交付前，承揽人基于占有控制应当妥善保管定作人提供的材料以及完成的工作成果，因保管不善造成毁损、灭失的，应当承担赔偿责任。

5. 接受必要的监督检验

承揽人在工作期间，以自己的设备、技能、劳力等完成工作，不受定作人指挥或者管理。但最终交付的工作成果毕竟事关定作人合同目的能否实现，因此定作人有权对承揽工作进行必要的监督检验。但该监督检验应当是必要的、合理的，不得因定作人监督检验妨碍承揽人的正常工作。定作人发现承揽工作不符合约定的，应当通知承揽人。承揽人应当纠正工作中的瑕疵。如果承揽人认为定作人要求不合理的，应当告知定作人。定作人坚持己见的，承揽人应当按照其要求执行，但对由此导致工作成果不符合约定不承担责任。

6. 交付工作成果

承揽人完成工作的，应当向定作人交付工作成果，并提交必要的技术资料和有关质量证明。定作人应当接受工作成果并对该工作成果进行质量和数量验收。

7. 瑕疵担保

承揽人应当担保交付的工作成果在质量上符合法律规定和合同约定，以保障定作人合同目的的实现。如果承揽人交付的工作成果不符合质量要求的，定作人可以合理选择请求承揽人承担修理、重作、减少报酬、赔偿损失等违约责任。

共同承揽人对定作人承担连带责任，但是当事人另有约定的除外。

8. 保密和通知

承揽人在完成承揽工作的过程中，基于工作需要所获得的图纸、技术资料等，有可能属于定作人的商业秘密，因此应当按照定作人的要求保守秘密，不得向第三人泄露或者不当使用；未经定作人许可，不得留存复制品或者技术资料。

承揽人发现定作人提供的图纸或者技术要求不合理的，应当及时通知定作人。因定作人怠于答复等原因造成承揽人损失的，应当赔偿损失。

9. 依法行使留置权

定作人未向承揽人支付报酬或者材料费等价款的，承揽人对完成的工作成果享有留置权，但是当事人另有约定的除外。此为《民法典》关于承揽人留置权的规定，留置权是一种法定的担保物权，承揽人行使留置权应当符合法律规定：承揽人根据成立并生效的承揽合同占有工作成果；工作成果与承揽人债权基于同一法律关系而产生，该工作成果非法律所禁止；定作人没有按照约定期限支付报酬；当事人没有不得留置的约定。

（二）定作人的义务

1. 按照约定提供材料

如果承揽合同系由定作人提供材料的，定作人应当按照约定选用、提供材料。定作人没有按照约定提供材料导致承揽人不能按照约定完成工作并交付工作成果，造成承揽人损失的，定作人应当承担赔偿责任。

2. 协助

在承揽合同履行过程中，承揽工作需要定作人协助的，定作人有协助的义务。定作人不履行协助义务致使承揽工作不能完成的，承揽人可以催告定作人在合理期限内履行义务，并可以顺延履行期限；定作人逾期不履行的，承揽人可以解除合同。

3. 验收并受领工作成果

定作人应当按照约定验收承揽人交付的工作成果，工作成果不符合质量要求的，可以请求承揽人承担质量瑕疵担保责任。

定作人应当按照约定受领工作成果，无正当理由而迟延或拒绝受领的，应当承担相应的法律责任。

4. 按照约定支付报酬

定作人应当按照约定的数额、期限支付报酬，此为其主要合同义务。对支付报酬的期限没有约定或者约定不明确，经协议补充、按照合同相关条款或者交易习惯仍不能确定的，定作人应当在承揽人交付工作成果时支付；工作成果部分交付的，定作人应当相应支付。

5. 变更或解除合同时的损害赔偿

在承揽合同成立生效后工作成果交付前，定作人基于承揽目的有权中途变更承揽工作的要求，承揽人应当按照变更后的要求继续履行合同。定作人中途变更承揽工作的要求给承揽人造成损失的，应当赔偿损失。

基于承揽合同为满足定作人特殊需要而订立的特有性质，法律赋予定作人在承揽人完成工作前可以随时解除合同的权利，但承揽人可能已经为履行合同有所付出，因定作人随时解除合同造成承揽人损失的，应当赔偿承揽人已完成工作部分应当获得的报酬及其他损失。

实务精解

定作人未按照合同约定支付报酬，承揽人能够就留置的工作成果直接请求拍卖并优先受偿吗？

在承揽合同法律关系中，定作人应当按照约定向承揽人支付报酬以及材料费等其他费用，此为其基本义务。定作人未依约支付报酬或者材料费等价款的，承揽人对完成的工作成果享有留置权，但是当事人另有约定的除外。承揽人留置权系一种法定担保物权，其成立由法律明确规定：一是即使承揽合同中没有约定，承揽人亦依法就其完成的工作成果享有留置权，除非当事人约定排除适用留置权，法律尊重当事人的意思自治，相关约定优先于法定适用。《民法典》第449条规定，法律规定或者当事人约定不得留置的动产，不得留置。二是定作人在承揽合同约定支付期限届满时没有支付报酬或者材料费等价款。三是承揽人留置的工作成果只能是动产，《民法典》第447条规定，债务人不履行到期债务，债权人可以留置已经合法占有的债务人的动产，并有权就该动产优先受偿。前款规定的债权人为留置权人，占有的动产为留置财产。四是承揽人应当已经合法占有工作成果，该工作成果与债权应当属于同一法律关系。《民法典》第448条规定，债权人留置的动产，应当与债权属于同一法律关系，但是企业之间留置的除外。

　　承揽人实现留置权并非通过占有即直接受偿报酬或者材料费等价款，而是应当依照法定程序对留置财产进行处分，以优先受偿债权。根据《民法典》物权编关于留置权的规定，留置权人与债务人应当约定留置财产后的债务履行期限；没有约定或者约定不明确的，留置权人应当给债务人六十日以上履行债务的期限，但是鲜活易腐等不易保管的动产除外。债务人逾期未履行的，留置权人既可以与债务人协议以留置财产折价，也可以就拍卖、变卖留置财产所得的价款优先受偿。留置财产折价或者变卖的，应当参照市场价格。在债权人长期持续占有留置财产而不予实现时，债务人在确知己方没有能力履行债务的情形下，可以请求留置权人在债务履行期限届满后行使留置权；留置权人不行使的，债务人可以请求人民法院拍卖、变卖留置财产。留置财产担保的范围包括主债权及其利息、违约金、损害赔偿金、保管担保财产和实现担保物权的费用。当事人另有约定的，按照其约定。留置财产折价或者拍卖、变卖后，其价款超过债权数额的部分归债务人所有，不足部分由债务人清偿。

如果承揽合同当事人约定工作成果不得留置的，在定作人未能按照约定支付报酬或者材料费时，承揽人即不能通过实现留置权享有债权优先受偿权，而只能通过协商或者诉讼等途径追索报酬或者材料费等价款，并追究定作人违约责任，维护己方合法权益。

典型案例

留置权是法定担保物权，只要具备法定发生原因即告成立，但在实现留置权时，应当依法确定债务履行期间[①]

◎ **基本案情**

2008年1月，某压铸件公司（甲方）与某机械厂（乙方）签订《委托加工协议》，就有关柴油机机体、侧盖毛坯加工事宜达成协议，约定由乙方自行至甲方处提取毛坯加工，加工成品后送到甲方处，经验收合格后付款。

2014年7月，双方确认某压铸件公司欠某机械厂加工费A元。2017年8月，某机械厂发函催收欠款A元。某压铸件公司随后请求某机械厂退还B件发机动侧盖、机体毛坯件。

某压铸件公司提起诉讼，请求判令某机械厂交付加工合格的柴油机机体、侧盖成品。某机械厂提起反诉，请求判令某压铸件公司支付加工费和逾期付款利息、保管费，某机械厂对B件毛坯件享有留置权，有权拍卖、变卖留置物，并对拍卖、变卖该财产的价款享有优先受偿权。

一审法院判决某机械厂按照约定交付加工完成的机体、侧盖共计B件，驳回某机械厂反诉请求。某机械厂提起上诉。

二审法院撤销一审法院判决，判令某压铸件公司支付某机械厂加工款及逾期付款利息，某机械厂对其加工完成的机体、侧盖共计B件产品享有留置权。驳回某机械厂的其他反诉请求、某压铸件公司的全部诉讼请求。

---

① 本案例材料来源：江苏省南京市中级人民法院（2018）苏01民终3024号民事判决。

◎ **法院裁判要旨**

一审法院认为，留置权应为主债权的从权利，当事人在行使留置权时，仍应积极实现主债权，及时通知债务人履行付款义务。本案因某机械厂怠于行使诉讼权利，导致其主张的加工费 A 元已超过诉讼时效，而无法得到法律保护，故某机械厂主张留置权依据不足。另根据法律规定，债权人与债务人在合同中未约定留置财产时间的，债权人留置债务人财产后，应当确定两个月以上的期限，通知债务人在该期限内履行债务。该规定亦要求债权人在行使留置权后，应当及时通知债务人履行债务。某机械厂截至本案诉讼前，从未就留置权的行使通知过某压铸件公司，故其主张的留置权在主债务已超过诉讼时效的情况下，亦缺乏事实和法律依据，一审法院对此不予支持。

二审法院认为，首先，某压铸件公司未按约向某机械厂支付 A 元加工款，《委托加工协议》中对留置权未进行特别约定，故某机械厂作为承揽人，对其已合法占有的毛坯件加工而成的工作成果即 B 件成品依法享有留置权。其次，某压铸件公司根据《担保法司法解释》第 111 条"债权人行使留置权与其承担的义务或者合同的特殊约定相抵触的，人民法院不予支持"的规定，主张某机械厂对 B 件产品不享有留置权，不符合《合同法》第 264 条的规定，法院不予采纳。最后，留置权是法定担保物权，只要具备法定发生原因，留置权即告成立，留置权人即可留置相应动产，该留置行为无须通知债务人，但在实现留置权时，应根据法律规定确定债务履行期间。综上，某机械厂主张其对 B 件成品享有留置权，于法有据，法院予以支持。

◎ **律师评析**

留置权是法定担保物权，其法定性决定了在具备法律规定的条件时，留置权就当然成立，不受当事人的意志左右。但留置权人留置财产后，并不能直接对留置财产进行处分以优先受偿其债权，而是应当与债务人约定留置财产后的债务履行期限；没有约定或者约定不明确的，除特殊情形外，留置权人应当给债务人六十日以上履行债务的期限。债务人逾期未履行的，留置权人才可以与债务人协议以留置财产折价，或者就拍卖、变卖留置财产所得的价款优先受偿。

需要强调的是，留置权人在拍卖、变卖留置财产实现留置权时，应当遵循诚信、公平原则，参照市场价格，保证留置财产处置的合法性、合理性。如果因任意降低留置财产的价格，给债务人造成损害的，应当承担损害赔偿责任。

法条索引

《民法典》

第770条—第787条

第十六章　建设工程合同

理论精要

一、概述

建设工程合同，是指先由承包人进行工程建设，后由发包人支付价款的特殊的承揽合同。建设工程合同的当事人为发包人和承包人。所谓发包人，《建设工程施工合同（示范文本）》（GF-2017-0201）将其定义为与承包人签订合同协议书的当事人及取得该当事人资格的合法继承人。承包人则定义为与发包人签订合同协议书的，具有相应工程施工承包资质的当事人及取得该当事人资格的合法继承人。

建设工程合同包括工程勘察、设计、施工合同。勘察、设计合同的内容一般包括提交有关基础资料和概预算等文件的期限、质量要求、费用以及其他协作条件等条款；施工合同的内容一般包括工程范围、建设工期、中间交工工程的开工和竣工时间、工程质量、工程造价、技术资料交付时间、材料和设备供应责任、拨款和结算、竣工验收、质量保修范围和质量保证期、相互协作等条款。

根据合同当事人和承包人承包内容的不同，建设工程合同可以分为总承包合同、单项工程承包合同和分包合同。所谓总承包合同，是指发包人将某项建设工程的勘察、设计、施工全部发包给一家具有总承包资质条件的总承包人，由其对整个建设工程负责。所谓单项工程承包合同，是指发包人分别与具备相应资质条件的勘察人、设计人、施工人订立勘察、设计、施工承包合同，勘察人、设计人、施工人仅就自己的工作成果向发包人负责。所谓分包合同，是指建设工程总承包人或者勘察、设计、施工承包人经发包人同意，将自己承包的部分工作交由具有相应分包工程建设资质的第三人来完成而签订的合同。

二、建设工程合同的效力

（一）发包人的主要义务

1. 协助

如果建设工程合同约定发包人需要提供原材料、设备、场地、资金、技术资料的，发包人应当按照约定的时间和要求履行协助义务。如果发包人违反原材料提供等约定，可能影响承包人施工进度，导致工程竣工日期延后。对此，承包人可以请求顺延工程日期，并有权请求发包人赔偿停工、窝工等损失。

发包人提供的主要建筑材料、建筑构配件和设备不符合强制性标准或者不履行协助义务，致使承包人无法施工，经催告后在合理期限内仍未履行相应义务的，承包人可以解除合同。

2. 工程验收

建设工程竣工后，发包人应当根据施工图纸及说明书、国家颁发的施工验收规范和质量检验标准及时进行验收。根据《建设工程施工合同（示范文本）》（GF-2017-0201）的规定，工程竣工验收程序为：承包人向监理人报送竣工验收申请报告，监理人应在收到竣工验收申请报告后14天内完成审查并报送发包人。监理人审查后认为已具备竣工验收条件的，应将竣工验收申请报告提交发包人，发包人应在收到经监理人审核的竣工验收申请报告后28天内审批完毕并组织监理人、承包人、设计人等相关单位完成竣工验收。竣工验收合格的，发包人应在验收合格后14天内向承包人签发工程接收证书。竣工验收不合格的，承包人应当在完成不合格工程的返工、修复或采取其他补救措施后，重新申请竣工验收。

对于经验收不合格的建设工程，发包人有权拒绝按照合同约定支付工程价款或者参照合同关于工程价款的约定折价补偿。建设工程竣工经验收合格后，方可交付使用；未经验收或者验收不合格的，不得交付使用。司法实务中，如果发包人未经竣工验收即擅自使用，其后又以使用部分质量不符合约定为由主张权利的，人民法院不予支持；但是承包人应当在建设工程的合理使用寿命内对地基基础工程和主体结构质量承担民事责任。

3. 支付价款并接收建设工程

建设工程合同法律关系中，按照合同约定支付工程价款包括工程预付款、进度款和结算款，是发包人的基本义务。发包人未按照约定支付价款的，承包人有权催告发包人在合理期限内支付价款。发包人逾期不支付的，承包人有权就该建设工程折价或者拍卖的价款优先受偿。

发包人应当接收符合法定或者约定条件的建设工程。

4. 赔偿责任

因发包人的原因致使工程中途停建、缓建的，发包人应当采取措施弥补或者减少损失，赔偿承包人因此造成的停工、窝工、倒运、机械设备调迁、材料和构件积压等损失和实际费用。

因发包人变更计划，提供的资料不准确，或者未按照期限提供必需的勘察、设计工作条件而造成勘察、设计的返工、停工或者修改设计，发包人应当按照勘察人、设计人实际消耗的工作量增付费用。

（二）承包人的主要义务

1. 按质、按期进行工程建设

此为承包人的基本义务。承包人应当自行完成建设工程主体结构的施工，不得将其承包的全部建设工程转包给第三人或者将其承包的全部建设工程支解以后以分包的名义分别转包给第三人。

经发包人同意，承包人可将自己承包的部分工作交由第三人完成，并就第三人完成的工作成果向发包人承担连带责任。

2. 接受发包人监督检查

发包人有权在不妨碍承包人正常作业的情况下，随时对作业进度、质量进行检查，承包人有义务接受发包人合法、合理的监督。

3. 隐蔽工程通知检查

隐蔽工程是指建筑物、构筑物在施工期间将建筑材料或者构配件埋于物体之中后被覆盖外表看不见的实物。在隐蔽工程隐蔽以前，承包人应当通知发包人检查。发包人没有及时检查的，承包人可以顺延工程日期，并有权请求赔偿停工、窝工等损失。承包人没有通知发包人检查即覆盖隐蔽工程的，发包人有权要求钻孔探测或揭开检查，但由此增加的费用、延误的工期均应当由承包人承担。

4. 加害赔偿

因承包人的原因致使建设工程在合理使用期限内造成人身损害和财产损失的，承包人应当承担赔偿责任。

三、建设工程合同的解除

建设工程合同系典型合同之一种，关于合同解除的一般规则自然亦适用于建设工程合同，譬如当事人协商一致解除合同、因不可抗力致使不能实现合同目的而解除合同等。同时，鉴于建设工程合同的特殊性，其解除又具有一些特殊性规则，譬如承包人将建设工程转包、违法分包的，发包人可以解除合同；发包人提供的主要建筑材料、建筑构配件和设备不符合强制性标准或者不履行协助义务，致使承包人无法施工，经催告后在合理期限内仍未履行相应义务的，承包人可以解除合同。

关于建设工程合同解除后的法律后果，《民法典》亦同时予以明确：合同解除后，已经完成的建设工程质量合格的，发包人应当按照约定支付相应的工程价款；已经完成的建设工程质量不合格但经修复验收达到合格的，发包人应当按照约定支付工程价款，但同时有权请求承包人承担修复费用；如果经修复后验收仍然不合格的，承包人无权请求给付工程价款。

实务精解

1. 发包人未取得施工许可证即订立的建设工程施工合同是否具有法律效力？

《建筑法》第 7 条规定："建筑工程开工前，建设单位应当按照国家有关规定向工程所在地县级以上人民政府建设行政主管部门申请领取施工许可证；但是，国务院建设行政主管部门确定的限额以下的小型工程除外。按照国务院规定的权限和程序批准开工报告的建筑工程，不再领取施工许可证。"第 64 条规定："违反本法规定，未取得施工许可证或者开工报告未经批准擅自施工的，责令改正，对不符合开工条件的责令停止施工，可以处以罚款。"发包人未取得施工许可证即订立的建设工程施工合同，是否具有法律效力？根据《建筑法》第 8 条的规定，建设单位申请领取施工许可证以已经确定建筑施工企业为前提，此时建设工程施工合同应当已经订立，由此可知：施工许可证不是建设工程施工合同的有效要件，是否取得施工许可证不影响合同的效力。实际上，根据《建筑法》相关规定，在建设工程正式施工前发放施工许可证只是建设行政主管部门对建设工程项目加强监管的一种行政手段，主要目的是审查建设单位或者承包单位是否具备法律规定的建设或者施工条件，具有行政管理的性质，如果建设单位或者施工单位违反该管理规定，应当受到相应的行政处理。因此，施工许可证应当属于管理性规范，而非影响合同的效力性规范。《江苏省高级人民法院关于审理建设工程合同纠纷案件若干问题的解答》即指出，发包人未取得建设工程施工许可证的，不影响建设工程施工合同的效力。

2. 建设工程施工合同无效的情形有哪些？后果如何？

（1）建设工程施工合同无效的情形

根据《建设工程施工合同司法解释（一）》及相关法律法规的规定，具有下列情形之一的，建设工程施工合同应当认定为无效：

①承包人未取得建筑施工企业资质或者超越资质等级的

根据法律规定，承包建筑工程的单位应当持有依法取得的资质证书，并在其资质等级许可的业务范围内承揽工程。禁止建筑施工企业超越本企业资质等级许可的业务范围承揽工程。没有取得资质或者超越资质等级承揽工程，难以保障建设工程的质量，因而为法律所禁止。具有下列情形之一的，属于未取得建筑施工企业资质或者超越资质等级承揽工程：个体施工队伍在没有资质的情况下违法承揽建设工程的，施工单位冒用、盗用营业执照、资质证书承揽工程的，建筑施工企业的分支机构以自己的名义对外承揽工程的，非建筑施工企业超越经营范围对外承揽建设工程的，承包人在工程竣工前未取得相应资质、竣工验收合格后取得资质的。

②没有资质的实际施工人借用有资质的建筑施工企业名义的

《建筑法》规定，禁止建筑施工企业以任何形式用其他建筑施工企业的名义承揽工程。禁止建筑施工企业以任何形式允许其他单位或者个人使用本企业的资质证书、营业执照，以本企业的名义承揽工程。具有下列情形之一，属于没有资质的实际施工人借用有资质的建筑施工企业名义承揽建设工程：不具有从事建筑活动主体资格的个人、合伙组织或企业以具备从事建筑活动资格的建筑企业的名义承揽工程，资质等级低的建筑企业以资质等级高的建筑企业的名义承揽工程，不具有工程总包资格的建筑企业以具有总包资格的建筑企业的名义承揽工程，有资质的建筑企业通过其他违法方式允许他人以本企业的名义承揽工程。

③建设工程必须进行招标而未招标或者中标无效的

依法必须进行招标的项目的招标投标活动违反《招标投标法》及其实施条例的规定，对中标结果造成实质性影响，且不能采取补救措施予以纠正的，招标、投标、中标无效。

根据《招标投标法》规定，中标无效的情形包括：招标代理机构违反本法规定，泄露应当保密的与招标投标活动有关的情况和资料，或者与招标人、投标人串通损害国家利益、社会公共利益或者他人的合法权益，影响中标结果的；依法必须进行招标的项目的招标人向他人透露已获取招标文件的潜在投标人的名称、数量或者可能影响公平竞争的有关招标投标的其他情况，或者泄露标底，影响中标结果的；投标人相互串通投标或者与招标人串通投标的，投标人以向招标人或者评标委员会成员行贿的手段谋取中标的；投标人以他人名义投标或者以其他方式弄虚作假，骗取中标的；依法必须进行招标的项目，招标人违反本法规定，与投标人就投标价格、投标方案等实质性内容进行谈判，影响中标结果的；招标人在评标委员会依法推荐的中标候选人以外确定中标人的，依法必须进行招标的项目在所有投标被评标委员会否决后自行确定中标人的。

④在中标合同之外另行签订变相降低工程价款的合同的

招标人和中标人在中标合同之外就明显高于市场价格购买承建房产、无偿建设住房配套设施、让利、向建设单位捐赠财物等另行签订合同，变相降低工程价款，一方当事人可以该合同背离中标合同实质性内容为由请求确认无效。

⑤中标合同约定的工程价款低于成本价的

《招标投标法》第33条规定，投标人不得以低于成本的报价竞标。第41条规定，中标人的投标应当能够满足招标文件的实质性要求，并且经评审的投标价格最低；但是投标价格低于成本的除外。《招标投标法实施条例》第51条则将投标报价低于成本作为评标委员会应当否决投标的情形之一。由上述规定可知，投标人不得以低于成本的报价竞标属于效力性强制性规定，以低于成本价订立的建设工程施工合同依法当然无效。

⑥发包人未取得建设工程规划许可证等规划审批手续的

《建设工程施工合同司法解释（一）》第3条规定，当事人以发包人未取得建设工程规划许可证等规划审批手续为由，请求确认建设工程施工合同无效的，人民法院应予支持，但发包人在起诉前取得建设工程规划许可证等规划审批手续的除外。发包人能够办理审批手续而未办理，并以未办理审批手续为由请求确认建设工程施工合同无效的，人民法院不予支持。

⑦发包人将应当由一个承包人完成的建设工程支解成若干部分发包给数个承包人的

根据《民法典》规定，发包人可以与总承包人订立建设工程合同，也可以分别与勘察人、设计人、施工人订立勘察、设计、施工承包合同。但发包人不得将应当由一个承包人完成的建设工程支解成若干部分发包给数个承包人。

⑧承包人将其承包的全部建设工程非法转包给第三人或者违法再分包的

根据《民法典》规定，承包人不得将其承包的全部建设工程转包给第三人或者将其承包的全部建设工程支解以后以分包的名义分别转包给第三人。禁止分包单位将其承包的工程再分包。建设工程主体结构的施工必须由承包人自行完成。

所谓转包，是指承包单位承包建设工程后，不履行合同约定的责任和义务，将其承包的全部建设工程转给他人或者将其承包的全部工程支解以后以分包的名义分别转给他人承包的行为。转包的特征为：转包人不履行建设工程合同全部义务，不履行施工、管理、技术指导等技术经济责任；转包人将合同权利与义务全部转让给第三人。在司法实践中，转包往往表现为转包人在承接建设工程后并不成立项目部，也不派驻管理人员和技术人员在施工现场进行管理和技术指导。

所谓分包，是指建设工程总承包人或者勘察、设计、施工承包人经发包人同意，将自己承包的部分工作交由具有相应分包工程建设资质的第三人来完成。违法分包指下列行为：总承包单位将建设工程分包给不具备相应资质条件的单位的；建设工程总承包合同中未有约定，又未经建设单位认可，承包单位将其承包的部分建设工程交由其他单位完成的；施工总承包单位将建设工程主体结构的施工分包给其他单位的；分包单位将其承包的工程再分包的。

（2）建设工程施工合同无效的法律后果

《民法典》第157条规定，民事法律行为无效、被撤销或者确定不发生效力后，行为人因该行为取得的财产，应当予以返还；不能返还或者没有必要返还的，应当折价补偿。有过错的一方应当赔偿对方由此所受到的损失；各方都有过错的，应当各自承担相应的责任。法律另有规定的，依照其规定。此为处理合同无效问题时应当遵循的一般规则，对于建设工程合同同样适用，只是建设工程合同履行有其特殊性，合同履行过程即承包人将劳务及建筑材料物化成建设工程的过程。合同无效时，发包人对于已经物化成建设工程的劳务及建筑材料无法予以返还，而只能折价补偿。

《民法典》第793条规定："建设工程施工合同无效，但是建设工程经验收合格的，可以参照合同关于工程价款的约定折价补偿承包人。建设工程施工合同无效，且建设工程经验收不合格的，按照以下情形处理：（一）修复后的建设工程经验收合格的，发包人可以请求承包人承担修复费用；（二）修复后的建设工程经验收不合格的，承包人无权请求参照合同关于工程价款的约定折价补偿。发包人对因建设工程不合格造成的损失有过错的，应当承担相应的责任。"

关于建设工程施工合同无效造成的损失赔偿问题，《建设工程施工合同司法解释（一）》从举证责任和损失确定两个方面作出明确规定，其第6条规定："建设工程施工合同无效，一方当事人请求对方赔偿损失的，应当就对方过错、损失大小、过错与损失之间的因果关系承担举证责任。损失大小无法确定，一方当事人请求参照合同约定的质量标准、建设工期、工程价款支付时间等内容确定损失大小的，人民法院可以结合双方过错程度、过错与损失之间的因果关系等因素作出裁判。"具体损失赔偿范围，承包人包括实际支出损失和停工、窝工损失；发包人包括实际支出的损失、工期延误造成的损失、工程质量导致的损失以及其他人身财产损失。

3. 建设工程合同纠纷是否均适用不动产专属管辖的规定？

民事诉讼中，管辖问题关系到当事人能否正确行使诉权并依法维护己方合法权益。一般地域管辖以当事人住所地与法院辖区的关系来确定管辖法院，通常实行"原告就被告"的原则；特殊地域管辖则以当事人住所地、与诉讼标的有关的法律事实所在地为判断标准来确定管辖法院；专属管辖则是法律强制规定只能由特定法院管辖的民事案件，排除一般地域管辖、特定地域管辖和协议管辖的适用。

因合同纠纷提起的诉讼，根据《民事诉讼法》第24条的规定，由被告住所地或者合同履行地人民法院管辖。建设工程合同纠纷是否即适用《民事诉讼法》关于合同纠纷诉讼管辖的一般规定？以建设工程施工合同纠纷为例，2004年《最高人民法院关于审理建设工程施工合同纠纷案件适用法律问题的解释》（现已失效）的观点为：建设工程施工合同纠纷案件应当适用一般合同地域管辖而非专属管辖规则。其第24条规定，建设工程施工合同纠纷以施工行为地为合同履行地。即建设工程施工合同纠纷案件应当由被告住所地或者施工行为地人民法院管辖。

《民事诉讼法司法解释》对此有所改变，其第28条第1款规定，《民事诉讼法》第34条第1项规定的不动产纠纷是指因不动产的权利确认、分割、相邻关系等引起的物权纠纷。第2款对涉及不动产纠纷案件的类型作出限制性规定，即农村土地承包经营合同纠纷、房屋租赁合同纠纷、建设工程施工合同纠纷、政策性房屋买卖合同纠纷，按照不动产纠纷确定管辖。自此，法律明确规定，建设工程施工合同纠纷适用《民事诉讼法》不动产纠纷专属管辖规定，由不动产所在地即建设工程所在地人民法院管辖。

需要强调指出的是，《民事诉讼法司法解释》只将建设工程施工合同纠纷列入不动产纠纷专属管辖范围，而非所有建设工程合同纠纷。根据《最高人民法院民事案件案由规定》的规定，第三级案由"建设工程合同纠纷"项下并列九个第四级案由：（1）建设工程勘察合同纠纷；

（2）建设工程设计合同纠纷；（3）建设工程施工合同纠纷；（4）建设工程价款优先受偿权纠纷；（5）建设工程分包合同纠纷；（6）建设工程监理合同纠纷；（7）装饰装修合同纠纷；（8）铁路修建合同纠纷；（9）农村建房施工合同纠纷。是否所有建设工程合同纠纷均适用不动产专属管辖规则，毕竟建设工程施工合同仅为建设工程合同的一种，法律对此并没有明确规定。司法实践中，为统一法律适用、规范审理建设工程施工合同纠纷案件，人民法院对此作出相应规定。最高人民法院民事审判庭在《关于民诉法解释中有关管辖若干问题的理解与适用》一文中指出，应当按照不动产纠纷由不动产所在地法院专属管辖的建设工程施工合同纠纷，不限于《民事案件案由规定》的建设工程合同纠纷项下的第三个第四级案由"建设工程施工合同纠纷"，应当包括该项下的建设工程施工相关的案件：建设工程施工合同纠纷、建设工程价款优先受偿权纠纷、建设工程分包合同纠纷、建设工程监理合同纠纷、装饰装修合同纠纷、铁路修建合同纠纷和农村建房施工合同纠纷。[1]《北京市高级人民法院关于民事诉讼管辖若干问题的规定（试行）》第9条规定："适用不动产专属管辖的建设工程施工合同纠纷包括最高人民法院《民事案件案由规定》第三级案由"建设工程合同纠纷"项下与建设工程施工相关的七个第四级案由：（一）建设工程施工合同纠纷；（二）建设工程价款优先受偿权纠纷；（三）建设工程分包合同纠纷；（四）建设工程监理合同纠纷；（五）装饰装修合同纠纷；（六）铁路修建合同纠纷；（七）农村建房施工合同纠纷。"《江苏省高级人民法院关于审理建设工程合同纠纷案件若干问题的解答》就"建设工程合同案件专属管辖如何理解"解答：《民事诉讼法司法解释》第28条规定建设工程施工合同案件按照不动产专属管辖确定受诉法院，即建设工程施工合同纠纷一律由建设工程所在地人民法院管辖。"建设工程施工合同纠纷"还包括建设工程价款优先受偿权纠纷、建设工程分包合

---

[1] 参见《人民法院报》2015年8月27日，第5版。

同纠纷、建设工程监理合同纠纷、装饰装修合同纠纷、建设工程勘察合同纠纷、建设工程设计合同纠纷。尚未开工建设的建设工程施工合同纠纷，以及达成结算协议的建设工程施工合同纠纷，均适用专属管辖。工程款债权转让的，债务人与受让人因债务履行发生纠纷的，由于该债权源于建设工程施工合同，按建设工程施工合同纠纷适用专属管辖。

由此可知，建设工程勘察、设计合同是否适用专属管辖规定，在司法实务中尚未取得一致认识，最高人民法院、北京等地法院将其排除在专属管辖之外，江苏则将其置于专属管辖之列。笔者认为，建设工程勘察、设计合同虽然属于建设工程合同，但相关纠纷并不涉及工程造价评估、质量鉴定、优先受偿权、执行拍卖等与工程所在地密切关联的内容，在性质上不同于建设工程施工合同纠纷，不必适用专属管辖的规定。

建设工程转包、分包、挂靠等纠纷，以及尚未履行的建设工程施工合同纠纷，本质上均与建设工程施工有关，亦应当按照不动产纠纷确定管辖，即由建设工程所在地的人民法院管辖。

4. 承包人要求按照竣工结算文件结算工程价款应当如何处理？

《建设工程施工合同司法解释（一）》第21条规定："当事人约定，发包人收到竣工结算文件后，在约定期限内不予答复，视为认可竣工结算文件的，按照约定处理。承包人请求按照竣工结算文件结算工程价款的，人民法院应予支持。"

综合江苏、河南等地高级人民法院关于建设工程纠纷案件的指导意见等规范性文件的规定，① 可以得出以下结论：

当事人在建设工程施工合同中明确约定发包人应在收到承包人提交竣工结算文件后一定期限内予以答复，且逾期未答复则视为认可竣工结算文件的，承包人依据《建设工程施工合同司法解释（一）》第21条的规定请求按照竣工结算文件结算工程价款的，应予支持。没有明确约定逾期未答复则视为认可竣工结算文件的，承包人请求按照竣工结算文件确定工程价款的，不予支持。

当事人在建设工程施工合同专用条款中未明确约定发包人应在收到承包人提交竣工结算文件后一定期限内予以答复，也未另行签订协议约定，承包人仅以住房和城乡建设部《建筑工程施工发包与承包计价管理办法》第18条的规定，或者《建设工程施工合同（示范文本）》通用条款约定为依据，诉请依照《建设工程施工合同司法解释（一）》第21

---

① 2018年《江苏省高级人民法院关于审理建设工程合同纠纷案件若干问题的解答》第9条规定："《建设工程司法解释》第20条规定的按照竣工结算文件结算工程价款，审判实践中如何适用？建设工程施工合同专用条款中明确约定发包人收到竣工结算文件后，在合同约定的期限内不予答复视为认可竣工结算文件，当事人要求按照竣工结算文件进行工程价款结算的，应予支持。建设工程施工合同专用条款中未明确约定，当事人要求按照竣工结算文件进行工程价款结算的，不予支持。建设工程施工合同专用条款有此明确约定，发包人有证据证明在合同约定的期限内提出异议的，承包人要求按照竣工结算文件进行工程价款结算的，不予支持。建设工程施工合同无效的，不影响该条款约定的效力。"

《河南省高级人民法院关于建设工程合同纠纷案件疑难问题的解答》第18条规定："当事人在施工合同中约定，发包人收到竣工结算文件后应在约定的期限内答复，但却没有约定逾期不答复的法律后果的，能否适用《最高人民法院关于审理建设工程施工合同纠纷案件适用法律问题的解释（一）》第二十一条规定认定工程款？答：《最高人民法院关于审理建设工程施工合同纠纷案件适用法律问题的解释（一）》第二十一条规定'当事人约定，发包人收到竣工结算文件后，在约定期限内不予答复，视为认可竣工结算文件的，按照约定处理。承包人请求按照竣工结算文件结算工程价款的，人民法院应予支持。'从文义解释看，工程款结算中的默示条款，不仅包括发包人收到竣工结算文件后在约定期限内不予答复的默示行为，还必须包括默示行为的法律后果，即发包人在约定期限内逾期不结算的，视为认可竣工结算文件的明确意思表示。双方当事人没有约定默示行为后果的，即没有明确约定'视为认可承包人提交的结算文件'的，发包人逾期不予答复的仅构成违约，不能适用该解释规定。需要说明的是，最高人民法院也专门就此出台答复意见，该解释规定的默示条款不包括住建部示范合同文本中的通用条款的约定内容。"参见《河南高院：关于建设工程合同纠纷案件疑难问题的解答》，载微信公众号"豫法阳光"（河南省高级人民法院）2023年12月19日，https://mp.weixin.qq.com/s/lGlkwGWz3R73npDjk8J86A，2025年5月28日访问。

条的规定按照竣工结算文件结算工程价款的，不予支持。此皆因为适用第 21 条司法解释的前提条件是当事人之间约定了发包人收到竣工结算文件后，在约定期限内不予答复，则视为认可竣工结算文件。承包人提交的竣工结算文件可以作为工程款结算的依据。若在建设工程施工合同中明确约定发包人收到竣工结算文件后不予答复即视为认可竣工结算文件，但未约定答复期限的，根据《建筑工程施工发包与承包计价管理办法》第 18 条的规定，应当按照国家有关规定执行；国家没有规定的，可认为其约定期限均为二十八日。

当事人在建设工程施工合同专用条款或另行签订的协议中明确约定发包人应在承包人提交竣工结算文件后未答复则视为认可竣工结算文件，但未约定答复期限，经承包人催告后，发包人仍不予答复的，人民法院可根据实际情况确定合理的答复期限，但答复期限不应超过六十日。

实践中需要注意的问题是，承包人应当书面递交竣工结算文件，口头告知竣工结算内容的，不得作为结算依据；竣工结算文件应当依法递交给发包人，承包人以发包人拒绝接受为由主张以竣工结算文件为结算依据的，不能获得法律的支持；承包人应当留存向发包人递交结算文件的证据，如果在产生争议时举证不能，则应当承担对己不利的法律后果。

5. 如何认定招标人和中标人另行签订的建设工程施工合同约定已背离中标合同实质性内容？

《招标投标法》第 46 条第 1 款规定，招标人和中标人应当自中标通知书发出之日起三十日内，按照招标文件和中标人的投标文件订立书面合同。招标人和中标人不得再行订立背离合同实质性内容的其他协议。《招标投标法实施条例》第 57 条第 1 款规定："招标人和中标人应当依照招标投标法和本条例的规定签订书面合同，合同的标的、价款、质量、履行期限等主要条款应当与招标文件和中标人的投标文件的内容一致。招标人和中标人不得再行订立背离合同实质性内容的其他协议。"

《建设工程施工合同司法解释（一）》第 2 条规定："招标人和中标人

另行签订的建设工程施工合同约定的工程范围、建设工期、工程质量、工程价款等实质性内容，与中标合同不一致，一方当事人请求按照中标合同确定权利义务的，人民法院应予支持。招标人和中标人在中标合同之外就明显高于市场价格购买承建房产、无偿建设住房配套设施、让利、向建设单位捐赠财物等另行签订合同，变相降低工程价款，一方当事人以该合同背离中标合同实质性内容为由请求确认无效的，人民法院应予支持。"

司法实践中，部分地方人民法院对如何判断招标人和中标人另行签订的建设工程施工合同约定是否已背离中标合同实质性内容亦有所明确。2012 年《浙江省高级人民法院民事审判第一庭关于审理建设工程施工合同纠纷案件若干疑难问题的解答》指出："认定'黑白合同'时所涉的'实质性内容'，主要包括合同中的工程价款、工程质量、工程期限三部分。对施工过程中，因设计变更、建设工程规划指标调整等客观原因，承、发包双方以补充协议、会谈纪要、往来函件、签证等洽商纪录形式，变更工期、工程价款、工程项目性质的书面文件，不应认定为《中华人民共和国招标投标法》第 46 条规定的'招标人和中标人再行订立背离合同实质性内容的其他协议'。"

典型案例

1. 建设工程价款优先受偿权的享有和行使应当具有明确的法律依据并严格加以控制[①]

◎ **基本案情**

2014 年 4 月，某建筑公司与某新材料公司签订车间工程施工合同。某建筑公司依约履行合同项下部分施工义务，某新材料公司没有按照约定支付工程款，导致工程停工。2015 年 1 月，某建筑公司与某新材料公

---

① 本案例材料来源：河北省邢台市邢台县人民法院（2019）冀 0521 民初 1009 号民事判决。

司等签订工程款还款计划，对所欠工程款数额、保证人和保证方式、利息等作出详细约定。2017年3月，某建筑公司提起诉讼，法院判决某新材料公司给付工程款及利息。该判决生效后，某建筑公司申请强制执行，并于2017年7月向法院提交优先受偿申请书，请求裁定准许某建筑公司对法院查封、扣押或冻结的某新材料公司的土地、房产等财产享受优先受偿权。法院判决后，某建筑公司仍在某新材料公司继续施工。

2019年4月，法院裁定受理对某新材料公司的破产清算申请。2019年6月，某建筑公司向某新材料公司管理人申报债权。管理人确认某建筑公司的债权为普通债权，债权总额包括工程款本金、工程款利息、加倍支付迟延履行期间利息，对申报的其他债权及优先受偿未予确认。某建筑公司对债权核对结果不予认可，提起诉讼，要求确认其对某新材料公司的建设工程拍卖的价款在债权范围内享有优先受偿权。

◎ **法院裁判要旨**

法院认为，《合同法》第286条规定，承包人可以对建设工程的价款，就该工程折价或者拍卖的价款优先受偿。《最高人民法院关于审理建设工程施工合同纠纷案件适用法律问题的解释（二）》（现已失效）第20条规定，未竣工的建设工程质量合格，承包人请求其承建工程的价款就其承建工程部分折价或者拍卖的价款优先受偿的，人民法院应予支持。本案中，某建筑公司所施工的工程为未竣工工程，其行使优先受偿权的条件为工程质量合格。经某司法鉴定中心鉴定，就该工程与图纸设计相符或符合双方约定部分，某建筑公司享有建设工程价款优先受偿权。

◎ **律师评析**

《民法典》第807条规定："发包人未按照约定支付价款的，承包人可以催告发包人在合理期限内支付价款。发包人逾期不支付的，除根据建设工程的性质不宜折价、拍卖外，承包人可以与发包人协议将该工程折价，也可以请求人民法院将该工程依法拍卖。建设工程的价款就该工程折价或者拍卖的价款优先受偿。"此即为建设工程价款优先受偿权制度。建设工程价款优先受偿权系法律赋予承包人就凝聚其劳动和投入的建设工程折价或者拍卖所得价款优先受偿的一项法定权利，具有优于抵押权和普通债权的权利属性，对该权利的享有和行使应当具有明确的法律依据并严格加以控制。

（1）建设工程价款优先受偿权权利主体

根据《民法典》第807条规定，建设工程价款优先受偿权的权利主体当为建设工程合同的承包人。《建设工程施工合同司法解释（一）》则进一步予以细化，其第35条规定："与发包人订立建设工程施工合同的承包人，依据民法典第八百零七条的规定请求其承建工程的价款就工程折价或者拍卖的价款优先受偿的，人民法院应予支持。"第37条规定："装饰装修工程具备折价或者拍卖条件，装饰装修工程的承包人请求工程价款就该装饰装修工程折价或者拍卖的价款优先受偿的，人民法院应予支持。"

从法律和司法解释条款文义上理解可知：第一，建设工程价款优先受偿权的权利主体限于建设工程施工合同的承包人、具备折价或者拍卖条件装饰装修工程的承包人，排除建设工程勘察合同、建设工程设计合同的承包人；第二，建设工程价款优先受偿权的权利主体限于直接与发包人签订工程合同的承包人，与发包人没有直接合同关系的实际施工人，以及分包合同、转包合同的承包人均不享有建设工程价款优先受偿权。

但理论终究是理想性的，司法实务中，在特定情形下，实际施工人、挂靠人等特定主体亦存在享有建设工程价款优先受偿权的可能。以实际施工人为例，《建设工程施工合同司法解释（一）》第43条第2款即突破合同相对性原则赋予实际施工人向与其没有合同关系的发包人主张工程价款的权利；第44条则赋予实际施工人在法定情形下向发包人提起代位权诉讼的权利。建设工程价款优先受偿权作为工程款的派生权利，当然难以拒绝实际施工人享有。各地司法实践中对此亦多持肯定意见，《江苏省高级人民法院关于审理建设工程合同纠纷案件若干问题的解答》第16条即规定，实际施工人在总承包人或者转包人不主张或者怠于行使工程价款优先受偿权时，就其承建的工程在发包人欠付工程价款范围内可以主张优先受偿权。《浙江省高级人民法院民事审判第一庭关于审理建设工程施工合同纠纷案件若干疑难问题的解答》第22条就"建设工程施工合同无效情形下，谁有权行使优先受偿权"的问题解答为：建设工程施工合同无效，但工程经竣工验收合格，承包人可以主张工程价款优先受偿权。分包人或实际施工人完成了合同约定的施工义务且工程质量合格，在总承包人或转包人怠于行使工程价款优先受偿权时，就其承建的工程在发包人欠付工程价款范围内可以主张工程价款优先受偿权。

(2) 建设工程价款优先受偿的范围

建设工程优先受偿的价款范围包括哪些？抑或全部？《建设工程施工合同司法解释（一）》第40条规定："承包人建设工程价款优先受偿的范围依照国务院有关行政主管部门关于建设工程价款范围的规定确定。承包人就逾期支付建设工程价款的利息、违约金、损害赔偿金等主张优先受偿的，人民法院不予支持。"该条并未直接罗列建设工程价款的具体构成，而是依照国务院有关行政主管部门关于建设工程价款范围的规定确定；若国务院有关行政主管部门关于建设工程价款范围的规定有所调整，则建设工程价款优先受偿的范围亦应随之调整。就目前而言，建设工程价款优先受偿的范围包括人工费、材料费、施工机具使用费、企业管理费、利润、规费和税金。①

司法实践中，各地方人民法院为统一司法裁判，对承包人建设工程价款优先受偿的范围亦有所明确。四川省人民法院通常认为，建设工程经验收合格，工程的直接成本、间接成本、利润和税金属于优先受偿范围。承包人、实际施工人支付的履约保证金、工程质量保证金、发包人应当支付的违约金等不属于优先受偿范围。承包人、实际施工人请求确认对建设工程占用范围内的土地使用权享有优先受偿权的，不予支持。

---

① 最高人民法院民事审判第一庭编著：《最高人民法院新建设工程施工合同司法解释（一）理解与适用》，人民法院出版社2021年版，第412页。

2013年《安徽省高级人民法院关于审理建设工程施工合同纠纷案件适用法律问题的指导意见（二）》第23条规定，因发包人原因导致承包人施工期间停窝工产生的工人工资、设备租赁等费用，承包人将该费用与工程价款一并主张优先受偿权的，应予支持。浙江省人民法院在执行程序中一般认为，建设工程价款优先受偿权的范围为建设工程的工程价款，包括承包人应当支付的工作人员报酬、材料款和用于建设工程的垫资款等。工程价款的利息不在优先受偿范围内。发包人应当支付的违约金或者因为发包人违约所造成的损失，不属于建设工程价款优先受偿权的受偿范围。建设工程承包人只能在其承建工程拍卖价款的范围内行使优先受偿权，对该工程占用范围内的土地使用权的拍卖价款不能主张优先受偿。实际操作中可对建设工程和土地使用权分开进行价值评估，确定各自在总价值中的比例，然后一并拍卖，拍卖成交后再确定建设工程承包人可以优先受偿的金额。建设工程承包人承建的部分工程因发包人的其他债务被人民法院执行的，承包人只能根据被执行的工程占其承建的全部工程的比例，对相应的工程价款主张优先受偿。

（3）建设工程价款优先受偿权的行使条件

建设工程价款优先受偿权行使的前提条件是建设工程质量合格。《建设工程施工合同司法解释（一）》规定，建设工程质量合格，承包人请求其承建工程的价款就工程折价或者拍卖的价款优先受偿的，人民法院应予支持；未竣工的建设工程质量合格，承包人请求其承建工程的价款就其承建工程部分折价或者拍卖的价款优先受偿的，人民法院应予支持。

建设工程价款优先受偿权行使的程序条件为：第一，发包人未按照建设工程施工合同约定支付价款；第二，承包人催告发包人在合理期限内支付价款；第三，发包人在合理期限内仍然拒绝支付；第四，承包人对于根据建设工程的性质宜折价、拍卖的，与发包人协议将该工程折价，或请求人民法院将该工程依法拍卖，并就该工程折价或者拍卖的价款优先受偿。

关于建设工程价款优先受偿权行使的方式，《江苏省高级人民法院关于审理建设工程施工合同纠纷案件若干问题的解答》第 18 条规定："承包人行使建设工程价款优先受偿权的方式如何认定？承包人通过提起诉讼或申请仲裁的方式，主张建设工程价款优先受偿权的，属于行使建设工程价款优先受偿权的有效方式。承包人通过发函形式主张建设工程价款优先受偿权的，不认可其行使的效力。"

关于建设工程价款优先受偿权的行使期限，《最高人民法院关于建设工程价款优先受偿权问题的批复》（法释〔2002〕16 号，现已失效）第 4 条规定："建设工程承包人行使优先权的期限为六个月，自建设工程竣工之日或者建设工程合同约定的竣工之日起计算。"该批复以"建设工程竣工之日或者建设工程合同约定的竣工之日"作为起算时间节点，对建设工程的特殊性考虑不足。对于承包人已经提交竣工验收报告，发包人拖延验收的，或者建设工程未经竣工验收，发包人擅自使用的等，如何确定建设工程价款优先受偿权起算时间？审判机关在实践中显然已注意到这一问题，部分地方人民法院结合司法实践，合理确定建设工程价款优先受偿权起算时间，《江苏省高级人民法院关于审理建设工程合同纠纷案件若干问题的解答》第 14 条即规定，建设工程施工合同的承包人行使建设工程价款优先受偿权的期限为六个月，具体起算按照以下方式确定：(1) 工程已竣工且工程结算款已届期的，自建设工程竣工之日或者建设工程施工合同约定的竣工之日起算；(2) 建设工程施工合同解除、终止履行的，自合同实际解除、终止之日起算；(3) 工程已竣工验收合格，但合同约定除质保金以外的工程款付款期限尚未届满的，自合同约定的工程款付款期限届满之日起算。

自 2021 年 1 月 1 日起施行的《建设工程施工合同司法解释（一）》在明确建设工程价款优先受偿权最长行使期限的同时，将建设工程价款优先受偿权起算时间节点由"建设工程竣工之日或者建设工程合同约定的竣工之日"修改为"发包人应当给付建设工程价款之日"，更为科学、合理，其第 41 条规定："承包人应当在合理期限内行使建设工程价款优先受偿权，但最长不得超过十八个月，自发包人应当给付建设工程价款之日起算。"至于发包人应当给付建设工程价款时间的确定，可以参照适用该司法解释第 27 条的规定，即当事人对付款时间没有约定或者约定不明的，下列时间视为应付款时间：(1) 建设工程已实际交付的，为交付之日；(2) 建设工程没有交付的，为提交竣工结算文件之日；(3) 建设工程未交付，工程价款也未结算的，为当事人起诉之日。

2. 承包人放弃建设工程价款优先受偿权不损害建筑工人利益的，行为有效[①]

◎ **基本案情**

2011 年 10 月、2012 年 12 月，某建设公司作为承包人与发包人某置业公司根据中标结果签订两份建设工程施工合同，承建涉案项目工程。2016 年 1 月，某置业公司为获取贷款，将部分房产抵押给某担保公司作为反担保。某建设公司出具声明书，承诺在某担保公司提供担保的全部债权清偿前，放弃因工程资金结算所承建建筑物变现价值的优先受偿权，并无条件配合某担保公司依法行使抵押权。其后，因贷款未能清偿，某担保公司代偿贷款后提起诉讼，要求某置业公司等偿还代偿款本息及违约金等。经法院主持调解，各方达成调解协议，法院出具民事调解书。2019 年 4 月，某建设公司因工程款纠纷提起诉讼，请求判令某置业公司支付工程款及利息，某建设公司对某置业公司尚欠的工程价款在涉案工程的拍卖或变卖等处置中享有优先受偿权。法院判决支持某建设公司诉请。当事人双方均提起上诉。二审法院判决驳回上诉、维持原判。随后，某担保公司提起第三人撤销之诉，请求撤销有关确认某建设公司享有建设工程价款优先受偿权的判项，确认某担保公司在调解书中约定的欠款范围内对涉案房产的拍卖或变卖价款中享有优先受偿权。2021 年 12 月，一审法院判决驳回某担保公司诉讼请求。某担保公司提起上诉，二审法院判决驳回上诉，维持原判。

[①] 本案例材料来源：最高人民法院 (2022) 最高法民终 233 号民事判决。

◎ **法院裁判要旨**

一审法院认为，法律赋予承包人建设工程价款优先受偿权，重要目的在于保护建筑工人的利益。建设工程价款优先受偿权虽作为法定优先权，但现行法律并未禁止放弃或限制该项优先权，且基于私法自治原则，民事主体可依法对其享有的民事权利进行处分。《最高人民法院关于审理建设工程施工合同纠纷案件适用法律问题的解释（二）》（现已失效）第23条规定"发包人与承包人约定放弃或者限制建设工程价款优先受偿权，损害建筑工人利益，发包人根据该约定主张承包人不享有建设工程价款优先受偿权的，人民法院不予支持"。该条款包含两层意思，一是承包人与发包人有权约定放弃或者限制建设工程价款优先受偿权，二是约定放弃或者限制建设工程价款优先受偿权不得损害建筑工人利益。涉案声明书的核心内容是某建设公司处分了己方的建设工程价款优先受偿权，判断某建设公司该意思表示、处分行为的效力仍要遵循前述司法解释的立法精神，即建设工程价款优先受偿权的放弃或者限制，不得损害建筑工人利益。某置业公司未依约支付工程款，经民事判决亦未予履行，且在本案庭审中表示已无偿款能力。在某担保公司所举证据不足以证明借款资金完全用于涉案项目建设的情况下，简单依据某建设公司在声明书中的承诺，认定其基于意思自治放弃建设工程价款优先受偿权，极有可能使某置业公司的整体清偿能力恶化影响正常支付建筑工人工资，从而导致侵犯建筑工人利益。因此，对于某担保公司要求撤销生效民事判决中确认的某建设公司享有的建设工程价款优先受偿权的内容，不予支持。

二审法院认为，认定承包人放弃建设工程价款优先受偿权的行为是否无效，关键看其是否损害建筑工人利益。本案中，某建设公司承诺放弃建设工程价款优先受偿权，目的在于获取某担保公司为涉案项目建设贷款提供担保，以保障项目建设获得必要的资金支持，不具有损害建筑工人利益的非法意图。且某建设公司只是就涉案项目已经为某担保公司设定抵押的部分房产放弃了优先受偿权，以保障某担保公司抵押权的实现。某建设公司放弃只占总工程面积约4.5%房产的优先受偿权，仍对占总工程面积95.5%的剩余房产享有建设工程价款优先受偿权，因此某建设公司的放弃行为不影响其对某置业公司的工程款及利息债权获得清偿，不会损害建筑工人的合法权益，在不存在其他无效事由的情况下，应认定该放弃行为有效。

建设工程价款优先受偿权，赋予承包人的工程款债权相较于发包人的普通债权甚至某些物权如抵押权等就建筑物变价款优先受清偿的效力，在建设工程上聚合存在工程款债权以及抵押权、普通债权等多种权利的情况下，工程款债权具有相对优先的清偿顺位。本案中，某建设公司并未对某置业公司的其他债权人作出一概放弃优先清偿顺位的意思表示，因此该放弃行为具有相对性和部分性，仅产生建设公司对涉案部分房产的工程款债权不得比某担保公司的抵押权优先受清偿的后果，但并不导致某建设公司的建设工程价款优先受偿权绝对消灭，相对于某置业公司的其他抵押权人和普通债权人而言，某建设公司仍享有并可以主张建设工程价款优先受偿权。

◎ **律师评析**

在《最高人民法院关于审理建设工程施工合同纠纷案件适用法律问题的解释（二）》（现已失效）施行前，建设工程价款优先受偿权能否放弃，法律、法规或者司法解释均没有相关规定。涉案纠纷一、二审法院基于对建筑工人基本生存权的保护，认定建设工程价款优先受偿权预先放弃行为无效，此种否定性评价符合法律维护民事主体合法权益、保障社会稳定的价值取向。

实践中，发包人与承包人经协商预先放弃或者限制建设工程价款优先受偿权的条款时常出现，此种约定是否具有法律效力？不可否认，在当今建筑市场上，发包方显然处于强势地位，若是其将放弃或者限制建设工程价款优先受偿权作为谈判的前提条件，承包人显然没有拒绝的可能，如此合同条款并非当事人的真实意思表示，当然不能获得法律的认可。但从理论上讲，建设工程价款优先受偿权系专属于承包人的就建设工程折价或者拍卖的价款优先受偿的财产性民事权利，法律应当尊重当事人的意思自治，只要该约定没有违反法律法规的强制性规定，没有侵害国家利益、社会公众利益和第三人合法权益，即当具有法律效力。

但亦应当强调，建设工程价款优先受偿权并非纯粹性承包人权利，其立法初衷旨在以保护承包人合法权益为媒介，优先保护建筑工人的物化劳动。如果发包人与承包人预先放弃或者限制建设工程价款优先受偿权的约定可能侵害建筑工人的合法权益，显然有违立法本意。《江苏省高级人民法院关于审理建设工程施工合同纠纷案件若干问题的解答》即就"承包人放弃建设工程价款优先受偿权的效力如何认定"这一问题作出规定：法律并未禁止承包人放弃建设工程价款优先受偿权。承包人自愿放弃建设工程价款优先受偿权的，只涉及承包人自身利益的，该放弃行为有效。但该放弃行为损害实际施工人等第三人利益的，对该第三人不产生效力。

自2021年1月1日起施行的《建设工程施工合同司法解释（一）》保留了原司法解释关于评判承包人放弃或者限制建设工程价款优先受偿权行为是否有效的标准，即是否损害建筑工人利益，没有损害即有效，损害即无效。其第42条规定："发包人与承包人约定放弃或者限制建设工程价款优先受偿权，损害建筑工人利益，发包人根据该约定主张承包人不享有建设工程价款优先受偿权的，人民法院不予支持。"

需要指出的是，在实务中，部分建设工程承包人为承揽工程，在订立合同时承诺放弃或者限制建设工程价款优先受偿权，在施工过程中又恶意拖欠建筑工人劳动报酬，恶意阻却其放弃或者限制建设工程价款优先受偿权行为效力的产生，此举需要司法机关甄别真伪，探究承包人的真实经营状况后，再对放弃或者限制建设工程价款优先受偿权的行为是否有效作出判断。

> **法条索引**

《民法典》

第 788 条—第 808 条

《最高人民法院关于审理建设工程施工合同纠纷案件适用法律问题的解释（一）》

第 1 条—第 7 条、第 10 条、第 12 条—第 14 条、第 18 条、第 19 条、第 21 条—第 24 条、第 27 条、第 35 条—第 44 条

第十七章　运输合同

理论精要

一、概述

运输合同是承运人将旅客或者货物从起运地点运输到约定地点，旅客、托运人或者收货人支付票款或者运输费用的合同。运输合同包括客运合同、货运合同和多式联运合同。

运输合同中，承运人的主合同义务为运输旅客、货物，即在约定期限或者合理期限内，按照约定的或者通常的运输路线将旅客、货物安全运输到约定地点。

旅客、托运人或者收货人的基本义务为支付票款或者运输费用。如果承运人未按照约定路线或者通常路线运输增加票款或者运输费用，旅客、托运人或者收货人可以拒绝支付增加部分的票款或者运输费用。

二、客运合同

客运合同又称旅客运输合同，是指承运人将旅客及行李运输到目的地，旅客支付票款的合同。根据运输工具的不同，客运合同可以分为铁路旅客运输合同、公路旅客运输合同、水路旅客运输合同和航空旅客运输合同。《铁路法》《海商法》《民用航空法》等专门法分别调整各自领域的客运合同。

一般情况下，客运合同自承运人向旅客出具客票时成立，例外情况是：其一，当事人另有约定的，例如航空旅客运输合同承运人与旅客约定合同从旅客登机时成立；其二，另有交易习惯的，如出租车运输中运输合同按照交易习惯自乘客登上出租车时即成立，而非到达目的地出具车票时成立。

客票是客运合同的凭证，在客票上一般会载明运输时间、票价等内容。客运合同当事人应当按照约定履行合同，如果因承运人原因致使旅客不能按照客票记载的时间乘坐的，承运人应当根据旅客的要求，安排改乘合理路线班次或者办理退票；如果旅客是因自己的原因不能按照客票记载的时间乘坐的，可以解除或者变更客运合同，在约定的期限内办理退票或者变更手续。旅客在约定期限内未办理退票或者变更手续的，承运人可以不退票款，并不再承担运输义务。

客运合同为双务合同，其法律效力表现为旅客和承运人的义务：

1. 旅客的义务

（1）支付票款和托运行李的费用

承运人订立客运合同的目的即为赚取运费，因而旅客作为客运合同的当事人和运输对象，理当支付票款等费用，这是其基本义务。

（2）按照有效客票记载内容乘坐

一般来说，旅客持有有效客票即表示其与承运人之间客运合同业已成立，合同对双方当事人即具有法律约束力，旅客应当按照有效客票记载的时间、班次和座位号乘坐。

实务中，旅客无票乘坐、超程乘坐、越级乘坐或者持不符合减价条件的优惠客票乘坐的现象时有出现，首先旅客应当补交票款；其次，承运人可以按照规定加收票款。如果旅客不支付票款的，承运人可以拒绝运输。《铁路法》第14条即规定："旅客乘车应当持有效车票。对无票乘车或者持失效车票乘车的，应当补收票款，并按照规定加收票款；拒不交付的，铁路运输企业可以责令下车。"

根据法律规定，对于客运合同，除伤亡是旅客自身健康原因造成的或者旅客故意、重大过失造成的外，承运人应当对运输过程中旅客的伤亡承担赔偿责任。由此，可进一步推知，对未持有效客票且未经承运人许可搭乘的旅客在运输过程中的伤亡，承运人不应承担赔偿责任。

（3）按照约定随身携带行李

一般情况下，旅客出行均会随身携带部分行李，但客运合同的目的毕竟是将旅客安全送达目的地而非运输货物，因而承运人与旅客在客运合同中一般均会对旅客随身携带行李的数量、重量、品类等作出限制性约定，旅客应当按照约定随身携带行李。如果旅客超过限量或者违反品类要求携带行李的，承运人有权要求其办理托运手续。旅客拒绝办理托运手续的，承运人可以拒绝运输。

（4）不得携带或者夹带危险物品或者违禁物品

客运合同中，安全至关重要，承运人负有将旅客安全运输到约定地点的义务，旅客亦应当遵守法律事关安全的强制性规定，即不得随身携带或者在行李中夹带易燃、易爆、有毒、有腐蚀性、有放射性，以及可能危及运输工具上人身和财产安全的危险物品或者违禁物品。

旅客违反上述强制性安全规定的，承运人可以将危险物品或者违禁物品卸下、销毁或者送交有关部门。旅客坚持携带或者夹带的，承运人应当拒绝运输，此为承运人的法定强制性义务。旅客违规携带或者夹带危险物品或者违禁物品行为，对承运人或者其他旅客造成损害的，应当依法承担赔偿责任。

2. 承运人的义务

（1）按照约定运输旅客

承运人应当按照约定的或者通常的运输路线，根据有效客票记载的时间、班次和座位号将旅客安全运输到约定地点。承运人迟延运输或者有其他不能正常运输情形的，应当及时告知和提醒旅客，采取必要的安置措施，并根据旅客的要求安排改乘其他班次或者退票；由此造成旅客损失的，承运人应当承担赔偿责任，但是因不可抗力等不可归责于承运人的除外。

(2) 告知安全运输注意事项

安全运输是旅客运输合同中承运人最重要的义务，承运人应当采取严格措施控制安全运输风险，及时告知旅客安全运输应当注意的事项。如果因承运人过错未履行及时告知义务而致使旅客人身、财产遭受损害的，承运人应当承担赔偿责任。

旅客对承运人为安全运输所作的合理安排应当积极协助和配合。

(3) 为旅客办理客票挂失补办

实名制客运合同中，如果旅客丢失客票的，可以凭借有效身份证件申请挂失补办，承运人在核实旅客身份和客票信息后，应当办理客票挂失补办相关手续，并不得为此再次收取票款和其他不合理费用。

(4) 按照约定标准提供服务

旅客运输中，在旅客支付票款，承运人出具客票，成立客运合同时，承运人与旅客通常会对运输服务标准予以明确，旅客有权享受承运人按照合同约定标准提供的服务。如果承运人擅自降低服务标准，即构成违约，旅客有权请求退票或者减收票款；如果承运人提高服务标准，应当视为其自愿负担相应义务，不得为此向旅客加收票款。

(5) 尽力救助突发紧急状况的旅客

在运输过程中，如果旅客突发急病、分娩、遇险紧急状况的，承运人应当在自己最大的能力范围内采取各种措施予以救助，这是其法定义务；没有履行尽力救助义务的，应当依法承担相应的法律责任。突发紧急状况超出承运人尽力救助能力范围的，承运人可以免责。

(6) 承运人赔偿责任

在客运合同中，为有效保护旅客的人身安全，法律规定承运人对旅客（包括按照规定免票、持优待票或者经承运人许可搭乘的无票旅客）的人身伤亡承担无过错责任，即旅客在运输过程中伤亡的，即使承运人没有过错的，也应当承担损害赔偿责任，除非伤亡是旅客自身健康原因造成的或者承运人证明伤亡是旅客故意、重大过失造成的。

在运输过程中，对于旅客随身携带物品，承运人亦应当按照约定安全送达目的地。但对于旅客随身携带物品的毁损、灭失问题，法律规定承运人承担过错责任，即承运人对旅客随身携带物品毁损、灭失有过错的，才需要承担赔偿责任。如果随身携带物品是因旅客自身原因或其他非承运人原因毁损、灭失的，承运人无须承担责任。

对于旅客托运的行李，因其占有已经由旅客暂时转移给承运人，对托运行李的运输实质上属于货物运输，因而其毁损、灭失的，适用货物运输的有关规定即承运人对运输过程中货物的毁损、灭失承担无过错赔偿责任，除非承运人能够证明货物的毁损、灭失是因不可抗力、货物本身的自然性质或者合理损耗以及托运人、收货人的过错造成的。

三、货运合同

货运合同是指承运人将托运人托运的货物按照约定安全运输到约定地点，托运人支付运费的合同。一般情况下，货运合同经托运人提出通常、合理的货物运输要求为要约，以承运人同意运输为承诺，继而成立合同。

货运合同关系中往往涉及托运人、承运人和收货人三方，其中托运人与收货人有时为同一人，有时并不一致。

1. 托运人的义务

（1）支付运输费用

支付运输费用，是托运人托运货物应当支付的代价，是托运人最基本的义务。除当事人另有约定外，托运人不支付运费、保管费或者其他费用的，承运人对相应的运输货物享有留置权。

货物在运输过程中因不可抗力灭失，未收取运费的，承运人不得请求支付运费；已经收取运费的，托运人可以请求返还。法律另有规定的，依照其规定。

（2）如实申报有关货物运输的必要情况

托运人办理货物运输，应当向承运人准确表明收货人的姓名、名称或者凭指示的收货人，货物的名称、性质、重量、数量，收货地点等有关货物运输的必要情况。承运人由此才能采用合理、合适的运输工具，适当、安全地运输货物。

因托运人申报不实或者遗漏重要情况，造成承运人损失的，托运人应当承担赔偿责任；造成托运人自己损失的，应当自行承担因其过错而致的损失。

(3) 办理必要的审批、检验手续，提交相关文件

货物的运输往往会涉及各种检验、检疫或者审批、许可、准入等手续，托运人一般在运输前即应当按照要求办理相关手续，并将办理完有关手续的文件提交给承运人。如果因办理有关手续的文件提交不及时、不完备或者不正确，致使承运人遭受损害的，托运人应当承担赔偿责任。

(4) 妥善包装货物

托运人应当按照约定的方式包装货物。对包装方式没有约定或者约定不明确，经协议补充、按照合同相关条款或者交易习惯仍不能确定的，应当按照通用的方式包装；没有通用方式的，应当采取足以保护标的物且有利于节约资源、保护生态环境的包装方式。

货物包装是否符合运输的需要，直接关系运输安全，如果托运人违反妥善包装货物的规定，承运人可以要求托运人采取补救措施，也可以拒绝运输。因货物包装不善造成托运人损失的，承运人不负赔偿责任；因货物包装不善造成承运人、相关第三人损失的，托运人应当承担赔偿责任。

(5) 依法托运危险物品

托运人托运易燃、易爆、有毒、有腐蚀性、有放射性等危险物品的，应当按照国家有关危险物品运输的规定对危险物品妥善包装，做出危险物品标志和标签，并将有关危险物品的名称、性质和防范措施的书面材料提交承运人。

如果托运人违反危险物品运输妥善包装、安全警示等规定的，承运人可以拒绝运输，也可以采取相应措施以避免损失的发生，因此产生的费用由托运人负担。

(6) 运输途中中止、变更、解除合同赔偿损失

在货运合同成立后、货物交付收货人之前，因客观情况变化等缘由，托运人可以不经承运人同意而要求中止运输、返还货物、变更到达地或者将货物交给其他收货人，此为托运人的法定权利。因托运人运输途中单方中止、变更、解除合同造成承运人损失的，托运人应当负责赔偿。

2. 承运人的义务

(1) 按照约定安全运输货物

承运人应当按照合同提供约定的或者适合的运输工具，按照约定的或者通常的运输路线在约定期限或者合理期限内将货物安全运输到约定地点。因承运人的原因货物逾期送达或者货物送达非约定地点的，承运人应当承担违约责任。

(2) 及时通知收货人

承运人按照合同约定将货物运输到约定地点后，应当将货物交付收货人，这是其一项主要义务。因此，货物运输到达后，承运人知道收货人的，应当及时通知收货人，以使得收货人及时提货。如果因为托运人或者收货人的原因致使收货人不明确，承运人应当通知托运人在合理期限内就货物的处分作出指示。

(3) 货物毁损、灭失赔偿责任

货运合同中，货物在运输过程中毁损、灭失的，承运人应当承担无过错责任，即不以承运人存在过错为前提，其均应当承担赔偿责任。在强调保护托运人利益的同时，法律亦对承运人的利益予以适当保护，规定承运人对于货物毁损、灭失的免责情形，即承运人能够证明货物的毁损、灭失是因不可抗力、货物本身的自然性质或者合理损耗以及托运人、收货人的过错造成的，即不承担赔偿责任。

关于货物毁损、灭失的赔偿额，当事人有约定的，按照其约定；没有约定或者约定不明确，经协议补充、按照合同相关条款或者交易习惯仍不能确定的，按照交付或者应当交付时货物到达地的市场价格计算。

法律、行政法规对赔偿额的计算方法和赔偿限额另有规定的，依照其规定。

两个以上承运人以同一运输方式联运的，与托运人订立合同的承运人应当对全程运输承担责任；损失发生在某一运输区段的，与托运人订立合同的承运人和该区段的承运人承担连带责任。

3. 收货人的义务

（1）及时提货

货物运输到达后，承运人通知收货人的，收货人应当及时提货。收货人逾期提货的，应当向承运人支付保管费等费用。

收货人无正当理由拒绝受领货物的，承运人依法可以提存货物；如果该货物不适于提存或者提存费用过高，承运人可以依法拍卖或者变卖货物，然后提存所得的价款。

（2）检验货物

收货人提货时应当按照约定的期限检验货物。对检验货物的期限没有约定或者约定不明确，经协议补充、按照合同相关条款或者交易习惯仍不能确定的，应当在合理期限内检验货物。收货人在约定的期限或者合理期限内对货物的数量、毁损等未提出异议的，视为承运人已经按照运输单证的记载交付，但并非就此绝对免除承运人的责任，如果收货人此后能够提供有效证据证明货物毁损、灭失是发生在运输期间，承运人仍然应当承担赔偿责任。

四、多式联运合同

多式联运合同，是指多式联运经营人以两种以上不同的运输方式，负责将货物从接收地运至目的地交付收货人，并收取全程运费的合同。

多式联运经营人系多式联运合同的当事人，负责履行或者组织履行多式联运合同，对全程运输享有承运人的权利，承担承运人的义务。多式联运经营人可以与参加多式联运的各区段承运人就多式联运合同的各区段运输约定相互之间的责任。但是，该约定不影响多式联运经营人对全程运输承担的义务。

在多式联运中，因托运人托运货物时的过错造成多式联运经营人损失的，多式联运经营人赔偿请求权不受多式联运单据是否转让的影响，即使托运人已经转让多式联运单据，多式联运经营人仍然应当请求托运人而非多式联运单据受让人承担赔偿责任。

在多式联运中，货物的毁损、灭失发生于多式联运的某一运输区段的，多式联运经营人的赔偿责任和责任限额，适用调整该区段运输方式的有关法律规定；货物毁损、灭失发生的运输区段不能确定的，依照《民法典》的有关规定承担赔偿责任。

实务精解

无偿搭车发生交通事故，搭乘者能否要求机动车驾驶人承担违约赔偿责任？

对于营运机动车来说，在无偿搭乘情况下，承运人与搭乘者之间成立客运合同法律关系。承运人应当将搭乘者安全运输到约定地点，此为其法定义务。无偿并不意味着搭乘者自愿承担风险，自愿放弃损害赔偿请求的相关权利，无偿搭乘者有权与有偿的乘客一样享有同等的权利。对于承运人来说，其应当对运输过程中搭乘者的伤亡承担损害赔偿责任，除非伤亡是搭乘者自身健康原因造成的或者搭乘者故意、重大过失造成的，即承运人的免责事由法定，无偿不是其绝对免责的事由。

从侵权损害赔偿的角度来讲，在承运人没有尽到合理的谨慎、注意义务，违反交通管理法规造成交通事故，致使搭乘者受到损害的情况下，应当依照侵权责任法律规定承担赔偿责任。若搭乘者对损害的发生也有过错的，应当适当减轻承运人的赔偿责任。如果损害是因第三人的过错造成的，搭乘者有权要求第三人依法承担相应的侵权损害赔偿责任。

对于非营运机动车来说，无偿搭乘即通常所说的好意同乘。《民法典》第1217条规定，非营运机动车发生交通事故造成无偿搭乘人损害，属于该机动车一方责任的，应当减轻其赔偿责任，但是机动车使用人有故意或者重大过失的除外。即机动车使用人适用过错责任且减轻赔偿责任制度，而不是营运性客运合同中承运人的无过错责任制度。如此规定，显然对维护公序良俗，弘扬社会公德，保护民事主体之间的信赖关系具有显著意义，亦有利于有效解决相关民事纠纷。

典型案例

旅客对伤害结果是一般过失的，承运人仍然应当承担赔偿责任[①]

◎ **基本案情**

2023年12月5日，沈某从某公司运营的公交车前门上车后沿走廊往后行走至左手边第一个单人座（前面系面对面的三连座）后，转身面朝车头，右侧身倚靠在该单人座前的横杆上，在车辆缓慢制动未停稳前，沈某松手并左转往后走，由于制动惯性，沈某未站稳摔倒在地受伤。沈某上车至摔倒总计10余秒。嗣后，警方出具道路交通事故认定书，认定司机庄某全责，沈某无责。其后，沈某提起诉讼，请求损害赔偿。某公司认为，事发时，沈某背后有空座，但其没有落座。乘客规则中有规定乘客上车要坐稳、扶牢，乘客上车后车内也有自动语音提醒。故某公司无过错，沈某摔倒系自身过错所致。经审理查明，法院判决某公司承担全部赔偿责任。

◎ **法院裁判要旨**

法院认为，沈某与某公司系旅客运输合同关系。承运人应当对运输过程中旅客的伤亡承担赔偿责任；但是，伤亡是旅客自身健康原因造成的或者承运人证明伤亡是旅客故意、重大过失造成的除外。根据本案查明的事实，沈某在公交车上受伤系其上车后未及时落座，在车辆未停稳前即松开扶手转身走动，在惯性作用下摔倒所致，某公司对此不存在过

---

① 本案例材料来源：上海市浦东新区人民法院（2024）沪0115民初56163号民事判决。

错。尽管沈某自身存在一定的过错，但不属于故意或重大过失，故其主张损失由某公司作为承运人承担全部赔偿责任，于法有据，予以支持。

◎ **律师评析**

在客运合同关系中，承运人对旅客在运输过程中的伤亡承担严格责任，该归则原则的例外是：伤亡是旅客自身健康原因造成的或者承运人证明伤亡是旅客故意、重大过失造成的。本案中，某公司以沈某伤害是因自身过错所致而主张免责，综合沈某所处环境、自身行为等因素，沈某对伤害结果显然并非故意，亦非已经或应当预见可能产生的不利后果却因疏忽或过于自信致使损害发生的重大过失，而只能是一般过失，故而某公司作为承运人仍然应当负担损害赔偿责任。

法条索引

《民法典》

第 809 条—第 842 条

《消费者权益保护法》

第 2 条、第 7 条、第 11 条、第 49 条

第十八章　技术合同

理论精要

一、概述

（一）技术合同的概念

技术合同是当事人就技术开发、转让、许可、咨询或者服务订立的确立相互之间权利和义务的合同。技术合同的标的是技术成果，即利用科学技术知识、信息和经验作出的涉及产品、工艺、材料及其改进等的技术方案，包括专利、专利申请、技术秘密、计算机软件、集成电路布图设计、植物新品种等。

法人或者非法人组织设立的从事技术研究开发、转让等活动的课题组、工作室等不具有民事主体资格的科研组织订立的技术合同，经授权或者认可的，视为法人或者非法人组织订立的合同，由法人或者非法人组织承担责任；未经授权或者认可的，由该科研组织成员共同承担责任，但法人或者非法人组织因该合同受益的，应当在其受益范围内承担相应责任。

（二）技术合同的内容

技术合同的具体内容，应当由当事人遵循平等、自愿、公平、诚信的原则协商确定。一般来说，技术合同包括以下条款：项目的名称，标的的内容、范围和要求，履行的计划、地点和方式，技术信息和资料的保密，技术成果的归属和收益的分配办法，验收标准和方法，名词和术语的解释等。

与履行合同有关的技术背景资料、可行性论证和技术评价报告、项目任务书和计划书、技术标准、技术规范、原始设计和工艺文件，以及其他技术文档，按照当事人的约定可以作为合同的组成部分。

技术合同涉及专利的，应当注明发明创造的名称、专利申请人和专利权人、申请日期、申请号、专利号以及专利权的有效期限。

（三）技术合同价款、报酬或者使用费的支付方式

技术合同价款、报酬或者使用费是当事人获得、使用技术应当支付的对价，其支付方式由当事人约定，既可以采取一次总算、一次总付或者一次总算、分期支付，也可以采取提成支付或者提成支付附加预付入门费的方式。

约定提成支付的，既可以按照产品价格、实施专利和使用技术秘密后新增的产值、利润或者产品销售额的一定比例提成，也可以按照约定的其他方式计算。提成支付的比例可以采取固定比例、逐年递增比例或者逐年递减比例。约定提成支付的，当事人可以约定查阅有关会计账目的办法。

如果对技术合同的价款、报酬和使用费，当事人没有约定或者约定不明确的，司法实务中一般按照以下原则处理：（1）对于技术开发合同和技术转让合同、技术许可合同，根据有关技术成果的研究开发成本、先进性、实施转化和应用的程度，当事人享有的权益和承担的责任，以及技术成果的经济效益等合理确定。（2）对于技术咨询合同和技术服务合同，根据有关咨询服务工作的技术含量、质量和数量，以及已经产生和预期产生的经济效益等合理确定。技术合同价款、报酬、使用费中包含非技术性款项的，应当分项计算。

（四）职务技术成果和非职务技术成果财产权归属

技术成果根据完成技术成果个人的研究开发投入、岗位职责、法人或者非法人组织物质技术条件的利用程度等关系，分为职务技术成果和非职务技术成果。所谓职务技术成果，是指执行法人或者非法人组织的

工作任务，或者主要是利用其物质技术条件所完成的技术成果。所谓非职务技术成果，是个人在本职工作之外，依据自己的意愿和需求，利用自己的物质技术条件独立完成的技术成果，包括利用在本职岗位上获得的知识、技术、经验或一般专业技术知识所作出的技术成果。[1]

职务技术成果的使用权、转让权属于法人或者非法人组织的，法人或者非法人组织可以就该项职务技术成果订立技术合同。法人或者非法人组织订立技术合同转让职务技术成果时，职务技术成果的完成人享有以同等条件优先受让的权利。

非职务技术成果的使用权、转让权属于完成技术成果的个人，完成技术成果的个人可以就该项非职务技术成果订立技术合同。

完成技术成果的个人享有在有关技术成果文件上写明自己是技术成果完成者的权利和取得荣誉证书、奖励的权利。

二、技术开发合同

（一）概述

技术开发合同是当事人之间就新技术、新产品、新工艺、新品种或者新材料及其系统的研究开发所订立的合同。技术开发合同的标的是具有创造性的技术成果，即新技术、新产品、新工艺、新品种或者新材料及其系统，包括当事人在订立技术合同时尚未掌握的产品、工艺、材料及其系统等技术方案，但对技术上没有创新的现有产品的改型、工艺变更、材料配方调整以及对技术成果的验证、测试和使用除外。

技术开发合同包括委托开发合同和合作开发合同。所谓委托开发合同，是指委托人支付研究开发经费和报酬，研究开发人独立完成研究开发工作并交付研究开发成果所订立的合同。所谓合作开发合同，是指当事人各方共同投资、共同或分工参与研究开发工作，共担研究开发风险，

---

[1] 龙卫球：《中华人民共和国民法典合同编释义（下册）》，中国法制出版社2020年版，第884页。

共享技术开发成果的合同。技术开发合同当事人一方仅提供资金、设备、材料等物质条件或者承担辅助协作事项，另一方进行研究开发工作的，属于委托开发合同。

当事人之间就具有实用价值的科技成果实施转化订立的合同，即当事人之间就具有实用价值但尚未实现工业化应用的科技成果包括阶段性技术成果，以实现该科技成果工业化应用为目标，约定后续试验、开发和应用等内容的合同，参照适用技术开发合同的有关规定。

在实践中，作为技术开发合同标的的技术已经由他人公开，致使技术开发合同的履行没有意义的，系不可归责于当事人的事由，当事人可以解除合同。

(二) 技术开发合同的效力

1. 委托开发合同的效力

委托人的主要义务包括：第一，按照合同约定支付研究开发经费和报酬；第二，提供技术资料，提出研究开发要求，完成协作事项；第三，按照合同约定接受研究开发成果。

研究开发人的主要义务包括：第一，按照约定制订和实施研究开发计划；第二，合理使用研究开发经费，不得挪作他用；第三，按期完成研究开发工作，交付研究开发成果，提供有关的技术资料和必要的技术指导，帮助委托人掌握研究开发成果。

委托开发合同的当事人违反约定造成研究开发工作停滞、延误或者失败的，应当承担违约责任。其中，研究开发人违约的，委托人一般先行选择采取补救措施、继续履行技术合同的救济，以期最终获得技术成果，实现合同目的；如果研究开发人拒绝采取补救措施的，如研究开发人挪用研究开发经费，经委托人催告后，仍然拒绝采取补救措施的，委托人有权解除合同，并请求赔偿损失。

2. 合作开发合同的效力

合作开发合同各方当事人的义务主要包括：第一，按照合同约定进行投资，包括以技术进行投资。以资金以外的形式进行投资的，应当折算成相应的金额，明确当事人在投资中所占的比例。第二，分工参与研究开发工作，包括当事人按照约定的计划和分工，共同或者分别承担设计、工艺、试验、试制等工作。第三，协作配合研究开发工作。

合作开发合同的当事人违反关于投资、共同研发、协作配合等约定，造成研究开发工作停滞、延误或者失败的，非违约方有权选择请求采取补救措施、继续履行合同、解除合同、赔偿损失等救济方式。

（三）技术开发合同的风险负担

技术开发合同的标的是具有创造性的新技术成果，此种新技术成果的探索当然存在不确定性的风险，因此在技术开发合同的履行过程中，研究开发人可能会遭遇目前无法克服的技术困难，致使研究开发失败或者部分失败的，该风险责任如何承担，一般应当由当事人在合同中协商约定；没有约定或者约定不明确，经协议补充、按照合同相关条款或者交易习惯仍不能确定的，风险由当事人合理分担。

当事人一方发现上述规定的可能致使研究开发失败或者部分失败的情形时，应当及时通知另一方并采取适当措施减少损失；没有及时通知并采取适当措施，致使损失扩大的，应当就扩大的损失承担责任。

（四）技术开发合同中技术成果的归属和分享

在委托开发合同中，对于委托开发完成的发明创造的权利归属，当事人可以协商约定，此为合同自由的体现。如果当事人没有相关约定，法律亦没有另行规定，申请专利的权利属于研究开发人。研究开发人取得专利权的，委托人可以依法实施该专利。研究开发人转让专利申请权的，委托人享有以同等条件优先受让的权利。

在合作开发合同中，当事人各方共同投资、共同付出创造性研究开发劳动，共担风险，亦应当共享技术成果。因此，合作开发完成的发明创造，申请专利的权利属于合作开发的当事人共有；当事人一方不同意申请专利的，另一方或者其他各方不得申请专利；当事人一方转让其共有的专利申请权的，其他各方享有以同等条件优先受让的权利。但是，当事人另有约定的除外。合作开发的当事人一方声明放弃其共有的专利申请权的，除当事人另有约定外，可以由另一方单独申请或者由其他各方共同申请。申请人取得专利权的，放弃专利申请权的一方可以免费实施该专利。

委托开发或者合作开发完成的技术秘密成果的使用权、转让权以及收益的分配办法，由当事人约定；没有约定或者约定不明确，经协议补充、按照合同相关条款或者交易习惯仍不能确定的，在没有相同技术方案被授予专利权前，当事人均有使用和转让的权利，包括当事人均有不经对方同意而自己使用或者以普通使用许可的方式许可他人使用技术秘密，并独占由此所获利益的权利。当事人一方将技术秘密成果的转让权让与他人，或者以独占或者排他使用许可的方式许可他人使用技术秘密，未经对方当事人同意或者追认的，应当认定该让与或者许可行为无效。委托开发的研究开发人在向委托人交付研究开发成果之前，不得将研究开发成果转让给第三人。

三、技术转让合同和技术许可合同

（一）概述

技术转让合同是合法拥有技术的权利人，将现有特定的专利、专利申请、技术秘密的相关权利让与他人所订立的合同，包括专利权转让、专利申请权转让、技术秘密转让等合同。

技术许可合同是合法拥有技术的权利人，将现有特定的专利、技术秘密的相关权利许可他人实施、使用所订立的合同，包括专利实施许可、技术秘密使用许可等合同。

技术转让合同和技术许可合同中关于提供实施技术的专用设备、原材料或者提供有关的技术咨询、技术服务的约定，属于合同的组成部分。

当事人以技术入股方式订立联营合同，但技术入股人不参与联营体的经营管理，并且以保底条款形式约定联营体或者联营对方支付其技术价款或者使用费的，视为技术转让合同或者技术许可合同。

(二) 技术转让合同和技术许可合同的效力

1. 专利实施许可合同仅在该专利权的存续期限内有效。专利权有效期限届满或者专利权被宣告无效的，专利权人不得就该专利与他人订立专利实施许可合同。

专利实施许可合同的许可人应当按照约定许可被许可人实施专利，交付实施专利有关的技术资料，提供必要的技术指导。许可人负有在合同有效期内维持专利权有效的义务，包括依法缴纳专利年费和积极应对他人提出宣告专利权无效的请求，但当事人另有约定的除外。

专利实施许可合同的被许可人的主要义务包括：第一，按照合同约定支付实施许可专利的使用费；第二，按照约定的范围、方式和期限实施专利技术；第三，未经许可人同意，不得许可约定以外的第三人实施该专利。

2. 技术秘密转让合同的让与人和技术秘密使用许可合同的许可人的主要义务包括：第一，按照约定提供技术资料，进行技术指导，保证技术的实用性、可靠性；第二，为保证技术秘密的商业价值，让与人与许可人应当承担保密义务，如果泄露秘密致使受让人、被许可人遭受损失的，让与人与许可人应当承担违约责任。需要强调的是，上述规定的保密义务，不限制许可人申请专利，但是当事人另有约定的除外。

技术秘密转让合同的受让人和技术秘密使用许可合同的被许可人主要义务包括：第一，按照约定的时间、地域、方式以及接触技术秘密的人员范围等使用技术；第二，按照合同约定支付转让费、使用费；第三，按照合同约定承担保密义务，不得泄露技术秘密，不得擅自许可第三人使用该技术秘密。

3. 技术转让合同的让与人和技术许可合同的许可人的保证义务包括：第一，保证自己是所提供的技术的合法拥有者，第三人不得就该技术主张权利。如果受让人或者被许可人按照约定实施专利、使用技术秘密侵害他人合法权益的，由让与人或者许可人承担责任，除非当事人另有约定；第二，保证所提供的技术完整、无误、有效，能够达到约定的目标。

4. 许可人未按照约定许可技术的，应当返还部分或者全部使用费，并应当承担违约责任；实施专利或者使用技术秘密超越约定的范围的，违反约定擅自许可第三人实施该项专利或者使用该项技术秘密的，应当停止违约行为，并承担违约责任；违反约定的保密义务的，应当承担违约责任。让与人承担违约责任，参照适用许可人承担违约责任的规定。

技术转让合同的受让人和技术许可合同的被许可人应当按照约定的范围和期限，对让与人、许可人提供的技术中尚未公开的秘密部分，承担保密义务。

被许可人未按照约定支付使用费的，应当补交使用费并按照约定支付违约金；不补交使用费或者支付违约金的，应当停止实施专利或者使用技术秘密，交还技术资料，承担违约责任；实施专利或者使用技术秘密超越约定的范围的，未经许可人同意擅自许可第三人实施该专利或者使用该技术秘密的，应当停止违约行为，承担违约责任；违反约定的保密义务的，应当承担违约责任。受让人承担违约责任，参照适用被许可人承担违约责任的规定。

(三) 技术转让合同和技术许可合同后续技术成果的分享

在技术转让合同和技术许可合同有效期内，当事人在实施专利、使用技术秘密过程中，可能会在现有技术成果基础上作出创新和改良，对于此种后续改进技术成果的分享问题，当事人可以按照互利的原则，在合同中作出约定；没有约定或者约定不明确，经协议补充、按照合同相关条款或者交易习惯仍不能确定的，一方后续改进的技术成果，其他各方无权分享。

四、技术咨询合同和技术服务合同

(一) 概述

技术咨询合同是当事人一方以技术知识为对方就特定技术项目包括

有关科学技术与经济社会协调发展的软科学研究项目，促进科技进步和管理现代化、提高经济效益和社会效益等运用科学知识和技术手段进行调查、分析、论证、评价、预测的专业性技术项目提供可行性论证、技术预测、专题技术调查、分析评价报告等所订立的合同。

技术服务合同是当事人一方以技术知识为对方解决特定技术问题，包括需要运用专业技术知识、经验和信息解决的有关改进产品结构、改良工艺流程、提高产品质量、降低产品成本、节约资源能耗、保护资源环境、实现安全操作、提高经济效益和社会效益等专业技术问题所订立的合同，不包括承揽合同和建设工程合同。

在技术咨询合同和技术服务合同履行过程中，受托人为完成合同约定事项而开展工作往往需要支付一定的费用，对于此费用的负担，当事人可以在合同中协商约定；没有约定或者约定不明确的，由受托人负担。

（二）技术咨询合同和技术服务合同的效力

1. 技术咨询合同的效力

委托人应当按照约定阐明咨询的问题，提供技术背景材料及有关技术资料，接受受托人的工作成果，支付报酬。委托人未按照约定提供必要的资料，影响工作进度和质量，不接受或者逾期接受工作成果的，支付的报酬不得追回，未支付的报酬应当支付。

受托人发现委托人提供的资料、数据等有明显错误或者缺陷，未在合理期限内通知委托人的，视为其对委托人提供的技术资料、数据等予以认可。委托人在接到受托人的补正通知后未在合理期限内答复并予以补正的，发生的损失由委托人承担。受托人应当按照约定的期限完成咨询报告或者解答问题，提出的咨询报告应当达到约定的要求。受托人未按期提出咨询报告或者提出的咨询报告不符合约定的，应当承担减收或者免收报酬等违约责任。

在技术咨询合同中，受托人仅仅是根据委托人提供的材料，运用自己掌握的知识、信息和经验对技术项目进行分析、论证和预测，仅仅是提出参考性报告和意见，委托人对此具有选择权、决定权，因此委托人按照受托人符合约定要求的咨询报告和意见作出决策所造成的损失，应当由委托人自行承担，除非当事人另有约定。

2. 技术服务合同的效力

委托人应当按照约定提供工作条件，完成配合事项，接受工作成果并支付报酬。委托人不履行合同义务或者履行合同义务不符合约定，影响工作进度和质量，不接受或者逾期接受工作成果的，支付的报酬不得追回，未支付的报酬应当支付。

受托人发现委托人提供的资料、数据、材料、场地等工作条件不符合约定，未在合理期限内通知委托人的，视为其对委托人提供的工作条件予以认可。委托人在接到受托人的补正通知后未在合理期限内答复并予补正的，发生的损失由委托人承担。受托人应当按照约定完成服务项目，解决技术问题，保证工作质量，并传授解决技术问题的知识。受托人未按照约定完成服务工作的，应当承担免收报酬等违约责任。

（三）技术咨询合同和技术服务合同履行中新技术成果的归属

在技术咨询、服务合同履行过程中，当事人在享有合同权利、履行合同的基础上，可能产生新的实质性创造性成果，对此新的技术成果的归属和分享，当事人可以在合同中协商约定，法律尊重当事人的意思自治。如果合同没有约定，则受托人利用委托人提供的技术资料和工作条件完成的新的技术成果，属于受托人；委托人利用受托人的工作成果完成的新的技术成果，属于委托人。

实务精解

职务技术成果如何判断确认？

所谓职务技术成果，是指执行法人或者非法人组织的工作任务，或者主要是利用法人或者非法人组织的物质技术条件所完成的技术成果。

如何理解"执行法人或者非法人组织的工作任务"？第一，法人或者非法人组织与技术成果研发人之间应当存在隶属性的劳动或者雇佣法律关系，包括临时性、兼职劳动或者雇佣关系，技术成果研发人根据自己在法人或者非法人组织内的工作任务，履行岗位职责所完成的技术成果即为职务技术成果。此处的岗位职责是特指技术成果研发人个人的，而非泛指整个法人或非法人组织的；如果技术成果研发人只是利用自己的专业知识和技能独立研究开发某项技术，而与自己的岗位职责没有关系，该技术成果应当属于个人所有。第二，技术成果研发属于执行法人或非法人组织交付的其他技术开发任务，该技术开发任务即使不在法人或非法人组织业务范围内，亦不影响职务技术成果的认定。第三，技术成果研发人因退休、解除劳动合同等缘由离职的，离职后一年内继续从事与其原所在法人或者非法人组织的岗位职责或者交付的任务有关的技术开发工作而完成的技术成果与研发人在职时的研发直接相关或为延续，理当认定属于职务技术成果，但法律、行政法规另有规定的除外。如果法人或者非法人组织与研发人就离职以后所完成的技术成果的权益有约定的，应当依约定确认。

如何理解"主要是利用法人或者非法人组织的物质技术条件"？所谓"物质技术条件"，是指资金、设备、器材、原材料、未公开的技术信息和资料等。如果职工在技术成果的研究开发过程中，全部或者大部分利用了法人或者非法人组织的物质条件，并且这些物质条件对形成该技术成果具有实质性的影响；或者该技术成果实质性内容是在法人或者非法人组织尚未公开的技术成果、阶段性技术成果基础上完成的，即为"主要是利用法人或者非法人组织的物质技术条件"，但下列情况除外：（1）对利用法人或者非法人组织提供的物质技术条件，约定返还资金或者交纳使用费的；（2）在技术成果完成后利用法人或者非法人组织的物质技术条件对技术方案进行验证、测试的。

个人完成的技术成果，属于执行原所在法人或者非法人组织的工作任务，又主要利用了现所在法人或者非法人组织的物质技术条件的，应当按照该自然人原所在和现所在法人或者非法人组织达成的协议确认权益。不能达成协议的，根据对完成该项技术成果的贡献大小由双方合理分享。

📂 典型案例

法人或者非法人组织应当按照约定或者法律规定给予职务技术成果完成人相应奖励和报酬[①]

◎ **基本案情**

张某于 2004 年 1 月入职某公司，担任研发部工程师，2011 年至 2014 年参与完成两个项目，经市科技局组织鉴定，出具科学技术成果鉴定证书，于 2015 年 3 月获得省科技成果登记证书，登记的主要完成人共有 15 人，包括张某、裴某等；证书上显示"该项科学技术研究成果，经公布未见提出异议，准予登记"字样，同时盖有省科技成果登记专用章。法院另案生效民事判决书查明认定事实和判决结果为：涉案两个项目的科研结果未被推翻，为有效登记的科技成果，2013 年至 2015 年，该两个项目为某公司带来利润，按照利润的百分之五比例计算，共有 15 人为涉案职务科技成果作出创造性贡献，故每人可获得的奖励报酬为 A 元。张某因某公司不依法支付职务科技成果奖励和报酬而提起诉讼。

◎ **法院裁判要旨**

法院认为，经审理查明，国家相关部门已经对涉案项目成果是否为科技成果作出鉴定，并核发了相关科技成果登记证书。截至目前证据反映，涉案项目成果的鉴定和登记有效，故法院认可原告关于涉案项目成果为职务科技成果的主张。

因涉案项目成果为职务科技成果，根据《促进科技成果转化法》第 44 条的规定，被告应对完成、转化涉案科技成果做出重要贡献的人员给予奖励和报酬。张某属于在涉案项目研发中具有重要贡献的工作人员之

[①] 本案例材料来源：广东省东莞市第一人民法院（2017）粤 1971 民初 7741 号民事判决。

一、依法应得到相应奖励、报酬。

根据《促进科技成果转化法》第 45 条的规定，在被告未规定、也未与涉案科技人员约定奖励和报酬的方式和数额的情况下，被告应当在涉案职务科技成果实施转化成功投产后连续三至五年，每年从实施该项科技成果的营业利润中提取不低于百分之五的比例，对涉案科技人员给予奖励、报酬。该种科技成果完成人奖励、报酬是明文规定受到法律保护的，且有别于《劳动合同法》中工资、补偿金等计算方式。

◎ 律师评析

按照法律规定，职务技术成果的财产权属于法人或者非法人组织，但从根本上来说，职务技术成果是包括设计人、发明人等在内的完成人的智力活动的成果，凝聚着完成人的知识、智慧和劳动，作为对完成人付出的回报，法人或者非法人组织应当给予相应的奖励，以鼓励研究开发，促进科学技术进步、创新和成果转化，落实创新驱动发展战略。

国家鼓励法人和非法人组织建立健全科技成果转化激励分配机制，提倡充分利用股权出售、股权奖励、股票期权、项目收益分红、岗位分红等方式激励科技人员开展科技成果转化。虽然《民法典》第 847 条删除了《合同法》第 326 条中"法人或者其他组织应当从使用和转让该项职务技术成果所取得的收益中提取一定比例，对完成该项职务技术成果的个人给予奖励或者报酬"的规定，但并非就此表明职务技术成果完成人获得所在法人或非法人组织奖励不再是一项法定的权利，毕竟现行《专利法》《促进科技成果转化法》均明确规定，法人或者非法人组织应当对职务技术成果完成人给予奖励和报酬。

如果法人或者非法人组织规章制度没有规定职务技术成果奖励和报酬问题，双方当事人也没有就此协商约定的，职务技术成果完成人可以依照《专利法》《促进科技成果转化法》等法律法规的规定，请求法人或者非法人组织给予奖励和报酬，依法共享创新收益。

法条索引

《民法典》

第 843 条—第 887 条

《最高人民法院关于审理技术合同纠纷案件适用法律若干问题的解释》

第 1 条—第 7 条、第 14 条、第 17 条—第 20 条、第 30 条、第 33 条

第十九章　保管合同

理论精要

一、概述

保管合同是保管人有偿或者无偿保管寄存人交付的保管物，并返还该物的合同。保管合同以物的保管为目的，保管人对保管物只是临时性占有，而没有使用、收益、处分的权利。保管合同终止后，保管人应当将保管物返还寄存人。实践中，消费者在从事购物、就餐、住宿等活动时，通常需要将物品存放在经营者指定场所，此时消费者与经营者之间是否成立保管合同关系，经营者是否负有保管义务，从理论界到实务界，观点不一，有认为消费者与经营者成立借用合同关系的，有认为该保管属于消费服务合同的附随义务的，也有支持双方成立保管合同关系的等。《民法典》将其规定为一种法定保管，即在满足两个条件的情形下：一是寄存人在保管人处从事购物、就餐、住宿等活动；二是寄存人将物品存放在指定场所，保管合同即成立，除非当事人另有约定或者另有交易习惯。

保管合同是实践合同，只有在当事人意思表示一致和交付保管物两个条件同时具备时才能成立，但是当事人另有约定的除外，只要该约定不违反法律法规和公序良俗。

二、保管合同的效力

(一) 寄存人的义务

1. 按照约定支付保管费或者其他费用

实践中,保管合同既有无偿的,亦有有偿的。有偿的保管合同,寄存人应当按照约定向保管人支付保管费。当事人对保管费没有约定或者约定不明确,经协议补充、按照合同相关条款或者交易习惯仍不能确定的,视为无偿保管。

有偿的保管合同,寄存人应当按照约定的期限支付保管费。当事人对支付期限没有约定或者约定不明确,经协议补充、按照合同相关条款或者交易习惯仍不能确定的,应当在领取保管物的同时支付。寄存人未按照约定支付保管费或者其他费用的,保管人对保管物享有留置权,但是当事人另有约定的除外。在留置期间,保管人因保管不善致使保管物毁损、灭失的,应当承担赔偿责任。

2. 告知保管物瑕疵或者需要采取的特殊保管措施

寄存人交付的保管物有瑕疵或者根据保管物的性质需要采取特殊保管措施的,寄存人应当将有关情况告知保管人。寄存人未告知,致使保管物受损失的,保管人不承担赔偿责任;保管人因此受损失的,除保管人知道或者应当知道且未采取补救措施外,寄存人应当承担赔偿责任。

3. 寄存特殊物品应当声明

寄存人寄存货币、有价证券或者其他贵重物品的,应当向保管人声明,由保管人验收或者封存;寄存人未声明的,该物品毁损、灭失后,保管人可以按照一般物品予以赔偿。

4. 按照约定领取保管物

保管期限届满,寄存人应当按照约定领取保管物;逾期领取的,寄存人应当支付保管人因此而增加支出的保管费用。

（二）保管人的义务

1. 出具保管凭证

寄存人向保管人交付保管物的，保管人应当出具保管凭证，但是另有交易习惯的除外。保管凭证只是保管人收到保管物，证明保管关系存在的有效证据，而非保管合同成立的要件，也不是保管合同的书面形式。

2. 妥善保管保管物

保管人应当妥善保管保管物。当事人可以约定保管场所或者方法。除紧急情况或者为维护寄存人利益外，不得擅自改变保管场所或者方法。

保管期内，因保管人保管不善造成保管物毁损、灭失的，保管人应当承担赔偿责任。但是，无偿保管人证明自己没有故意或者重大过失的，不承担赔偿责任。由此可以推知，对于有偿保管合同，保管人应当以善良管理人的注意来保管保管物；对于无偿保管，保管人应当以处理自己事务的注意来保管保管物。

如果保管物是因其自身的性质或者寄存人的过错等不可归责于保管人的事由而致毁损、灭失的，保管人不承担赔偿责任。

3. 亲自保管保管物

根据保管合同的性质，基于寄存人选择保管人的信赖可能，从诚信履行合同的角度出发，保管人应当亲自保管保管物，而不得转交第三人保管，当事人另有约定的除外，如双方在保管合同中约定，保管人经寄存人同意可以转保管，或者在一定情形下可以不经寄存人同意而转保管。

保管人违反法律规定，擅自将保管物转交第三人保管，造成保管物损失的，应当承担赔偿责任。

4. 不得使用或者许可他人使用保管物

保管合同法律关系中，保管人取得的仅是保管物的临时占有权，对于保管物并没有使用、处分的权利，所以非经寄存人同意，保管人不得使用或者许可第三人使用保管物，但是当事人另有约定的除外。

保管人未经寄存人同意使用或者许可他人使用保管物的，即使没有造成损害，使用人根据权利义务相一致的原则，亦应当支付适当的对价；若是对保管物造成损害，当然应当承担损害赔偿责任。

5. 附随通知

第三人对保管人提起诉讼或者对保管物申请扣押的，保管人应当及时通知寄存人，以便寄存人及时采取措施，维护自己的合法权益。如果保管人怠于履行危险通知的附随义务，给寄存人造成损失的，保管人应当依法承担损害赔偿责任。

在保管合同期限内，非因保管人原因而致使保管物危险程度增加的，或者有其他不利影响的，保管人基于诚信原则，应当及时通知寄存人，以便寄存人及时采取适当措施，防止损失的发生或者扩大。

6. 返还保管物

保管期限届满或者寄存人提前领取保管物的，保管人应当将原物及其孳息归还寄存人。保管人保管货币的，可以返还相同种类、数量的货币；保管其他可替代物的，可以按照约定返还相同种类、品质、数量的物品。

保管物因第三人主张权利而被依法采取保全或者执行措施的，保管人不得自行返还保管物。

实务精解

消费保管合同和一般保管合同有何区别？

一般保管合同的保管物是具有独立特征或者被权利人指定的不能以他物替代的特定物，寄存人只是临时转移对保管物的专有权，而非转让保管物的所有权，保管物在保管期间因意外发生毁损、灭失的风险由寄存人承担。因而，在保管期限内，保管人应当采取有效措施维持保管物的现状，并在保管合同终止后，将保管物原物返还寄存人。

消费保管合同的保管物为可替代的种类物，当事人可以在合同中约定，保管物的所有权自寄存人交付时起即移转于保管人，保管人享有占有、使用、收益、处分的权利，在保管期限届满时，保管人按照约定返还相同种类、品质、数量的物品。

在货币作为保管物的情形下，当事人之间成立的是一般保管合同还是消费保管合同，需要根据当事人对是否转移货币所有权有所约定来确定。如果寄存人在寄存货币时已经向保管人作出声明，并经保管人验收或封存的，为一般保管合同；如果寄存人在交付货币时没有特别声明，则即使没有特别约定将货币所有权转移给保管人，因货币本身的高度可替代性，保管人亦可基于占有而享有所有权和处分权，只需在保管期限届满返还相同种类、品质、数量的货币即可。

典型案例

保管合同的成立需要当事人达成保管的合意并交付保管物[1]

◎ **基本案情**

王某和杨某先后承租房主安某的房屋。2018年10月，王某搬出，杨某搬入，王某欲将自有的粉碎机存放在杨某租住房屋院内并让其保管，杨某不同意，王某也未搬走。2019年5月，王某发现放在院内的粉碎机丢失，经派出所调查未果。王某提起诉讼，要求杨某赔偿其丢失粉碎机损失。

◎ **法院裁判要旨**

法院认为，保管合同是否成立，关键在于被保管物是否实际交付给保管人即本案被告杨某，在原告王某要求杨某保管粉碎机时，杨某不同意为其保管，虽然王某将粉碎机放在杨某租住的房屋院内，但不能视为杨某实际接受了保管物，所以王某和杨某的保管合同不能成立，杨某没有为王某保管粉碎机的义务，对于粉碎机丢失，杨某不能承担赔偿责任。原告王某的诉讼请求，法院不予支持。

---

[1] 本案例材料来源：黑龙江省齐齐哈尔市依安县人民法院（2019）黑0223民初2120号民事判决。

◎ 律师评析

保管合同的成立：一要双方有保管物保管的合意；二要有保管物的交付，并将保管物置于保管人的控制之下。王某与杨某双方没有形成对保管物保管的合意，将粉碎机放置房屋院内亦非保管物的交付，因此保管合同不成立，王某要求杨某对粉碎机损失承担赔偿责任没有事实和法律依据。

法条索引

《民法典》

第 888 条—第 903 条

第二十章　委托合同

理论精要

一、概述

委托合同是委托人和受托人约定，由受托人处理委托人事务的合同。委托合同的标的是处理事务的行为，此处的委托事务，不得违反法律的有关规定，不得违背公序良俗，亦非按照事务的性质不得委托他人处理。根据委托事务的性质、处理事务的需要以及当事人间的信赖程度等因素，委托人可以将一项或者数项事务特别委托受托人处理，也可以将一切事务概括委托受托人处理。与委托人权益相关的特别重大的事项，应当特别委托处理。

委托合同可以是有偿的，也可以是无偿的，有偿与否取决于当事人双方约定、交易习惯或者委托事务的性质。有偿委托合同，受托人就其过错造成的损失承担赔偿责任；无偿委托合同，受托人仅就其故意或者重大过失造成的损失承担赔偿责任。

二、委托合同的效力

(一) 委托人的义务

1. 支付处理委托事务的费用

受托人处理委托事务必然需要支出费用，此为处理事务的必要花费，应当由委托人承担。一般情况下，委托人应当预付处理委托事务的费用。

受托人处理完毕委托事务后，对于委托人预付的费用应当予以结算，实行多退少补。

受托人为处理委托事务垫付的必要、合理、适当的费用，委托人应当予以偿还，并按照约定利率或者法定利率支付利息。

2. 支付报酬

对于有偿委托合同，受托人完成委托事务的，委托人应当按照约定的数额、时间、方式支付报酬。

委托合同对于是否支付报酬没有约定的，不能简单地一概认定为无偿，委托人与受托人可以就此协议补充；不能达成补充协议的，按照合同相关条款、交易习惯、委托事务的性质、受托人的身份等确定。依据前述方法仍然不能确定的，可以认定委托合同系无偿的，委托人不用支付报酬。

委托合同对于是否支付报酬约定不明，且不能达成补充协议，也不能根据合同相关条款、交易习惯等确定的，委托人应当遵循诚信、公平的原则支付受托人报酬。

委托事务非因归责于受托人的事由而未能完成的，委托人应就已完成的部分支付相应的报酬。当事人另有约定的，按照其约定。

3. 赔偿损失

受托人根据委托人指示为委托人利益处理委托事务时，因不可归责于自己的事由致使自己的人身、财产遭受损失的，委托人对此应当承担损害赔偿责任。

委托人经受托人同意，在受托人之外委托第三人处理委托事务而造成受托人损失的，委托人应当赔偿受托人损失。

根据委托合同的性质，委托人可以随时解除委托合同。因解除合同造成损失的，除不可归责于该委托人的事由外，委托人应当赔偿受托人损失。

(二) 受托人的义务

1. 按照委托人的指示处理委托事务

委托合同关系中，根据委托人的授权、按照其指示处理委托事务，是受托人的基本义务。一般情况下，受托人应当遵循委托人的指示办理委托事宜，但着手处理委托事务的毕竟是受托人，在特殊情况下，为处理委托事务的客观实际需要，委托人的指示可能需要变更，此种情形下，受托人不得擅自为之，而是应当征得委托人的同意；因情况紧急，难以和委托人取得联系的，受托人应当妥善处理委托事务，但是事后应当将该情况及时报告委托人。

2. 亲自处理委托事务

委托合同关系中，委托人选择受托人处理事务：一是基于对受托人资质和能力的认可；二是基于对受托人信誉的信赖。因此，为保障委托事务的处理质量，受托人应当亲自处理委托事务。

经委托人同意，受托人可以转委托。转委托经同意或者追认的，委托人可以就委托事务直接指示转委托的第三人，该第三人接受指示并向直接委托人负责，履行通知、报告等义务。受托人仅就第三人的选任及其对第三人的指示承担责任。

转委托未经同意或者追认的，委托人和转委托的第三人之间不发生直接的权利义务关系，受托人仍然应当履行原委托合同约定的义务并承担责任；对转委托的第三人的行为造成委托人利益损失的，受托人无论是否具有过错，均应当承担赔偿责任。但是，在紧急情况下受托人为了维护委托人的利益需要转委托第三人的，即使未经委托人同意，该转委托亦视同经委托人同意。

3. 报告委托事务处理信息

在处理委托事务的过程中，受托人应当按照委托人的要求，报告委托事务的处理情况。委托合同终止或者委托事务终结时，受托人应当报告委托事务的结果。此为法律规定的受托人的法定义务，因受托人怠于履行报告义务，而致使委托人利益遭受损害的，受托人应当承担违约责任；致使合同目的不能实现的，委托人可以解除委托合同。

4. 转交处理委托事务取得的财产

委托合同关系中，受托人系根据委托人的授权为委托人的利益而处理事务，处理行为的效果归于委托人，因此受托人处理委托事务取得的财产包括动产、不动产、知识产权等，均应当转交给委托人。

5. 赔偿损失

有偿的委托合同，因受托人的过错造成委托人损失的；无偿的委托合同，因受托人的故意或者重大过失造成委托人损失的，受托人均应当承担损失赔偿责任。受托人超越权限造成委托人损失的，应当赔偿损失。两个以上的受托人共同处理委托事务的，对委托人承担连带责任。

受托人行使随时解除委托合同的权利造成委托人损失的，除不可归责于该受托人的事由外，解除无偿委托合同应当赔偿因解除时间不当造成的直接损失，解除有偿委托合同应当赔偿委托人的直接损失和合同履行后可以获得的利益。

三、隐名代理和间接代理

1. 隐名代理

所谓隐名代理，是指代理人以自己的名义实施民事法律行为，但其代理人身份为相对人知悉，在这种情况下，也发生代理的效果，即该民事法律行为的效力直接对被代理人发生。[1] 在委托合同关系中，受托人以自己的名义，在委托人的授权范围内与第三人订立合同时，如果第三人在订立合同时知道受托人与委托人之间的代理关系的，该合同直接约束委托人和第三人，委托人此时直接介入合同，取代受托人的地位成为合同当事人，享有该合同约定或者法定的权利并承担义务。但是，如果有确切证据证明受托人订立该合同是为自己的利益而非委托人利益的，该合同只约束受托人和第三人。

2. 间接代理

所谓间接代理，是指代理人以自己的名义，为本人计算，而为民事

---

[1] 最高人民法院民法典贯彻实施工作领导小组：《中华人民共和国民法典合同编理解与适用（四）》，人民法院出版社2020年版，第2496页。

行为。① 此时严格来讲，合同法律关系当事人即为行为人和相对人，相对人亦没有义务问询是否有隐性被代理人的存在。但在特定情况下，法律为保障交易安全、促进交易目的的实现，又赋予此种行为一定的代理效力。

（1）委托人的被动介入

一般情况下，受托人以自己的名义与第三人订立合同时，第三人不知道受托人与委托人之间的代理关系的，根据合同相对性原理，合同只约束受托人和第三人，但在受托人因第三人的原因对委托人不履行义务，并向委托人披露第三人的情况下，委托人因此可以行使受托人对第三人的权利。但是，第三人与受托人订立合同时如果知道该委托人就不会订立合同的除外。委托人行使受托人对第三人的权利的，第三人可以向委托人主张其对受托人的抗辩。

（2）第三人的选择权

受托人因委托人的原因对第三人不履行义务，受托人应当向第三人披露委托人，第三人因此可以选择受托人或者委托人作为相对人主张其权利，但是第三人不得变更选定的相对人，即使该相对人最终履行合同不能。

第三人选定委托人作为其相对人的，委托人即成为合同当事人，可以向第三人主张其对受托人的抗辩以及受托人对第三人的抗辩。

四、委托合同的终止

1. 委托合同因解除而终止

基于委托合同的特性，法律赋予委托人或者受托人可以随时解除委托合同的权利，该解除行为无须相对方同意即可发生法律效力。但因解除合同造成相对方损失的，除不可归责于该当事人的事由外，合同解除方应当依法赔偿相对方的损失。

---

① 崔建远：《合同法学》，法律出版社2015年版，第498页。

2. 委托合同因委托人死亡、终止而终止

委托人死亡、终止的，委托合同终止；但是，当事人另有约定或者根据委托事务的性质不宜终止的除外。

因委托人死亡或者被宣告破产、解散，致使委托合同终止将损害委托人利益的，在委托人的继承人、遗产管理人或者清算人承受委托事务之前，受托人应当继续处理委托事务。

3. 委托合同因受托人死亡、丧失民事行为能力、终止而终止

受托人死亡、丧失民事行为能力、终止的，委托合同终止；但是，当事人另有约定或者根据委托事务的性质不宜终止的除外。

因受托人死亡、丧失民事行为能力或者被宣告破产、解散，致使委托合同终止的，受托人的继承人、遗产管理人、法定代理人或者清算人应当及时通知委托人。因委托合同终止将损害委托人利益的，在委托人作出善后处理之前，受托人的继承人、遗产管理人、法定代理人或者清算人应当采取必要措施。

实务精解

委托与代理有何区别？

委托，是指委托人与受托人约定，由受托人在授权范围内根据委托人的指示处理委托人的事务；代理，是指代理人在代理期限内以被代理人的名义实施民事法律行为，该行为对被代理人发生法律效力。委托与代理的区别如下：（1）委托通常需要委托人和受托人双方基于信赖而达成一致意思表示；代理则是通过法定、指定或者单方授权产生，不需要双方意思表示一致；（2）委托关系仅约束委托人和受托人双方；代理的法律效力则在代理人与被代理人之外涉及第三人；（3）受托人所为包括事实行为和法律行为，代理人所为只能是法律行为。

典型案例

在委托事务未完成的情况下，委托人有权要求受托人返还预付费用[①]

◎ 基本案情

2019年9月，尚某因经营需要部分资金，周某表示有途径在一个半月内为其办理无息贷款，但需要支付A元服务费，若贷款不成，则退还该费用。尚某通过微信转账的方式给了周某A元。但是到期后周某既没有帮助其贷到款，也没有返还服务费。尚某为此提起诉讼。

◎ 法院裁判要旨

法院认为，根据法律规定，委托合同是委托人和受托人约定，由受托人处理委托人事务的合同。本案中，尚某提供微信聊天记录主张其曾委托周某办理银行贷款事宜，在无证据证实双方存在以非法手段谋取不正当利益的合意情况下，双方之间的委托合同成立，合法有效。

委托人应当预付处理委托事务的费用。在委托合同解除或者委托事务不能完成的情况下，委托人有权要求受托人返还预付费用。在周某承诺返还的情况下，尚某有权要求其全额返还预付费用。

◎ 律师评析

在委托合同中，委托人应当预付处理委托事务的费用，该费用系为委托人利益处理委托事务所需要的正常支出，理当由委托人负担，且无论委托合同是否有偿。受托人在按照委托人指示处理委托事务过程中，如果发现预付费用不足以满足处理事务所需，可以请求委托人补充；如果委托事务没有完成或者委托合同被解除的，受托人应当将相应预付费用返还委托人。

法条索引

《民法典》

第919条——第936条

[①] 本案例材料来源：山东省淄博市博山区人民法院（2019）鲁0304民初3903号民事判决。

第二十一章　物业服务合同

理论精要

一、概述

物业服务合同是物业服务人在物业服务区域内，为业主提供建筑物及其附属设施的维修养护、环境卫生和相关秩序的管理维护等物业服务，业主支付物业费的合同。物业服务合同的主体是物业服务人与业主，二者是服务与被服务的关系，物业服务人管理的对象是物业，并非业主。选聘和解聘物业服务人由业主共同决定，该决定应当由专有部分面积占比三分之二以上的业主且人数占比三分之二以上的业主参与表决，并经参与表决专有部分面积过半数的业主且参与表决人数过半数的业主同意。

在业主、业主大会选聘物业服务人之前，建设单位可以依法选聘物业服务人，签订书面前期物业服务合同，该类合同以及业主委员会根据授权与物业服务人订立的物业服务合同，对业主均具有法律约束力，业主不得以并非合同当事人为由主张合同对其没有法律效力。

物业服务合同应当采用书面形式，其内容一般包括服务事项、服务质量、服务费用的标准和收取办法、维修资金的使用、服务用房的管理和使用、服务期限、服务交接等条款。物业服务人公开作出的有利于业主的服务承诺，为物业服务合同的组成部分。

二、物业服务合同的效力

(一) 物业服务人的义务

1. 按照约定和物业的使用性质提供物业服务

物业服务实践中,物业服务人应当提供的物业服务内容包括哪些,一般都是由当事人在合同中协商约定,法律规定得较为原则。《民法典》在总结既有立法和司法实践的基础上,对物业服务人应当提供的最基本的服务作出规定,即物业服务区域内业主共有部分的管理和服务,维护物业服务区域内的基本秩序、保护业主的人身和财产安全,制止物业服务区域内违法行为、向有关行政主管部门报告并协助处理。

2. 合法转委托物业服务

为提高物业服务效率、保障物业服务质量,物业服务人根据法律规定或者合同约定可以将物业服务区域内的治安、消防、保洁、绿化等部分专项服务事项委托给专业性服务组织或者其他第三人,如此转委托,亦是为了维护业主的利益,业主为最终受益人。但物业服务人的合同义务并未因转委托而得以豁免,如果是第三人的原因导致物业服务未能完成或者不符合物业服务合同约定,物业服务人应当就该部分专项服务事项向业主负责,按照合同约定承担相应的违约责任。

为保护业主的合法权益,促进物业服务行业的健康发展,法律规定物业服务人有权将部分专项服务事项委托给第三人,但不得将其应当提供的全部物业服务转委托给第三人,或者将全部物业服务支解后分别转委托给第三人。此为法律的强制性规定,如果物业服务人违反此规定擅自转委托,业主有权依法解除物业服务合同,并请求物业服务人承担违约责任。

3. 公开并报告重要事项

根据法律规定,物业服务人根据业主的委托,依照有关物业服务合同的约定管理建筑区划内的建筑物及其附属设施,应当接受业主的监督,并及时答复业主对物业服务情况提出的询问。建筑物及其附属设施的维修资金的筹集、使用情况应当定期公布。物业服务人利用业主的共有部分产生的收入，在扣除合理成本之后，属于业主共有。由此可知，物业服务法律关系中，业主有权知晓涉及业主权益的重要情况，以监督物业服务人服务行为，维护己方合法权益。因此，物业服务人应当定期将服务的事项、质量要求、收费项目、收费标准、履行情况，以及维修资金的使用情况、业主共有部分的经营与收益情况等以合理方式向业主公开并向业主大会、业主委员会报告。此为物业服务人的法定义务，即使物业服务合同中没有相关约定，物业服务人亦应当依法履行其义务。若物业服务人拒绝履行公开和报告义务，业主有权向有关行政主管部门报告或者投诉，由有关行政主管部门依法予以处理。如果物业服务合同中对此有所约定，业主亦可依据合同约定主张物业服务人的违约责任。

（二）业主的义务

1. 按照约定支付物业费

物业费是指物业服务人按照物业服务合同的约定提供物业服务，业主应当支付的对价。在物业服务合同中，业主与物业服务人一般均会对物业费的支付标准、时间、方式等作出约定，业主应当按照约定支付物业费，这是其法定的也是约定的义务。实践中，部分业主常常以未接受或者无须接受相关物业服务为由拒绝支付物业费，法律对此明确规定，物业服务人已经按照约定和有关规定提供服务的，业主此抗辩不能成立。

业主违反约定逾期不支付物业费的，物业服务人不得直接提起诉讼或者申请仲裁，而是应当先行催告业主在合理期限内支付，给予双方当事人沟通、协商的空间；合理期限届满仍不支付的，物业服务人才能提起诉讼或者申请仲裁。

实践中，针对部分业主拒绝交纳物业费的情形，物业服务人常常采取停止供电、供水等方式催交物业费。对此，法律予以明确，物业服务人的行为没有法律依据，禁止物业服务人利用其管理便利侵害业主用电、用水等合法权益。

物业服务合同终止后，物业服务人应当退出物业服务区域而拒绝退出的，不得请求业主支付物业服务合同终止后的物业费；造成业主损失的，应当赔偿损失。在物业服务合同终止后，业主或者业主大会选聘的新物业服务人或者决定自行管理的业主接管之前，原物业服务人继续处理物业服务事项，业主亦接受物业服务的，物业服务人可以请求业主支付该期间的物业费。

2. 业主装饰装修等有关事项应当告知物业服务人

业主为建筑物区分所有权人，对其专有部分享有专有权，自然有权对自己的房屋进行装饰装修，但装饰装修活动可能影响其他业主的专有权利，甚至损害物业区域的公共环境、公共秩序，因此法律规定，业主装饰装修房屋的，应当事先告知物业服务人，遵守物业服务人提示的合理注意事项，并配合其进行必要的现场检查。

业主转让、出租物业专有部分、设立居住权的，将致使物业使用人产生变化，物业服务人服务对象有所变更，为保障物业服务人对物业的有效管理，预防相关纠纷，业主应当及时将相关情况告知物业服务人。

根据法律规定，业主可以依法改变共有部分用途。共有部分用途改变，物业服务事项随之变化，业主大会或者业主委员会应当及时将相关情况告知物业服务人，以相应调整物业服务内容。

3. 赔偿物业服务人损失

根据法律规定，经由法定程序，业主有权共同决定解聘物业服务人，此为法律赋予业主的单方解除物业服务合同的权利。但业主依据法律规定解除合同造成物业服务人损失的，除不可归责于业主的事由外，应当承担损失赔偿责任。

三、物业服务合同的解除

1. 业主的任意解除权

根据物业服务合同的性质，法律赋予业主单方解除合同的权利，即业主依照法定程序共同决定解聘物业服务人的，可以解除物业服务合同。业主决定解聘的，应当提前六十日书面通知物业服务人，以便物业服务人安排退出物业服务区域事宜，包括交还物业服务用房、相关设施、物业服务所必需的相关资料等。如果物业服务合同对通知期限另有约定的，应当尊重其约定。

2. 不定期物业服务合同的随时解除

物业服务期限届满后，物业服务合同因约定期限届满而终止。在业主没有依法作出续聘或者另聘物业服务人的决定前，物业服务人仍然按照原约定的内容继续提供物业服务的，原物业服务合同继续有效，但是服务期限为不定期。对于不定期物业服务合同，当事人不需要理由即可以随时解除，但是应当提前六十日书面通知对方，期限届满后合同自动解除。

实务精解

1. 业主能否以物业服务存在瑕疵为由拒绝交纳物业费？

物业费和物业服务是物业服务合同的核心内容，生活中，业主以物业服务人的服务质量未达到约定标准为由，拒绝交纳物业费，进而引发纠纷的现象普遍存在，探究矛盾实质，寻求解决方法，促进社会和谐，成为值得研究的课题。

根据物业管理相关法律法规的规定和物业服务合同的约定，物业服务人接受委托，对小区房屋建筑及其设备、公用设施、绿化、卫生、安全防范和环境等项目进行维修、养护、管理，维护物业管理区域内的相关秩序，是其最主要的义务；对于业主或物业使用人来说，按照合同约定支付物业费，协助物业服务人履行物业服务合同，则是其基本义务。物业服务的对象系小区全体业主，保障的是全体业主的共同利益，对其物业服务合同履行质量的评判也应当由全体业主作出，个别业主掺杂个人感情因素所持异议不能代表全体业主的意见，不能作为其拒绝交纳物业费的合理理由。如果任由个别业主借故拒交物业费，则会影响物业服务人的正常经营活动，进而影响其物业服务质量，间接损害其他交费业主的合法权益。

实践中，在物业服务人没有实际提供物业服务，或者提供的服务质量与合同约定标准要求差距明显的，或者具有擅自扩大收费范围、提高收费标准、重复收费等情形的，业主可以对物业费的交纳行使抗辩权，要求减免物业费、返还多收取的费用。如果物业费是分不同项目收取的，业主仅能就物业服务人未尽职责部分的费用行使抗辩权，而不能拒交全部物业费。如果个别业主执意以物业服务人一般服务瑕疵为由拒绝交纳全部物业费，一来不会得到法律的支持，二来有可能需要承担逾期付款相关违约责任。同时，根据《民法典》第286条的规定，业主大会或者业主委员会，对拒付物业费等损害他人合法权益的行为，有权依照法律、法规以及管理规约，要求行为人停止侵害、排除妨碍、消除危险、恢复原状、赔偿损失。业主对侵害自己合法权益的行为，亦可以依法向人民法院提起诉讼。

为共创安全、卫生、有序的生活环境，物业服务人和业主理应相互监督、配合、理解，共同努力。业主在发现物业服务存在一般瑕疵时，可以与物业服务人积极沟通反映，或者通过小区业主委员会予以协调处理。如果物业服务质量构成根本性违约，致使物业服务合同目的无法实现，可以由业主委员会依据法律规定，通过合法程序解除物业服务合同，另行聘用称职的物业服务人。作为物业服务人，也应当与时俱进，全面、规范履行服务合同，认真听取业主的合理建议，积极采取改进措施，努力提高服务质量，争创共赢。

2. 因第三人侵权造成损害，业主能否要求物业服务人承担赔偿责任？

实践中，因第三人侵权造成业主人身或财产损害，受害人以物业服务人未尽到安全防范义务为由要求赔偿损失的纠纷时有发生。按照部分业主的理解，只要业主一方按照合同约定交纳了含有保安费用的物业费，物业服务人就应当提供安全防范服务，落实安全防范措施，若在小区内发生安全事故，造成业主财产或者人身损害，物业服务人就应当承担相关赔偿责任。这是对法律规定和安全防范合同约定的错误理解。根据法律规定，物业服务人应当协助做好物业服务区域内的安全防范工作。发生安全事故时，物业服务人在采取合理应急措施的同时，还应当及时向有关行政管理部门报告，协助做好救助工作。即物业服务人安全保障职责是对物业服务区域内公共秩序的维持和公共设施的安全保障提供防范服务，而非系统性的公共安全防范，毕竟违法犯罪活动具有突发性、不可预测性，物业服务人的安全防范服务难以绝对保证避免违法犯罪事件的发生，若对所有第三人侵权造成的损害不加区分地均要求物业服务人来承担相应的法律责任，显然有失公平。

在第三人侵权造成业主人身或财产损害的情况下，应当准确判断物业服务人是否全面履行了物业服务合同义务，进而明确其应否承担相应的损害赔偿责任。如果在物业服务合同中，双方当事人对业主人身、财产安全有特别约定的，业主可以依据合同约定要求物业服务人承担相应的赔偿责任。如果双方当事人仅有一般安全防范约定，而物业服务人能够证明其已经按照合同约定履行了保安义务的，则无须承担法律责任；如果物业服务人疏于履行保安义务，在其职责范围内未尽到安全防范义务或未配置应有的安全防范设备，该违约行为同时与损害后果之间具有因果关系的，则应当根据其过错程度在其过错范围内承担相应的赔偿责任。

典型案例

建设单位依法与物业服务人订立的前期物业服务合同对全体业主具有法律约束力[①]

◎ **基本案情**

2012年12月，蔡某作为某小区别墅业主与A物业公司签订《前期物业服务协议书》，约定由A物业公司提供前期物业服务。2017年3月，该

[①] 本案例材料来源：辽宁省盘锦市中级人民法院（2020）辽11民终266号民事判决。

小区建设单位某置业公司与B物业公司签订《前期物业服务合同书》，约定由该物业公司对小区提供前期物业服务。2017年4月，B物业公司（甲方）与A物业公司（乙方）签订《物业交接合同》，约定乙方的债权即业主欠缴的物业费等转让给甲方享有，由甲方自行追索。

自2017年5月起至2019年12月止，蔡某拖欠物业费未交。B物业公司提起诉讼。一审法院根据B物业公司违约情况，判决蔡某给付扣减一定比例的物业费。蔡某不服，以B物业公司从未与其签订合同，该物业公司与建设单位签订的物业服务合同违反《物权法》的强制性规定，应属无效；该物业公司服务质量欠缺等为由，提起上诉。二审法院判决驳回上诉，维持原判。

◎ **法院裁判要旨**

一审法院认为，本案原告与建设单位签订的物业服务合同系前期物业服务合同，前期物业服务合同对业主具有约束力。原告根据前期物业服务合同履行了物业服务义务，被告理应按合同约定交纳物业费，故对被告提出从未与原告签订物业服务合同、原告收取高额物业费涉嫌非法收费等主张，不予支持。根据庭审调查，原告为涉诉别墅区提供物业服务确实存在一定的瑕疵，法院根据权利义务对等原则，对B物业公司要求交纳的物业费的数额予以一定比例的扣减，扣减比例根据实际违约情况确定为10%。

二审法院认为，根据《物业管理条例》第21条规定，在业主、业主大会选聘物业服务企业之前，建设单位选聘物业服务企业的，应当签订书面的前期物业服务合同。本案中，在业主委员会尚未成立的情况下，建设单位选聘了被上诉人为物业服务企业并与其签订了《前期物业服务合同》，该合同对全体业主具有约束力。被上诉人为上诉人提供了物业服务，上诉人应当交纳物业费。关于服务质量问题，虽被上诉人的服务存在瑕疵，但并不构成上诉人不交纳物业费的理由，且一审法院也对物业费的数额予以扣减，并无不当。

◎ 律师评析

前期物业服务合同系建设单位与物业服务人订立的物业服务和管理合同。物业买受人与建设单位签订的买卖合同中一般均会包含前期物业服务合同约定的内容，即双方对转让前期物业服务合同达成合意，物业买受人亦即业主成为前期物业服务合同服务的对象，同时亦应当按照约定交纳物业费。业主仅以物业服务人选择未经其同意为由，拒绝承认物业服务合同的法律约束力的，不能获得法律的支持。

法条索引

《民法典》

第 274 条、第 275 条、第 284 条—第 287 条、第 937 条—第 950 条

《物业管理条例》

第 34 条、第 35 条、第 41 条、第 45 条、第 46 条

《最高人民法院关于审理物业服务纠纷案件适用法律若干问题的解释》

第 1 条—第 4 条

参考文献

1. 邱鹭风、叶金强、龚鹏程：《合同法学教程》，南京大学出版社 2000 年版。
2. 唐德华：《合同法条文释义（上）》，人民法院出版社 2001 年版。
3. 王利明、房绍坤、王轶：《合同法（第四版）》，中国人民大学出版社 2013 年版。
4. 宋旭平、林志辉主编：《合同法学》，四川大学出版社 2018 年版。
5. 最高人民法院民事审判第二庭编著：《最高人民法院关于买卖合同司法解释理解与适用》，人民法院出版社 2012 年版。
6. 朱庆育主编：《合同法评注》，北京大学出版社 2019 年版。
7. 王勇：《建设工程施工合同纠纷实务解析》，法律出版社 2017 年版。
8. 秦德平：《建设工程施工合同审理审查实务》，人民法院出版社 2019 年版。
9. 李杰、李宗胜：《合同审查的思维与方法》，法律出版社 2016 年版。
10. 朱柏彦、朱鹭：《合同风险 119：合同审查与风险控制法则》，北京大学出版社 2013 年版。
11. 高云主编：《民法典时代合同实务指南》，法律出版社 2020 年版。
12. 最高人民法院民事审判第二庭编著：《〈全国法院民商事审判工作会议纪要〉理解与适用》，人民法院出版社 2019 年版。

图书在版编目（CIP）数据

合同法律适用理论精要与实务指引 / 曹后军著.
北京 : 中国法治出版社, 2025. 6. -- ISBN 978-7-5216-
5236-9
　　Ⅰ. D923.65
　　中国国家版本馆 CIP 数据核字第 20255J3F24 号

责任编辑：于昆　　　　　　　　　　　　　封面设计：杨泽江

合同法律适用理论精要与实务指引
HETONG FALÜ SHIYONG LILUN JINGYAO YU SHIWU ZHIYIN

编著/曹后军
经销/新华书店
印刷/三河市紫恒印装有限公司
开本/710 毫米×1000 毫米　16 开　　　　印张/ 20.75　字数/ 235 千
版次/2025 年 6 月第 1 版　　　　　　　　2025 年 6 月第 1 次印刷

中国法治出版社出版
书号 ISBN 978-7-5216-5236-9　　　　　　定价：79.00 元

北京市西城区西便门西里甲 16 号西便门办公区
邮政编码：100053　　　　　　　　　　　　传真：010-63141600
网址：http://www.zgfzs.com　　　　　　编辑部电话：010-63141796
市场营销部电话：010-63141612　　　　　印务部电话：010-63141606

（如有印装质量问题，请与本社印务部联系。）